信息化赋能:英语教学模式及教学优化策略探索

王绍瑾 张华丽 著

汕頭大學出版社

图书在版编目（CIP）数据

信息化赋能：英语教学模式及教学优化策略探索 / 王绍瑾，张华丽著. -- 汕头：汕头大学出版社，2024. 7. -- ISBN 978-7-5658-5351-7

Ⅰ. H319.3

中国国家版本馆 CIP 数据核字第 2024MG8328 号

信息化赋能：英语教学模式及教学优化策略探索
XINXIHUA FUNENG：YINGYU JIAOXUE MOSHI JI JIAOXUE YOUHUA CELÜE TANSUO

著　　者：	王绍瑾　张华丽
责任编辑：	宋倩倩
责任技编：	黄东生
封面设计：	寒　露
出版发行：	汕头大学出版社
	广东省汕头市大学路 243 号汕头大学校园内　邮政编码：515063
电　　话：	0754-82904613
印　　刷：	河北万卷印刷有限公司
开　　本：	710 mm×1000 mm　1/16
印　　张：	13.5
字　　数：	200 千字
版　　次：	2024 年 7 月第 1 版
印　　次：	2024 年 8 月第 1 次印刷
定　　价：	78.00 元

ISBN 978-7-5658-5351-7

版权所有，翻版必究

如发现印装质量问题，请与承印厂联系退换

前言 PREFACE

当今时代是一个日新月异的时代，信息化的深入发展，给教育领域带来的不仅是技术层面的革新，更是教育理念、教学模式和体系结构的全面重构。在这个新的历史时期，不仅要关注新时代对人才培养的新需求，更需要强化以能力为先的教育理念，将信息化纳入教育教学体系，让信息化最大限度地赋能英语教学发展。

基于此，本书以信息技术如何赋能英语教学为研究目的进行探索，探究如何利用信息化技术优化教学策略、构建现代化的教学模式及评价体系。其中，第一章为信息化与英语教育的概述；第二章着重讨论了英语教学在信息化时代的硬件和软件资源建设，详细介绍了数字资源建设的重要性，探讨了信息化时代英语教学软件开发的新趋势，以及硬件设施在现代教育中的关键作用和应用方式；第三章专注于英语教师在信息化教学环境中的角色转变，探讨了英语教师应如何在基础教育和高等教育阶段构建并发展其信息化教学能力，以及这些能力对提高教学效果的重要性；第四章详细分析了信息化如何赋能基础和高等英语教育阶段的教学模式创新，探讨了信息技术在改变传统教学模式方面的潜力，以及教师和学生如何利用这些新技术来提高学习效果。第五章着眼于信息化赋能下英语基础知识的教学策略，特别是词汇和语法教学，讨论了如何利用信息化工具和方法来提高学生对英语基础知识的掌握程度；第六章深入探讨了如何优化信息化赋能下的英语听力、口语、阅读、写作和翻译教学，提供了一系列创新策略和实践建议，旨在提高学生的英语技能水平；第七章讨论了在信息化背景下对英语教学评价体系的构建与优化，深入分析了英语教学评价的必要性和基本原则，以及如何在信息化环境下构建一个高效、公正的教学评价体系，以确保教学质量的持续提升；第八章探讨了信息化如何赋能学生英语自主学习能力提升并给出了具体的策略和建议。

通过这些章节的深入探讨，本书为读者揭示了信息化对英语教育的深远影响，提供了一系列信息化时代英语教育创新的教学策略和方法。既有理论分析，又有教学实践和应用建议，期待可以为英语教育工作者、研究者以及英语专业的学生在教学、学习和工作中学习、使用信息技术提供一些借鉴和参考。由于笔者能力有限，本书难免存在不足之处，欢迎读者批评指正。

目录 CONTENTS

第一章　信息化与英语教育概述 / 001

　　第一节　信息与信息技术 / 001

　　第二节　基础英语教育与高等英语教育 / 014

　　第三节　英语教育的信息化 / 026

第二章　信息化背景下英语教学软硬件的建设与开发 / 042

　　第一节　信息化时代英语数字资源建设 / 042

　　第二节　信息化时代英语教学的软硬件开发 / 058

第三章　英语教师信息化教学能力发展 / 066

　　第一节　信息化教学能力 / 066

　　第二节　信息化教学背景下英语教师的角色转变 / 074

　　第三节　基础教育阶段英语教师信息化教学能力提升 / 077

　　第四节　高等教育阶段英语教师信息化教学能力提升 / 084

第四章　信息化赋能英语教学模式创新 / 090

　　第一节　信息化教学模式 / 090

　　第二节　信息化赋能基础教育阶段英语教学模式创新 / 098

　　第三节　信息化赋能高等教育阶段英语教学模式创新 / 106

第五章　信息化赋能英语基础知识教学优化　/ 116

　　第一节　信息化赋能英语词汇教学优化　/ 116
　　第二节　信息化赋能英语语法教学优化　/ 126

第六章　信息化赋能英语技能教学优化　/ 137

　　第一节　信息化赋能英语听力教学优化　/ 137
　　第二节　信息化赋能英语口语教学优化　/ 155
　　第三节　信息化赋能英语阅读教学优化　/ 163
　　第四节　信息化赋能英语写作教学优化　/ 174
　　第五节　信息化赋能英语翻译教学优化　/ 184

第七章　信息化赋能英语教学评价体系优化　/ 188

　　第一节　英语教学评价优化的基本原则　/ 188
　　第二节　基于信息化背景的英语教学评价体系构建　/ 191

第八章　信息化赋能学生英语自主学习能力提升　/ 194

　　第一节　自主学习的意义　/ 194
　　第二节　信息化赋能英语自主学习的途径　/ 198

参考文献　/ 203

第一章　信息化与英语教育概述

第一节　信息与信息技术

一、信息

（一）信息的定义

"信息"是一个既古老又充满活力的词。① 当今社会，人们经常会听到"信息技术""信息管理""信息系统""信息茧房"等词语，这些都是信息化时代的产物。值得注意的是，"信息"这个词并不是近代才出现的，它是一个历史悠久且不断发展的概念。从学术角度来看，中国古人早已使用了"信"这个概念。两千多年前的西汉时期，汉字"信"就已经出现，"信"在西周时期的《易经》中出现两次。②《说文解字》中提到："信，诚也，从人，从言。""信"的含义为消息或信息。"信息"概念的出现可以追溯到一千多年前的唐宋时期，那时古人已经开始使用"信息"这个词。在我国文学史上，南唐诗人李中在《碧云集·暮春怀古人》中写到："梦断美人沉信息，目穿长路倚楼台。"这被认为是"信息"这个词最早的文字记载之一。③"信息"在这里指的是音信或消息。此外，南宋诗人陈亮在其《梅花》一诗中写到："欲传春信息，不怕雪埋藏。"这句诗中的"信息"与现代的"信息"含义近似。唐代诗人杜牧在《寄远》诗中写到："塞外音书无信息，道傍车马起尘埃。"这句诗中的"信息"也是"音信"或"消息"的意思。这些早期的"信息"都体现了

---

① 石萍之.科学与技术[M].北京：中央广播电视大学出版社，2003：239.
② 刘青.《易经》心理类词研究[M].昆明：云南人民出版社，2006：36.
③ 张塞.中国统计改革发展战略的理论与实践[M].北京：中国统计出版社，2001：43.

信息在交流和表达中的原始基本功能——传递消息和意义。虽然古代的"信息"与今天的"信息"（与技术相关）的内涵略有不同，但信息无论是古代的书信，还是今日的数字数据，都始终是联结人与人、过去与现在的桥梁。

在国外，"信息"这个术语源自拉丁语单词"information"，并且它在英语、法语、德语和西班牙语中保持了相同或类似的拼写，而在俄语和南斯拉夫语中则保持了相似的发音。[1] 这一现象反映了该词在全球范围内的普遍性和重要性。虽然这个词如今被广泛使用，但当初美国科学家奈斯特（Nyquist）和哈特莱（Hartley）首次提出了"信息"这一概念时，并未受到广泛关注。[2] 到了1948年，贝尔实验室的数学家克劳德·香农（Claude E. Shannon）在其里程碑式的论文《通信的数学理论》中，对"信息"进行了重新定义，将其解释为"消除不确定性的过程"，他认为信息是可以量化的数据单位，在通信过程中起着关键作用。香农的这篇论文标志着信息论的诞生，并且将信息的概念从简单的消息传递扩展到了数据处理和通信技术的范畴。同年，另一位美国科学家维纳（Wiener）发表了论文《时间序列的内插、外推和平滑化》及著作《控制论》。维纳强调了接收和使用信息在适应外部环境及有效生活中的重要性。自此，"信息"一词开始得到广泛应用。随着时间的推移，特别是在现代社会，信息的概念得到了显著扩展和深化，虽然时代在变化，但"信息"作为沟通和知识传递的核心价值一直未变。"信息"通常指的是通过文字、符号、声音、图形和图像等多种形式传递的信号、消息、情报或报道等内容。这些信息通过各种传播渠道进行传递，以实现沟通和信息交换的目的。[3] 但人们对"信息"的理解也存在一些普遍的误解。例如，常有人将"信息"与"数据"或"知识"等概念混为一谈。虽然这些概念在某些情况下可以相互关联，但它们有各自不同的特点和应用领域。"数据"通常是未经加工的原始事实，而"信息"是经过处理、组织和解释后，用以支持决策或传递知识的数据。"知识"则是在特定背景中，人们对信息的理解和应用。在信息化社会中，信息的角色愈发

---

[1] 刘音，王志海.计算机应用基础[M].北京：北京邮电大学出版社，2020：1.
[2] 仲星明，仲惠圣.网络信息检索与运用[M].沈阳：辽宁美术出版社，2014：11.
[3] 史巧硕，柴欣，唐丽芳.大学计算机基础与计算思维[M].2版.北京：中国铁道出版社，2022：150.

重要,它不仅是技术发展的基础,还是现代社会运作的关键。信息的获取、处理、存储和传播成为驱动社会发展的核心力量。因此,正确理解"信息"这一概念,对于适应并充分利用信息化时代的资源至关重要。

(二)信息的特征

信息具有以下几点特征(图1-1):

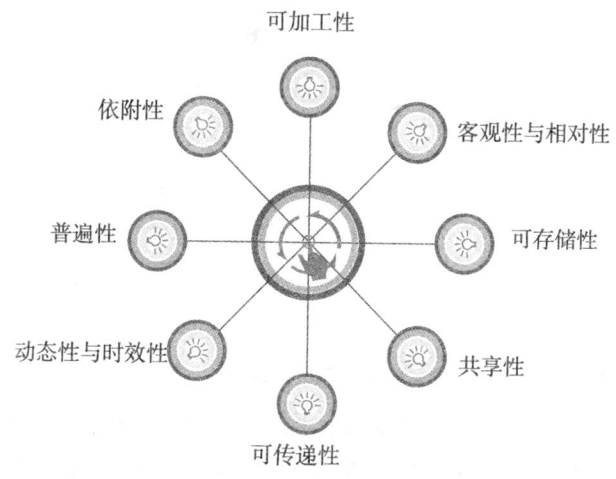

图1-1 信息的特征

1. 依附性

信息是抽象和无形的,它依赖于物质载体而存在。无论是文字、声音、图像,还是更复杂的媒介如光盘、硬盘或网络,信息都需要某种形式的物质承载。这种依附性意味着信息的存在和传播依赖于具体的物理媒介。信息的依附性同时体现了它是客观事物的一种属性。每个信息元素都与某个特定的物质形态或载体相关联,如文字信息依附于纸张,数字信息依附于电子设备。这种依附关系确保了信息可以在不同的环境中被理解和使用。

2. 普遍性

信息是普遍存在的,它贯穿于自然界和人类社会的每一个角落。无论是事物的基本运动和变化中产生的信息,还是人类创造和交换的复杂信息,都展示了信息的普遍性。这种普遍性不仅意味着信息无处不在,还意味着它是理解和分析世界的基本工具。通过信息,人们可以了解事物的状态、属性和变化,从而更好地适应和影响环境。

信息化赋能：英语教学模式及教学优化策略探索

3. 动态性与时效性

信息的价值和相关性会随时间而变化。在某个特定时间点，某些信息可能十分关键和有价值，但随着时间的推移，这个价值可能会逐渐减少乃至完全消失。动态性表明信息是活跃和变化的，与事物的状态和环境密切相关。信息的时效性强调了及时获取和使用信息的重要性。在快速变化的世界中，及时的信息能够有效支持决策和行动。

4. 可传递性

信息的本质之一是它可以在不同的空间和时间点之间传递。这种可传递性体现了信息的流动性和互联性。从古代的烽火到现代的数字通信，信息传递的方式在不断进化。信息的可传递性不仅包括了物理传输，还涵盖了信息的意义和内容的共享。这意味着信息可以跨越物理和时间界限，影响和连接不同的人和地点。

5. 共享性

信息的共享性是其与物质和能源最根本的区别。信息可以在不同个体间共享而不会减少。例如，当教师在课堂上分享知识时，这些信息不会因为被学生学习而减少。共享性增强了信息的可及性和影响力。通过共享，信息能够扩散给更广泛的受众，促进知识的传播和社会的进步。

6. 可存储性

信息可以通过各种方式存储，以供未来使用。从古代的结绳记事和石刻，到现代的电子存储媒介，信息的存储方式不断演进。可存储性使得信息能够超越时间的限制，为长期保存和历史记录提供了可能。同时，可存储性是知识传承和文化保存的关键要素。

7. 客观性与相对性

信息的客观性指的是它能够反映客观世界的状态和变化。信息源于物质世界，因而能够真实地反映事物的属性和运动。同时，信息的理解和使用具有相对性。不同的个体可能会根据自己的认知能力、经验和需求，对同一信息做出不同的解读和应用。

8. 可加工性

信息可以通过加工处理变得更有价值和易于使用。这包括分类、整理、转换、分析和综合等操作。可加工性使得人们能够将大量原始数据转化为有意义的知识，增强信息的实用性。

从信息的这些特征可以看出，信息作为社会和技术发展的基石，具有多维度和复杂的特性。这些特性不仅定义了信息的本质，还揭示了它如何在不同领域和情境中发挥作用，理解和掌握这些特性可以帮助人们学会如何在日益复杂的信息环境中有效地管理和运用信息，这是促进个人成长、企业创新和社会发展的有效途径，也是高效率利用信息、推动创新和实现社会进步的关键。

二、信息化与信息化时代

（一）信息化

信息化（informatization）这一概念的诞生和发展与信息产业和信息社会的兴起紧密相关。这一概念最早起源于20世纪60年代的日本。1963年，日本学者梅田忠夫在《朝日放送》杂志上发表的《论情报产业》一文中，首次提出了"信息产业"这一概念，日语"情报"译为"信息"，后来经由翻译和传播，扩散到西方社会。紧接着在1964年，《朝日放送》杂志刊载了另一位日本大学教授柳卓忠夫的论文《信息社会的社会学》，该文首次使用了"信息社会"这一表述，描述了日本社会正逐渐进入以信息产业为主导的新阶段。他们认为信息社会是一个信息产业高度发达并且其在产业结构中占据主导地位的社会。不过，他们也指出信息社会更多地描述了一种静态现象，而信息化则是指从工业社会向信息社会转变的动态过程。他们将社会信息化定义为从以有形物质产品创造价值转变为以无形信息创造价值的社会阶段。到了1967年，一个日本的科学、技术与经济研究小组创造并开始使用了"Johoka"这一术语，即信息化。[①]1970年，日本学者增田将在日本广泛使用的"Joho Shakai"这一术语译成了英文的"information society"。但是，直到20世纪70年代末期，西方社会才开始普遍采纳"信息化"和"信息社会"的表述。1970年，日本报业公司每日新闻社出版了"信息社会"丛书，促进了信息化概念的国际传播。此后，信息化概念开始

---

① 张恒毅.信息化推动经济发展的机制研究[D].天津：天津大学，2009.

在全球范围内被广泛接受和使用，成为描述现代社会变革和发展的关键词汇。20世纪80年代，美国未来学家阿尔文·托夫勒（Alvin Toffler）在其著作《第三次浪潮》中，从历史视角审视了技术和社会的革命性变革，并对未来可能出现的情况进行了预测。紧随其后，1982年，美国学者约翰·奈斯比特（John Naisbitt）在《大趋势》一书中强调，工业社会向信息社会的转型是改变人们生活的重要趋势之一，他还详细描述了信息社会的兴起及其核心特征，这在当时引起了广泛关注。进入20世纪90年代，美国学者尼古拉斯·尼葛洛庞帝（Nicholas Negroponte）在《数字化生存》一书中探讨了网络技术对人类生活、工作、教育和娱乐方式的深刻影响，以及由此引发的诸多值得关注的问题。而这个时期，全球范围内的信息化已推动信息基础设施成为国民经济的新支柱，互联网成为人类的新型生存环境，信息化概念在大众中得到广泛传播。20世纪90年代初，当时的美国副总统艾伯特·戈尔（Albert Gore）推动"信息高速公路"计划实施。①1994年，继"信息高速公路"计划之后，美国提出了"全球信息基础设施"的构想。此后，世界各国政府纷纷响应，1995年，七国集团举行了部长级会议，共同探讨面对信息社会的挑战。1996年，在南非召开了"信息社会与发展大会"，讨论了发展中国家进入信息社会的相关问题。如今，信息化已经演变成为一场全球性的浪潮，成为世界各国政府、组织和商业界的核心议题和行动重点。

　　信息化的基础思想是社会从依赖物质产品的价值创造转向依赖无形信息的价值创造。随着信息化在实际生活中的快速发展，人们对于信息化的理解和定义也日渐深入和扩展。乌家培认为，信息化不仅涉及技术、知识和产业各个层面，最终还会显现在经济发展和社会进步中。"化"字表明这是一个逐渐演变的过程，信息化是指从工业经济向信息经济、从工业社会向信息社会的过渡。②陈禹认为信息化可分为三个基本层次，即产业信息化、国民经济信息化和社会信息化。③郑建明则认为，信息化是在国家宏观信息

---

① 吴功宜，吴英.深入理解互联网[M].北京：机械工业出版社，2020：33.
② 乌家培.信息经济学与信息管理中华当代学术著作辑要[M].北京：商务印书馆，2022：54.
③ 陈禹，杨波.信息管理与信息系统概论[M].北京：中国人民大学出版社，2005：7.

政策的指导下，通过信息技术开发、信息产业发展和信息人才配置，最大限度地利用信息资源来满足社会的信息需求，加速社会各领域信息化发展的过程。① 汪向东提出，信息化是通过采用现代电子信息技术来增强信息资源的开发与应用能力，促进经济和社会乃至个人生活方式的转型。② 周宏仁则视信息化为一种借助现代信息技术对人类的生产体系和经济结构进行根本性改革的过程，此过程旨在适应信息时代的需求，从而推进社会的整体进步。③ 周宏仁还提出信息化的理论模型，将信息化过程视为一种映射过程，将物理世界映射为数字世界，并利用逆变换将数字世界转换回物理世界，成为认识和改造物理世界的工具。④ 在这一过程中，信息技术产业（包括微电子、计算机通信和软件产业）和信息内容产业在映射过程中扮演关键角色，而信息服务产业则在逆变换中发挥作用。从以上观点可以看出，虽然专家学者对信息化的定义各有侧重，但普遍认同信息化是一个涉及多个层面、多个领域、并具有深远影响的社会发展过程，因此，综合各方观点，信息化的内涵可以总结为以下几点：

第一，从信息技术角度看，信息化是指信息技术及其产业在经济和社会发展中扮演的角色不断增强，逐渐成为主导力量的过程。这一概念涉及三个互相关联的方面：一是信息技术自身的发展和产业化；二是信息技术支撑下的信息产业的成长和在国民经济中的主导地位；三是信息技术在经济和社会各个领域中的应用，例如教育领域的广泛运用。

第二，从信息资源的角度看，信息化意味着信息作为资源相对于物质和能源资源的作用日益增大，这表现为经济生活方式、社会结构、产业结构和教育结构的改变。因此，信息化包括利用现代电子信息技术实现信息资源的高度共享，挖掘社会智能潜力，提升信息的收集、传输和利用能力，从而增强经济和其他活动领域的运行或管理效率，并提升竞争力。

第三，从社会演进的角度来看，信息化是工业社会向信息社会过渡的过程。这不仅是经济结构和增长模式的转变，还是整个社会结构的全面变

---

① 郑建明.中国社会信息化进程的测度分析[J].马克思主义与现实，2002（5）：95-96.
② 汪向东.信息化中国21世纪的选择[M].北京：社会科学文献出版社，1998：4.
③ 周宏仁.信息化论[M].北京：人民出版社，2008：95.
④ 周宏仁.信息化论[M].北京：人民出版社，2008：95.

革。信息化的目标不仅在于发展信息产业本身,还在于提升社会各领域对信息技术的应用和信息资源的开发利用水平,以此提高各领域的效率和质量,为社会提供更优质的产品和服务。

(二)信息化时代

信息化时代的到来标志着信息成为产生价值和推动社会发展的关键因素。人类社会的发展可以分为三个主要的浪潮:农业时代、工业时代和信息时代(图1-2)。每个时代的转变都伴随着生产方式和社会结构的根本变革。

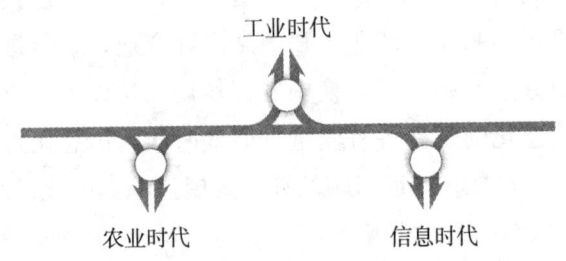

图1-2 人类社会发展的三个时代浪潮

第一次浪潮是农业时代。这是人类历史上的第一个长期阶段,始于农业的发明和普及。在这个时代,社会的主要特征是以土地为中心,生产方式主要依赖于人力和畜力。农业时代的经济结构以自给自足为主,人们的生活方式、社会组织和价值观念都紧密围绕农业生产。第二次浪潮是工业时代。工业革命标志着第二次浪潮的开始,时间是从18世纪末到20世纪中叶。这个时代的核心是机械化生产,以工厂为中心,以煤炭和蒸汽为主要能源,后期转向电力和石油。工业时代大幅提高了生产效率,促进了城市化和大规模生产,改变了人类的生活方式和社会结构。第三次浪潮是信息时代。第三次浪潮从20世纪50年代中期开始,以信息技术的发展为标志。这个时代的关键词是"计算机",代表了信息技术的兴起和普及。信息时代的特点是以知识和信息为主要生产力,不再依赖于体力劳动或机械力量,而是依赖于智能和信息处理能力。信息社会的经济结构和社会组织更加依赖于信息和通信技术,以及与之相关的服务和产业。

在这三个浪潮中,信息时代的显著特征是对知识的重视和对信息技术的广泛应用，这不仅改变了经济和社会的运行方式，还深刻影响了人们的生活方式和思维模式。随着信息时代的到来，社会正在从工业社会向信息社会过渡，这个过渡不仅涉及技术的变革，还包括价值观念、社会结构和生产方式的根本改变，社会的各个层面和领域都要经历信息化的适应和变革。

三、信息技术的定义

那到底什么是信息技术？信息技术（Information Technology, IT），其定义随着技术的发展而不断演变。在最广泛的意义上，信息技术涵盖了与信息的采集、处理、存储、传输和使用有关的所有技术。[1] 它不局限于数字化的技术，还包括了所有形式的信息记录和传播技术，无论是古代的雕刻和手稿，还是早期的文字书写和印刷技术，再到现代的计算机和网络技术、电子数据处理技术等，都包含在内。今天，几乎所有的数据和信息都可以用二进制代码进行编码和处理。联合国教科文组织对信息技术的定义更加全面，应用在信息加工和处理中的科学、技术与工程的训练方法与管理技巧；上述方法和技巧的应用；计算机及其人、机的相互作用；与之相应的社会、经济和文化等诸种事物。[2] 不仅包括了信息处理中的科学、技术与工程方法，还涵盖了这些方法的应用、计算机与人的交互作用，以及相应的社会、经济和文化影响。在这个定义下，信息技术不仅指现代的计算机和网络技术，还包括了历史上所有与信息处理相关的技术。因此，当谈论信息技术时，不应仅仅局限于现代的电子和数字技术，还应包括人类历史上所有形式的信息处理和传播技术。这些技术从古代的文字书写和印刷，到现代的互联网和人工智能，共同构成了信息技术的广阔领域。

四、信息技术的发展历程

信息技术指的是那些涉及信息获取、传播、处理和再生的技术。它的历史悠久，从古代的飞鸽传书、烽火通信到现代的复杂网络系统，信息技术经历了显著的演变，具体如表 1-1 所示。

---

[1] 郑少峰，张春英.现代物流信息管理与技术[M].北京：机械工业出版社，2022：4.
[2] 卢盛荣.人工智能与计算机基础[M].北京：北京邮电大学出版社，2022：16.

信息化赋能：英语教学模式及教学优化策略探索

表1-1 信息技术的发展历程

变革	阶段	起始时间	标志
第一次变革	语言和符号阶段	50 000—35 000 年前	语言的产生
第二次变革	文字阶段	约公元前 3500 年	文字的发明
第三次变革	印刷阶段	1040 年至 15 世纪	印刷术的发明
第四次变革	电信阶段	19 世纪中叶以后	电磁波技术的应用
第五次变革	计算机及网络阶段	20 世纪 60 年代，以 1946 年电子计算机的问世为标志	计算机的发明和使用

在人类文明的早期阶段，语言作为一种自然而然发展出的交流工具，在很大程度上促进了人类社会的进步。它不仅使得个体之间能够分享经验和知识，还促进了群体间的合作和社会结构的形成。语言的使用提高了人类传递复杂思想和概念的能力，为文化和知识的积累打下了基础。与语言同时发展的是各种符号系统。符号，如手势、表情和旗帜，提供了一种非语言的交流方式。这些符号往往用于表达特定的含义或概念，是一种更为抽象的信息传达方式。例如，早期的部落可能使用特定的旗帜来表示不同的警告或消息；古代文明使用各种象形文字和图腾来记录和传递信息。这个阶段的信息技术虽然原始，但对于当时的人类社会而言，它们是至关重要的。语言和符号的使用不仅满足了人类的基本交流需求，还为文明的发展奠定了基础。它们是人类从生物进化到社会文化进化的关键转折点，开启了人类文明发展的新篇章。

人类信息技术的第二次重大变革是文字的发明。文字的使用不仅促进了人类智慧的交流，还使得信息的传递和保存能够跨越时间和空间的限制。如苏美尔人创造的楔形文字和古埃及的象形文字，文字使得信息可以被记录和保存，打破了口头传递的局限性。这不仅改进了历史和知识的保存方法，还促进了法律、文学和科学的发展。文字的普及也促进了教育和知识传播的普及，它使得信息可以跨越时间和空间，为远程交流和文化遗产的保存提供了基础，成为人类交流意识和传播信息的关键工具，对社会结构和文化产生了深远影响。

紧随其后的第三次信息革命的标志是印刷术的出现。源于 11 世纪中国的活字印刷术，大幅提高了书籍的制作效率并降低了成本，促进了信息和知识的复制与传播。印刷术的广泛应用使书籍成为重要的信息存储和传播媒介，从而推动了人类文明的发展。后来的谷登堡印刷机的发明，更使得书籍和其他印刷品能够大量生产，促进了知识的大规模传播。不仅如此，印刷术的发明还促进了文化和科学的普及，也是启蒙时期和科学革命的催化剂，印刷技术的广泛应用对教育、政治和社会结构产生了重大影响，是促进现代社会形成的关键因素之一。

第四次信息革命发生在电报、电话、广播和电视的广泛使用时期。这些电磁波传播信息的技术使得信息能够瞬间跨越长距离，不仅加快了信息交流的速度，还拓宽了地域范围，使先进的科学技术能够迅速普及。信息的形式也从单一的文字扩展到了声音和图像，标志着信息传递方式的根本变化。这些技术在很大程度上加快了信息的交流速度。电信技术的普及更改变了人们的生活方式和信息消费习惯，它缩小了世界，使得全球新闻和娱乐等内容可以即时共享。此外，这些技术也为远程教育和国际商务开辟了新的可能。

20 世纪中叶开始的第五次信息革命是电子计算机与通信技术的结合。现代信息技术整合了信息的传递、处理和存储，人们可以通过计算机网络访问和交换信息。这一阶段的信息技术以计算机技术、微电子技术和通信技术为基础，其中计算机成为核心，微电子技术提供了必要的硬件支持，通信技术加速了信息的传递速度，扩大了传递范围。计算机技术的发展大幅提高了信息处理的能力。从最初的大型机到个人电脑，再到智能手机和平板电脑，计算设备的演进增强了个人和组织处理信息的能力。而互联网的诞生和普及则彻底改变了信息的传播方式。信息可以通过网络瞬间传播到全球任何角落，打破了地理和时间的限制。社交媒体、在线新闻平台和数字图书馆等都是信息获取和共享的新途径。从电报到移动通信，每一步技术的进步都为信息的快速传播铺平了道路。微电子技术，特别是集成电路的发展，为现代计算机和通信设备提供了物理基础。这些技术的进步不仅使设备更加小巧、高效，还大幅降低了成本。通信技术，尤其是移动通信和卫星技术，加快了信息的传递速度，扩大了覆盖范围。现代社会的快速通信网络都是基于这些技术的。

从信息技术的变革历程可以看到，每一次信息技术的革命都推动了人类社会的发展，改变了人们的生活方式和思维模式。从文字的使用到互联网的普及，信息技术的每一步进步都加深了人们对信息的依赖，同时也扩展了人们的知识边界，提高了沟通能力。

五、信息技术的内容

信息技术是推动现代社会从工业时代向信息时代转型的关键力量。现代信息技术的核心包括了信息基础技术、信息系统技术和信息应用技术，这些技术的迅猛发展和广泛应用已经深刻改变了人类的生活和工作方式。信息技术在科学技术领域中占据着日益重要的地位，其发展速度和影响力在所有科技领域中都是十分显著的。

（一）信息基础技术

信息基础技术，是整个信息技术领域的基石。它涵盖了新材料、新能源、新器件的开发和制造技术，这些技术的发展和应用对整个信息技术领域乃至整个高科技产业产生了深远的影响。在信息基础技术中，最为关键和发展最快的是微电子技术和光电子技术。微电子技术的发展尤其依赖于集成电路的进步，特别是超大规模集成电路的创新。这门技术不仅包括系统电路的设计，还涉及材料制备、自动测试、封装和组装等多个方面。微电子技术的进步大大提高了电子设备的性能，减小了尺寸，降低了成本，使得个人电脑、智能手机和其他电子设备成为可能。

（二）信息系统技术

信息系统技术，是现代信息技术的一个关键组成部分，涉及信息的获取、传输、处理和控制。这一领域包含了感测技术、通信技术、计算机与智能技术以及控制技术等核心支撑技术。感测技术是信息系统技术的基础，负责获取初级信息。这包括各种传感器和探测设备，用于识别、检测和提取环境或对象的数据。这些数据经过转换和计算后，可以用于显示和量化结果，为后续的信息处理提供基础。通信技术，也被称为远程通信技术，是信息系统技术的重要组成部分。它涉及数据传输技术，包括有线和无线通信、网络技术以及数据编码和解码等。这些技术确保信息可以高效、安全地在不同地点之间传输。计算机与智能技术这一领域以人工智能理论和方法为核心，研究如何利用计算机模拟和扩展人类智能。其中包括机器学习、知识发现、搜索推理、规划决策和智能交互等多个方面。计算机与智能技术的发展使得计算机系统能够执行复杂的分析和决策任务，模拟人类的认知过程。控制技术是信息系统技术中用于管理和调节系统行为的技术。它包括信息控制技术和网络控制技术等多种形式。控制技术的主要目的是确保信息系统按照预定的方式运行，同时能够应对外部环境的变化和内部状态的调整。可以看到，信息系统技术是一个多元化和复杂的领域，它不仅包括了信息的基本处理和传输技术，还涵盖了智能化处理和系统控制等高级功能。这些技术的发展和融合为现代社会的数字化转型提供了强大的支持，是推动信息时代发展的关键因素。

（三）信息应用技术

信息应用技术在现代信息技术领域扮演着至关重要的角色，它指的是将信息技术集成到各种实际应用中，以实现具体的目标，如信息管理、控制和决策。其中包括工业自动化、办公自动化、家庭自动化、人工智能和互联通信技术等多个方面。其中，信息管理技术涉及数据的有效组织、存储和分析，帮助企业和机构在海量信息中提取有价值的信息，支持决策制定。信息控制技术主要用于自动化流程，如工业生产线的自动化控制，可以提高效率和准确性，减少人为错误。信息决策技术集中于利用人工智能（AI）、机器学习等先进技术支持复杂决策过程，提高决策的质量和速度。人工智能和互联通信技术包含 AI 技术模拟人类智能行为，广泛应用于自动驾驶、语音识别等领域。互联通信技术确保信息在全球范围内的无缝传输和共享。这些信息应用技术的发展和普及，不仅推动了社会的数字化转型，还对人类生活方式和工作模式产生了深远的影响，提高了人们的生活质量和工作效率。

信息技术已经广泛渗透影响到社会的各个领域，从商业、医疗、通信

信息化赋能：英语教学模式及教学优化策略探索

到娱乐和教育，无一不受其深刻影响。在这个背景下，英语教育作为一个全球性的学科，也正面临着信息技术带来的改革和影响。

第二节 基础英语教育与高等英语教育

一、基础英语教育

（一）基础英语教育的内容

基础英语教育是指在教育体系中对学生进行英语语言基础知识和技能教学的过程。它主要针对的是英语学习者的初级阶段，旨在为他们打下扎实的英语语言基础，包括语音、词汇、语法、阅读、写作、听力和口语等方面的基本知识和技能。基础英语教育通常是学生在学习英语的早期阶段接受的教育，是后续更高级英语学习的基石。基础英语教育的目标是确保学生掌握英语的基本构成要素。其中包括对英语字母和音标的学习，了解基本的语音规则；词汇方面，学习常用的日常用语和基本词汇；语法方面，则是学习基本的语法结构，如时态、名词、动词、形容词、副词、连词的使用等。基础英语教育强调听、说、读、写各项技能的均衡发展。听力训练通常包括听懂日常对话和简单的英语讲座；口语训练侧重于日常交流、发音准确性和流利性的提升；阅读方面，学生被鼓励阅读简单的英语文章和书籍，以增强对语言结构的理解和词汇的积累；写作训练则侧重于基本句子和简单段落的写作能力。在教学方法上，基础英语教育倾向于采用互动式和实践性的教学方法，以激发学生的学习兴趣和参与度。其中可能包括角色扮演、小组讨论、做游戏和听歌曲等，这些方法能够使学生在轻松愉快的氛围中学习英语，同时提高他们的实际应用能力。此外，基础英语教育也强调跨文化交际能力的培养。通过了解不同国家的文化和习俗，学生不仅学习语言，还学习如何在不同文化背景下有效地使用英语进行交流。评估和反馈在基础英语教育中同样重要。教师需要通过定期的测验、作业和参与度评估来监测学生的学习进度，并提供相应的反馈和指导，以帮助学生克服学习中的难点，巩固已学知识。基础英语教育是一个全面、系统的教学过程,不仅包括英语知识的学习,还包括语言技能的培养和跨文化交际能力的提升,它为学生的未来学习和使用英语打下了坚实的基础。

(二)基础英语教育的特征

基础英语教育具有以下几点特征(图1-3):

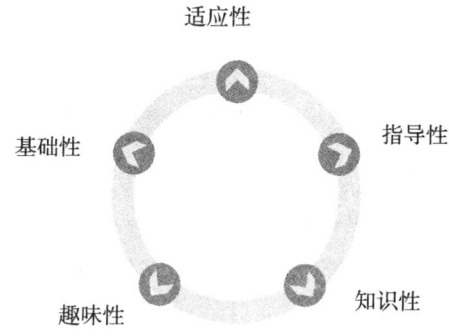

图1-3 基础英语教育的特征

1.基础性

基础性是基础英语教育的核心特征之一,主要指教育过程侧重于为学生打下坚实的英语语言基础。这一特征体现在以下几个关键方面:第一,基础性教育注重教授学生基本语法规则,这是学生理解和正确使用英语的基石。教师通常会从最基本的语法概念开始教学,如名词、动词、形容词的使用规则,以及时态和语态的基本构成。通过反复练习和应用,学生可以逐渐建立起对英语语法结构的深入理解。第二,在词汇教学方面,基础性教育强调常用词汇的积累。教师会引导学生学习和记忆日常生活中常用的单词和短语,这不仅有助于日常交流,还是阅读和写作的基本要素。为了提高词汇记忆的效率,教师可能会采用多种教学方法,如联想记忆、词汇游戏和语境实践等。第三,基础性教育还注重基础听、说、读、写技能的培养。在听力方面,通常从理解简单对话和指令开始,逐步提升到听懂短篇故事和说明文。在口语方面,注重日常对话的练习,使学生能够用英语进行基本的自我介绍、表达需求和简单交流。阅读教学着重于阅读简短易懂的文章和故事,帮助学生逐渐提高阅读理解能力。写作教学则从书写字母和单词开始,逐步过渡到编写简单句子和段落。在基础性教育的过程中,教师通常会采用多种教学资源和工具,如教科书、练习册、音频和视频材料,以及互动式教学软件,以丰富教学内容并提高学习效果。同时,为了确保学生能够有效掌握基础知识,教师会定期进行评估和测试,以监测学生的学习进度和理解程度。

2. 趣味性

在基础英语教育中,趣味性的重要性不容忽视,尤其是针对中小学生这一特定年龄段的学习者。中小学生正处于生理和心理快速发展的阶段,他们活泼好动,具有强烈的好奇心和探索欲,喜欢探索和游戏,但他们的注意力容易分散,这就要求教学方式必须足够吸引学生注意力,能够激发他们对英语学习的兴趣,提高他们的参与度。趣味性可以通过多种方式实现,游戏化学习是一种有效的方法。例如,利用讲故事、看动画、听歌曲和做游戏等趣味性的学习活动,可以唤起学生对英语的兴趣,使他们在不知不觉中学习语言,学生以游戏和娱乐的方式接触英语,边学边玩,从而减少学习的压力感和枯燥感,这种学习方式特别适合中小学阶段的学生,因为这种方式与他们自然的学习倾向相契合。趣味性学习还有助于提升学生的学习动力。当学习活动变得有趣和刺激时,学生更愿意主动参与和投入,这不仅提高了他们的学习效率,还有助于培养他们对英语学习的长期兴趣。通过趣味性学习,英语知识的吸收和理解变得更加容易和自然,英语不再是一门枯燥的学科,而是一种有趣和值得探索的语言。趣味性学习还有利于培养学生的创造力和想象力。在趣味性活动中,学生有机会以创新和互动的方式使用英语,这有助于开发他们的思维能力和语言表达能力。例如,在角色扮演或故事创作活动中,学生需要运用自己的想象力和创造力来使用英语,这种活动不仅增强了学生对语言的掌握,还促进了他们综合素质的提升。

3. 知识性

与高等教育中侧重于对语言的运用和研究不同,基础英语教育中更强调知识的输入和理解,英语作为第二语言,基础教育的学生从零开始进行学习,因此初始阶段需要有足够的知识量的吸收。这一特征基于对中小学生认知发展水平和学习需求的理解,旨在为学生提供坚实的语言知识基础,以便他们能够在未来进行更高级的语言学习和应用。第一,知识性教育的核心在于确保学生能够系统地掌握英语的基本知识。这包括对英语字母、语音、基本语法规则、常用词汇和基础句型的学习。在这个阶段，学习的重点不仅是让学生记住这些知识点，更重要的是帮助他们理解这些基础知识如何在实际语言使用中应用。例如，教学中会重视语法规则的内在逻辑，确保学生不仅知其然，更知其所以然。第二，知识性教育注重于培养学生的语言理解能力和思维能力。这意味着教学不仅仅局限于语言知识的传授，还包括教授学生如何使用这些知识进行思考和分析。这种方法有助于提高学生的语言应用能力和理解深度，使他们能够更好地理解英语语言的复杂性和多样性。此外，基础英语教育中的知识性还体现在对学生批判性思维和解决问题能力的培养。在教学过程中，通过讨论、问题解决和批判性思维练习，学生不仅能学习英语知识，还可以学习如何使用这些知识进行思考和分析。这种教学方法有助于培养学生的独立思考能力和创新能力，使他们在学习语言的同时，也在学习如何成为一个批判性的思考者和有效的问题解决者。知识性教育还强调对文化背景知识的传授。学习一门语言不仅是学习语法和词汇，还包括对该语言文化背景的了解。通过介绍英语国家的历史、文化和习俗，学生可以更全面地理解英语，并在跨文化交流中更加自信和得体。通过这种全面的知识性教育，学生能够在理解和应用英语的同时，为未来的学习和生活打下坚实的基础。

4. 指导性

在基础教育中，教师不仅是知识的传递者，更是学生学习过程中的引导者和促进者。相较于高等教育中强调的自主学习，基础教育阶段的学生更需要教师的指导和干预，以确保他们能够有效地掌握知识和学习方法。第一，指导性体现在教师对学生学习过程的持续引导中。在基础英语教育阶段，学生正处于语言能力和认知技能的初步发展阶段，他们需要明确的指导来理解和吸收新知识。教师通过循循善诱的方式，帮助学生理解复杂的语言规则和概念，同时引导他们逐步建立起学习的兴趣和自信。第二，指导性教育还涉及教师对学生学习方法的培养。在基础教育阶段，学生正在形成他们的学习习惯和技能。教师的任务是引导学生掌握有效的学习策略，如时间管理、记忆技巧和批判性思维，这对学生未来的学习生涯至关重要。第三，指导性还意味着教师需要对学生的学习态度和进展进行持续的观察和评估。通过观察学生的表现，教师可以及时发现学生在学习过程中的困难和挑战，并提供相应的支持和干预。这种及时的反馈和调整有助于保护学生的学习积极性和有效性。第四，与高等教育中的自主学习相比，基础教育阶段的指导性更为显著。在高等教育中，学生通常被期望能够独立地管理自己的学习和研究。然而在基础教育阶段，学生独立学习的能力还在发展中，因此更多依赖于教师的指导和支持，特别是在引导学生理解知识、培养学习方法、监测学习态度和提供及时反馈方面的重要性。通过有效的指导和干预，基础英语教育能够为学生打下坚实的语言学习基础，为他们未来的学术和个人发展奠定基础。

5.适应性

基础英语教育中的另一个重要特征是适应性。这一特征体现了教育内容和方法与学生年龄、认知水平、学习风格和个人兴趣的适应度。适应性特别重要，因为不同的学生在年龄、成熟度、学习能力和兴趣等方面会存在显著差异，有效的教育必须考虑这些差异，并根据学生的具体需要调整教学策略。具体而言，第一，适应性教育意味着教学内容需要与学生的认知发展阶段相匹配。对于年幼的学生，教学重点可能放在基本词汇和简单句型的学习上；而对于年长的学生，则可能涉及更复杂的语法结构和阅读理解技能。通过调整教学内容以适应学生的认知水平，教育可以更有效，确保学生能够在他们的学习旅程上稳步前进。第二，适应性教育也意味着考虑学生的个别差异和学习风格。每个学生都有独特的学习方式，例如，有些学生可能更喜欢通过视觉材料学习，而其他学生可能更偏好听觉或动手操作。教师需要识别这些差异，并采用多样化的教学方法，以满足不同学生的需求。第三，适应性教育还包括对学生个人兴趣的关注。通过将学生的兴趣和爱好融入教学，可以提高他们的参与度和学习动力。例如，如果学生对某一特定主题或活动感兴趣，教师可以充分利用这一点，将其纳入教学活动中，从而增强学习的相关性和吸引力。第四，适应性教育还涉及对教学环境和资源的适应。这意味着教育应该利用可用的教学资源和技术，创造一个支持性和包容性的学习环境，使所有学生都能在其中茁壮成长。

二、高等英语教育

(一) 高等英语教育的特征

高等英语教育具有以下几点特征（图1-4）：

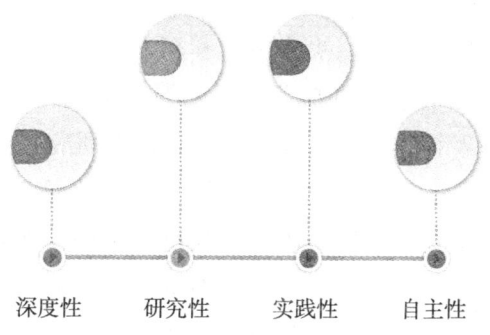

图1-4 高等英语教育的特征

1. 深度性

相比于基础英语教育，高等阶段的英语教育不论在理论还是实践层面，不论在深度还是广度上都有加深，如复杂语法结构、高级词汇的使用以及更深层次语言的文化和历史背景。随着学习的深入，学生需要挑战更复杂的语言材料，如学术论文、文学作品和专业报告，这些材料不仅增强了学生的语言能力，还拓宽了他们的知识视野。在高等教育阶段，英语学习不是仅局限于英语语言知识的学习，而是更加深入地涉及特定领域的专业用途和跨学科的知识整合，如商务英语、医学英语、会计英语等专业化课程中，教学内容特别设计以满足特定职业领域的需求，这些课程不仅包括相关专业领域的专业术语和实际应用，还可能包括与该领域相关的文化背景和实际操作，难度大幅度提升。高等英语教育的深度性不仅体现在语言学习的深度和专业方向上，还体现在跨学科整合和国际视野的培养上。在全球化的时代背景下，学生需要具备跨文化交流的能力和对国际事务的深入理解。因此，高等英语教育不仅关注于语言技能的提升，更关注于如何将这些技能应用于国际交流和多元文化环境中。通过深入学习不同国家的英语使用方式、文化习俗和社会背景，学生能够培养出更为广阔的国际视野，为他们在未来的专业发展和在全球舞台上有效沟通和工作打下基础。

2. 研究性

高等英语教育中的研究性特征强调的不是对语言的简单学习，而是采用研究者的态度对英语语言本身和其使用背景进行深入探究。这一特征体现了高等教育对学生的批判性思维、分析能力和独立研究技能的培养，超越了纯粹的语言学习，涉及对语言学、文学、文化研究等领域的深入研究。第一，研究性学习要求学生以更为主动和探索性的方式接触英语。这意味着学生不仅要学习语言规则和应用，还需要理解语言如何在不同的社会、文化和历史背景中发挥作用。例如，学生可能会研究特定历史时期的英语文学作品，探讨语言在文学表达中的作用，或分析语言变化与社会变迁之间的关系。第二，研究性特征还表现在鼓励学生进行独立的学术研究。学生可能会参与到课题研究项目中，进行数据收集、分析和论文撰写。这些研究项目不仅能提高学生的英语阅读和写作能力，还培养了他们的研究方法论知识、数据分析技能以及独立思考能力。例如，学生可能会进行一个关于第二语言习得理论的研究，或探索不同文化背景下的交际策略。第三，研究性教学还涉及批判性思维的培养。在学习过程中，学生要接受知识，更要质疑、分析和评估所学内容。这种学习方式促使学生从被动接受知识转变为积极探索知识，形成自己的见解。例如，在分析一部英语小说时，学生被鼓励从多种角度进行解读，考虑作者的写作意图、文化背景以及语言的风格和特点。第四，高等英语教育的研究性特征还体现在跨学科的学习上。学生可能会将英语学习与其他学科结合，如将英语语言研究与心理学、社会学或历史学相结合。这种跨学科的研究方法不仅拓宽了学生的知识视野，还促进了他们在不同领域的思考和理解能力。

3. 实践性

高等英语教育的实践性特征侧重于语言的产出导向和实际应用，这一特征强调在高等教育阶段，不只是理论的输入学习，更要能够将所学知识应用于实际语言使用和输出、产出中，在实际情境中培养语言能力。在高等英语教育中，实践活动的多样性和广泛性是关键。除了课堂上的传统学习，学生还应参与更多的实践和应用导向活动。例如，参加模拟联合国会议、加入英语戏剧社团或参与英语辩论比赛，这些活动不仅提供了使用英语的平台，还培养了学生在多种复杂情境下的沟通和表达能力。通过这些活动，学生能够在实践中学习，提高他们的语言灵活性和创造性。实习经历也是高等英语教育实践性特征的重要组成部分。通过在国际公司、组织或学术机构的实习，学生可以将英语知识应用于实际工作环境中，学习专业术语的使用，理解跨文化交流的重要性，并获得宝贵的职业经验。这些经历不仅提高了学生的语言实际运用能力，还为他们将来的职业生涯提供了实际的准备。此外，项目式学习和研究也是高等英语教育实践性特征的重要方面。学生可能会参与英语语言教学、翻译、跨文化交流等项目，这些项目要求他们运用英语来收集数据、分析信息、撰写报告并展示成果。这样的学习方式不仅锻炼了学生的英语综合运用能力，还提高了他们的研究和项目管理技能。在实践性教学中，技术的应用也不可忽视。多媒体资源、在线学习平台和语言学习软件，可以为学生提供更广泛的学习资源和更真实的语言使用环境。例如，通过在线交流平台与世界各地的英语使用者进行交流，或者利用虚拟现实技术模拟不同的交流场景，这些技术手段丰富了学生的英语学习和实践经验，并为他们未来的职业生涯打下坚实的基础。

4. 自主性

高等英语教育中的自主性特征强调学生在学习过程中的独立性和主动性。与基础教育阶段相比，高等教育阶段的学生被期望能够更加独立地管理自己的学习。这包括自我设定学习目标、自主选择学习材料、自主安排学习时间和参与自我评估等。自主性学习鼓励学生根据自己的兴趣和职业规划选择适合的学习路径和材料。例如，学生可能会选择特定领域的英语课程，或者自主参与英语研究项目。通过这种自主学习方式，学生不仅能够提高英语技能，还能够发展独立思考和自我驱动的学习习惯。这些技能对于他们未来的学术发展和职业生涯都是至关重要的。

（二）高等英语教育的原则

高等英语教育需要遵循以下几项原则（图1-5）：

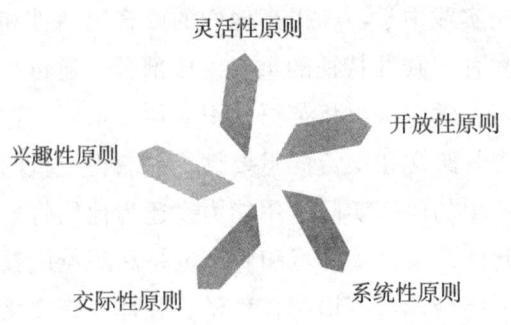

图 1-5　高等英语教育的原则

1. 交际性原则

高等英语教育中的交际性原则着重强调了语言作为沟通思想和传递信息的工具这一本质功能。在此教育背景下，语言学习远远超出了单纯的语法规则和词汇积累，转而聚焦于如何在真实的交际环境中有效运用所学的英语。这种教育方法认识到，交际能力的核心在于能够在不同场合与不同对象进行有效而得体的沟通，因此，英语教学的目标不仅是让学生掌握语言，更重要的是培养他们运用语言进行交际的能力。在高等英语教育中，交际不仅包括口语交流，还涵盖了书面交流。这意味着学生需要学会如何在口头和书面形式中都能有效地表达和理解信息。同时，交际总是发生在特定的语境中，这要求学生了解如何在不同的时间、地点和情境下适当地运用语言。此外，语言的交际性质要求至少两个人的参与和互动，这在高等英语教育中通过各种互动和合作学习活动得以实现。要遵循交际性原则，教育者需要认识到英语课程是一门技能培养型课程，应该将语言作为交际工具来教授和学习。这不仅仅是传授语法规则和词汇，而是培养学生运用所学语言进行有效交流和获取信息的能力。教学中的讲授、学习和应用构成一个有机的统一体，其中核心在于语言的实际使用。教育者还应创设情景，开展丰富多彩的交际活动，以便将教学内容置于有意义的实际情境中。这些情景包括但不限于课堂游戏、故事讲述、角色扮演和话剧表演等，旨在激发学生的兴趣和参与度，同时提高他们在实际语境中的语言运用能力。此外，高等英语教育还需注重培养学生语言使用的得体性，使学生能够在适当的时间、地点以适当的方式向适当的人表达适当的内容。这与创设情景和开展交际活动密切相关，有助于学生掌握地道的语言表达和交际技巧。高等英语教育还应结合精讲多练的原则，适当地讲授一些语言知识，同时为学生提供丰富的语言练习机会。教师应清楚讲解的目的在于帮助学生更好地进行实际训练，并在必要时对学生的具体问题给予精准的指导。教学内容和活动的真实性也是交际性原则的重要组成部分。教学活动的设计和教学内容的选择应紧密联系现实生活，将语言与学生关心的话题结合起来。教材和教师使用的语言应尽可能地真实，反映英语母语者在交际过程中的实际用语，而非仅为教学目的而编写的内容。

2.兴趣性原则

兴趣性原则在高等英语教育中占有重要地位，基于对学习兴趣作用的深入理解和应用。《论语》中的"知之者不如好之者，好之者不如乐之者"强调了学习兴趣在教育过程中的核心作用。兴趣不仅是学习的催化剂，更是持续学习的动力源泉。在英语学习中，培养和维持学生的兴趣至关重要，因为它直接影响学生的学习态度、动力和最终的学习成果。学习兴趣的定向功能表明，兴趣能够引导学生的学习方向和专注领域。兴趣强烈的学生更有可能深入探究他们感兴趣的领域，这种探究往往能带来更深层次的理解和技能的提升。例如，对特定英语文学作品感兴趣的学生可能会更深入地研究该作品的背景、主题和语言特点，从而在文学分析方面获得更高的成就。具体来说，兴趣的功能包含动力功能、支持功能、偏倾功能。动力功能突出了兴趣作为学习驱动力的重要性。当学生对英语学习产生浓厚兴趣时，学习过程会变得更加愉悦和有意义，不再是单纯的任务或负担。这种兴趣驱动的学习方式能够激发学生的内在动力，使他们在学习过程中更加积极和主动。支持功能反映了兴趣在帮助学生克服学习过程中的困难和挑战中的作用。兴趣能够激发学生面对挑战时的积极态度和持之以恒的精神，帮助他们在学习过程中保持旺盛的精力和动力，特别是在遇到难点和挫折时。偏倾功能则表明，学生的兴趣点不尽相同，这种差异性会对英语学习的侧重点产生影响。有的学生可能对词汇学习感兴趣，而另一些学生可能更喜欢阅读或写作。教师的任务是识别这些兴趣点，并通过合理的引导和教学策略帮助学生实现全面和均衡的英语能力发展。因此，从事高等英语教育的教师应认识到兴趣性原则的重要性，并将其融入教学设计和实

信息化赋能：英语教学模式及教学优化策略探索

践中。这意味着教学内容和活动应充分考虑学生的兴趣，同时教师应灵活调整教学方法，以激发和维持学生的学习兴趣。创造有趣、相关和挑战性的学习环境，可以促进学生的积极参与和深入学习，从而提高英语教学的整体效果。

3.灵活性原则

灵活性原则在高等英语教育中扮演着至关重要的角色，它不仅是兴趣性原则的有效支持，还是适应语言学习复杂性和学生多样性的关键。语言作为一个充满活力和不断发展的系统，其学习和应用要求极高的灵活性。这种灵活性不仅体现在教学方法上，还体现在学习过程和语言使用中。在教学方法上，教师应当采取多元化的教学策略，而不是仅仅局限于某一种教学流派或方法。考虑到英语学习包含语言知识和语言技能两方面，以及学生的个体差异，教师需要根据具体情况灵活调整教学内容和方法。创新的教学活动可以增加课堂的趣味性和吸引力，从而激发学生学习英语的热情。除了语言本身，教师还需要教授有效的学习策略，以帮助学生更好地掌握语言。在学习的灵活性方面，学习方法的改革同样至关重要，旨在摒弃传统的死记硬背方式，鼓励学生探索适合自己的自主学习模式，实现自我导向和自我激励的学习过程。灵活多样的学习方式可以帮助学生在实践中培养语言的综合运用能力，从基础技能的训练到实际应用的结合。至于语言使用的灵活性，则是英语学习的核心。教师在课堂上应尽可能多地使用英语，以示范和激励学生灵活运用所学语言。教学过程不应仅限于被动接受，而应变成学生通过英语实现各种目标和愿望的积极参与过程。此外，通过灵活多变的作业设计，教师可以鼓励学生在各种实际场合中使用英语，如进行口头报告、讨论时事等，从而增强他们的实际语言应用能力。

4.开放性原则

高等英语教学的开放性原则是该阶段教育的显著特征，涵盖了教学资源和教学主体两个重要方面。第一，教学资源的开放性意味着英语教学不再仅限于教材和传统教学内容，而是扩展到了学生的课外生活和更广泛的信息来源。这种开放性的资源利用方式允许师生在课堂上探讨更加多元和实际的话题，使学习内容更加贴近学生的实际生活和兴趣。例如，教师可以引入最新的新闻事件、流行文化或社会议题作为教学材料，以此激发学生的学习兴趣和参与度。同时，这种开放性也意味着学生的生活经验和观点被视为宝贵的教学资源，他们在日常生活中的体验和反思可以成为课堂讨论和学习的一部分。这种互动性的教学方式不仅有助于知识的深入理解，还能够促进学生对所学内容的实际应用。第二，教学主体的开放性体现在教师和学生之间持续的信息交流和互动过程中。在高等英语教学中，教师不再是唯一的知识传递者，学生也不仅仅是被动的知识接收者。相反，教师和学生之间存在着多样性和差异性，包括生活经验、知识水平和情感态度等方面。教师在教学过程中可能会无意识地将自己的知识背景和生活体验融入教学活动，而学生则根据自己的发展特点和兴趣选择性地吸收这些信息。这样的教学过程实际上是一个双向的信息流动过程，教师和学生在相互交流和学习中共同成长。因此，开放性原则要求高等英语教育既要关注教学内容的多样化和实际应用，也要重视教学过程中教师与学生之间的动态互动和信息交换。通过这种方式，教学过程不仅能够更好地适应学生的实际需求和兴趣，还能够促进学生的批判性思维、创新能力和实际应用能力的发展。总的来说，高等英语教学的开放性原则为教学活动注入了更多的活力和实际意义，有助于构建一个更加丰富、互动性强和更加有效的学习环境。

5.系统性原则

高等英语教育的系统性原则强调了教学内容、教学方法以及学习过程的有序性和连贯性。这一原则不仅涉及课程内容的组织和安排，还包括教学活动的设计和实施，以及学生学习过程的规划和发展。系统性原则旨在确保英语教育的整体性和连续性，使学生能够在结构化和逻辑连贯的学习环境中逐步提升他们的语言能力。第一，从课程内容的角度来看，系统性原则要求教学内容按照从简到难、由浅入深的顺序组织。这意味着学习材料和活动应根据学生的语言水平和认知能力逐步展开，每个阶段的学习内容都应构建在之前学习的基础上，形成一个紧密相连的知识体系。例如，初级阶段可能集中于基础语法和词汇的学习，而更高级阶段则涵盖复杂的文本分析、专业领域的语言应用以及学术研究等内容。第二，系统性原则还体现在教学活动的有序安排和开展上。有效的教学不仅需要清晰的目标和内容安排，还需要适当的教学方法和活动来支持这些目标的实现。系

信息化赋能：英语教学模式及教学优化策略探索

性原则要求教学活动能够相互衔接，形成一个完整的教学过程。其中包括导入活动、讲解、练习、到应用和评估等一系列步骤，每个步骤都为接下来的学习环节做好准备。第三，对于学生而言，系统性原则还涉及他们的学习过程规划。这意味着学生的学习应当是一个连续的过程，每个阶段的学习都为后续阶段的学习打下基础。学生应构建自己的学习计划，明确学习目标，并根据这些目标逐步提升自己的语言技能。教师在这一过程中扮演着指导和支持的角色，帮助学生理解学习目标之间的联系，并提供必要的资源和指导来促进学生的学习。

第三节 英语教育的信息化

一、教育信息化

2010年，中华人民共和国国务院常务会议审议并通过了《国家中长期教育改革和发展规划纲要（2010—2020年）》，其中第十九章"加快教育信息化进程"第五十九条指出加快教育信息基础设施建设，"信息技术对教育发展具有革命性影响，必须予以高度重视。把教育信息化纳入国家信息化发展整体战略，超前部署教育信息网络。到2020年，基本建成覆盖城乡各级各类学校的教育信息化体系，促进教育内容、教学手段和方法现代化"，强调了信息技术在教育发展中的革命性作用，根据这一方针，教育部随后制定了《教育信息化十年发展规划（2011—2020年）》，着重于利用现代信息技术的优势，推动信息技术与教育领域的深度结合。这些政策的实施，推动了中国教育界信息化教育的发展。教育界开始广泛接纳并应用多种互联网教学新概念，如"慕课"（MOOC）、"微课""翻转课堂""在线课程""移动学习""手机云班课"和"信息化教学大赛"等。这些新兴的教学方式不仅改变了传统教育模式，还使得教育资源更加丰富、多元化，并为师生提供了更加灵活便捷的学习方式。通过这些技术的应用，教育资源的获取、交流与共享变得更加方便，同时也促进了教学方法的创新与多样化。

学者们从不同角度对教育信息化进行了定义。龚美霞强调教育信息化的核心是利用现代信息技术在教育领域广泛开发和利用教育信息资源，以促进教育事业发展，满足社会信息化的需求。①李克东的定义则更加全面，强调在先进教育思想的指导下，教育信息化不仅涉及新技术的应用和信息资源的开发利用，还包括培养适应信息社会的创新人才，是实现教育现代化的一个系统工程。②祝智庭的定义着重于教育过程中全面运用以计算机多媒体和网络通信为基础的信息技术，以促进教育全面改革，适应信息化社会对教育发展的新要求。③南国农则将教育信息化视为在教育中普遍运用现代信息技术，开发教育资源，优化教育过程，培养学生的信息素养，以推动教育现代化。④⑤傅德荣等人的观点认为，教育信息化是将信息技术作为教育系统的基本要素，广泛应用于教育各领域，促进教育现代化。他特别强调了对教育系统的信息分析以及基于此的信息技术在教育中的有效应用。⑥

可以看到，各学者对教育信息化的定义虽有差异，但普遍认同其核心是利用现代信息技术优化教育资源和过程，培养适应信息社会的人才，以推动教育的全面现代化。进入21世纪，教育信息化依旧是教育变革的关键驱动力，它不仅仅涉及技术的引入，更关乎教育观念的根本转变和创新人才培养的方法。教育信息化的核心含义可以从两个层面进行深入解读：第一，适应信息化社会的人才培养。在信息化时代，教育系统的首要任务是培养能够适应快速发展的信息社会的人才。这不仅意味着学生需要掌握基本的计算机技能，更重要的是，他们应学会如何有效地收集、筛选、处理和创造信息。这种能力的培养不仅涉及技术知识的学习，更包括批判性思维、创造性思维和问题解决能力的培养，这些能力对于在信息丰富且不断变化的社会中生存和成功至关重要。第二，信息技术在教育中的应用。教育信息化也指的是将信息技术有效地应用于教学、科研和管理等各个领域。这不仅涉及教育手段的信息化和现代化，如高效的校园网络、丰富的信息

---

① 龚美霞.加快教育信息化建设的思考[J].电子出版，1999（7）：38-40.

② 李克东.知识经济与现代教育技术的发展[J].电化教育研究，1999（1）：11-16.

③ 祝智庭.世界各国的教育信息化进程[J].外国教育资料，1999（2）：79-80.

④ 南国农.信息化教育理论体系的形成与发展[J].电化教育研究，2009（8）：5-9.

⑤ 南国农.我国教育信息化发展的新阶段、新使命[J].电化教育研究，2011（12）：10-12.

⑥ 傅德荣，傅利华，靳灵芝.信息技术教育的目标、内容和方法[J].中小学信息技术教育，2004（7）：15-17.

资源库、先进的闭路电视系统等，也包括教学方法和教学内容的变革。信息技术的引入应促进教育内容的更新、教学方法的创新，以及教学管理的高效化。从更深层次来看，教育信息化是一个复杂的系统工程，它要求人们不仅要改变教育的工具和手段，更要更新教育的思想和理念。这意味着教育信息化不仅是将信息机器简单引入教育领域的过程，还需要在创新教育的基础上，深入分析教育系统的需求，高效利用信息技术，从而培养出适应新时代的信息化人才。在实施教育信息化的过程中，关键在于理解和把握信息技术对教育方式的根本性影响。例如，通过信息技术可以实现个性化教学，满足不同学生的学习需求；可以利用网络资源和平台，拓展教学的时空界限，实现异地协作和学习；还可以通过数据分析，精准评估学生的学习进度和成效，从而提供更有效的教育支持。另外，教育信息化还要求教师和教育管理者不断更新知识和技能，以适应快速变化的技术环境。教师需要学会如何结合信息技术进行教学设计和实施，如何利用数字资源丰富教学内容，以及如何通过技术手段进行有效的教学管理和沟通。可以看到，教育信息化是一个深刻的教育变革过程。它不仅仅涉及技术工具的引入和应用，更重要的是它要求教育界重新思考和设计教育的目标、内容、方法和评估机制。这种变革要求教育系统不断适应信息技术的发展，同时也需要信息技术创新地服务于教育的目标和需要。因此，教育信息化是一个持续的、动态的过程，它要求教育者、学习者以及相关的政策制定者不断地学习、适应和创新，以确保教育能够有效地应对信息时代的挑战和机遇。

二、英语教育信息化的内涵

在现代教育体系中，信息技术与英语教学深度融合，已经远远超越了信息技术作为简单教学辅助手段的角色。信息技术如今已成为促进学生主动学习、优化教师的教学环境、提高教学质量和效果的重要工具和关键因素。

英语教育工作者要积极利用先进的教学理念和技术，将信息技术转化为学生学习的认知工具、创造情景教学的手段和整合教学资源的平台，将信息技术变为优质课堂的无形推动力和课程内容的有机组成部分。

英语教育信息化的内涵具体包括以下几点(图1-6):

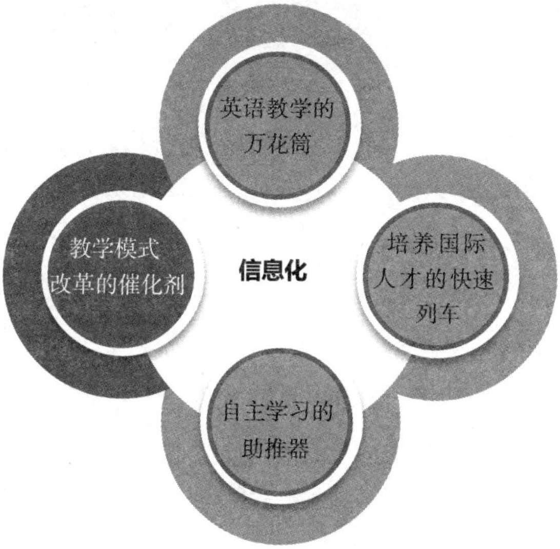

图1-6 英语教育信息化的内涵

(一)英语教学的万花筒

英语教学的信息化在很大程度上丰富了英语教学资源和手段,为传统英语教学注入了新的活力。这种变革体现在多个层面,包括教学材料的多元化、教学方法的创新化以及教学思维的前瞻性。第一,超媒体和多媒体教学材料的使用,使得教学内容更加生动和直观。这些材料将文字、符号、图形、图像、动态影像和声音等多种元素融为一体,创造出一个多感官体验的学习环境,富有吸引力的教学课件可以帮助学生更好地理解和吸收英语知识。例如,动画和视频可以将抽象的语言规则和用法具体化,使学生能够更形象地理解和记忆。第二,信息技术的应用,如虚拟现实(VR)技术,为英语教学提供了创新的手段,还可以提供创设仿真情景教学的可能性,使学生能够在更加真实的语境中学习英语,VR技术可以生动地解释和模拟那些传统教学方式难以展示的对话或篇章场景,通过近乎真实的对话场景和文化背景,为学生提供了一种沉浸式的学习体验。这种体验不仅仅是视觉上的模拟,更是在情感和认知上的全面参与。通过这种仿真情景教学,学生可以更好地理解语言在实际交流中的应用,从而提高了学习的实

信息化赋能：英语教学模式及教学优化策略探索

用性和趣味性。信息技术与英语教学资源的有机结合，不仅丰富了教学内容，改变了课堂结构，还推动了教学思想、观念和理念的更新与革新，实现教学效果的最大化。

（二）英语教学模式的催化剂

英语教育信息化是改变传统教学模式的催化剂，通过使用微信公众号和微信群等工具，教师可以创建"互励互教式"的微课教学平台。在这样的平台上，学生不仅可以在课堂上学习，还可以将学习延伸到课外，与同学进行知识点的讨论和实践。这种模式不仅提高了学生的参与度，还增强了他们的自学能力和学习主动性。在信息化英语教学的背景下，教师和学生的角色也发生了显著的转变。英语作为一门集艺术性、交流性、实践性和应用性于一体的学科，其教学模式也随着信息化的改变变得更加现代化和互动化。教师积极利用计算机多媒体、网络技术等现代教学工具，不断改进教学环境，创造有利于英语学习的氛围，激发学生学习英语的热情和主动性。教师深入研究教材，结合现代信息技术，动用一切可用的教学资源，为学生提供丰富多样且具有可视性的学习材料。通过创设开放的互动式教学情境，教师不仅提升了学生的学习积极性和主动性，还增强了学生在课堂上的参与度。教师不再是单纯的知识传授者，而是变成了学习资源的搜集者和创造者、学习能力的培养者和促进者、学习过程的协作伙伴和沟通桥梁、教学方法的创新者和评估者，以及教学活动的策划者和执行者。在这种新的教学模式下，学生的角色也从被动的知识接收者转变为主动的知识探索者和应用者。学生被鼓励主动参与学习过程，灵活运用英语进行交流和沟通。这种教学方式让课堂变得更加生动有趣，同时也激发了学生的好奇心和求知欲。信息化的教学手段和方法创造了一个积极、互动的学习环境，使教学模式发生了颠覆性改变。

（三）英语自主学习的助推器

英语教育信息化对于促进学生自主学习能力的发展具有重要意义。信息化教育通过网络平台和智能设备，为学生提供了更加灵活和个性化的学习方式，这不仅有助于学生更好地掌握英语知识，还促进了他们在收集信息、分析语言结构、交流沟通以及创新方面能力的提升。第一，网络教学平台允许学生自主学习英语。在这样的平台上,学生可以根据自己的学习进度和兴趣选择学习内容,这种自主性大幅提升了学习的效率和兴趣。学生可以在课堂之外,通过手机、平板电脑等设备随时随地访问教学资源,进行学习和复习。这种方式使学生能够更加深入地理解课堂上的知识点,并将其应用于实际情境中。第二,信息化教育提供了丰富的资源来帮助学生收集和预习英语语言及文化背景知识。通过互联网,学生可以接触到大量的英语原声材料、文化背景文章、视频教程等,这些材料不仅丰富了学生的知识储备,还提高了他们对英语语言的实际运用能力,学习的深度和广度都有了更多维度的扩展。另外,信息技术也为学生提供了广泛的听、说、读、写练习机会。通过各种在线工具和应用程序,学生可以进行听力练习、口语对话、阅读理解和写作训练。这些练习的内容和难度可以根据学生的实际水平和需求进行调整,从而保证了学习的个性化和适应性。信息化教育模式还鼓励学生进行更多的英语交流和协作。通过网络交流平台,学生可以与来自不同文化背景的人进行交流,参与线上小组讨论或项目合作。这种交流和协作不仅提高了他们的英语实际应用能力,还培养了他们的团队合作和跨文化沟通能力。第三,信息化教育模式的灵活性和开放性满足了当代学生的心理需求和时代特点。随着科技的发展,学生们越来越习惯于利用数字技术获取信息和学习新知识。信息化教育模式恰好迎合了这一趋势,提供了一个与时俱进的学习环境,使学生能够在更广阔的空间内进行学习和探索。

(四)培养国际人才的快速列车

信息化的英语教育模式不仅使学生能够更加灵活、更直观地适应不断变化的教育环境,还使得他们能够更好地准备迎接未来的挑战。学生通过参与互动式和技术驱动的学习体验,不仅在语言技能上取得进步,还在批判性思维、创新能力和团队合作方面获得了提升。信息化教育模式提供了更加丰富和多元的学习资源,使学生能够接触到更广泛的观点和信息。在传统的教育模式中,学生通常只能从教科书和教师的讲授中获取知识。相比之下,信息化教育模式通过网络和多媒体资源,让学生能够接触到来自不同文化和背景的思想,从而拓宽他们的视野。这种广泛的知识接触有助于学生形成自己的见解,并学会从多个角度分析和评估信息,从而培养批判性思维。另外，信息化教育模式鼓励学生主动探索和解决问题，从而培养他们的创新能力。通过使用互联网和其他数字工具，学生可以自主搜索资料、提出问题，并尝试解决实际问题。这种主动探索的过程促使学生发挥创造力，尝试新的方法和思路，进而提升创新能力。信息化教育模式可以通过线上平台和协作工具促进团队合作，在这种环境下，学生需要通过网络平台与他人沟通协作，共同完成项目和任务。这种协作过程不仅提升了学生的沟通技能，还教会了他们如何在团队中发挥作用，处理团队内的不同意见，并共同寻求解决方案，从而增强团队合作能力。信息化教育模式强调实践和应用，而不仅仅是理论学习。学生通过实际操作数字工具和参与项目，能够将理论知识应用于实践中，这种经验是培养批判性思维和创新能力的重要途径。这些能力对于学生适应不断变化的教育环境、迎接未来挑战至关重要。

从以上信息化与英语教学融合的内涵，可以看到，在信息化时代，信息化与英语教学的有机融合为学生提供一个全面、多元化的学习环境，给英语教育带来了前所未有的活力和可能性，使得英语教育和教学更加灵活、更加富有互动性和成效。通过这种创新的教学方式，能够培养学生更好地适应未来社会的需求，成为具有国际视野和跨文化交流能力的人才。可以说，信息化教学已经成为培养学生综合素养和实践能力的重要手段和辅助工具。

三、英语教育信息化的特征

英语教育的信息化融合了"技术"与"教育"两大属性。在技术层面，其核心特点包括数字化、网络化、智能化和多媒体化。其中，数字化为英语教育带来了设备的简化、性能的可靠性和标准的统一性；网络化实现了英语学习资源的共享，减少了学习活动的时空限制，便于学生和教师之间的合作；智能化使得英语教学活动更加人性化，人机交互自然化，简化了复杂的教学任务；多媒体化增强了传媒设备的多样性，丰富了信息的表现形式，并使复杂的语言现象得以呈现。从教育的角度看，英语教育的信息化特点体现在开放性、共享性、交互性和协作性上。开放性突破了以传统课堂为中心的英语教学模式，推动了英语教育的社会化、终身化和自主化；

共享性作为信息化的本质特征,使得丰富的英语教育资源可供所有学习者无限使用;交互性促进了人与机器、人与人之间的双向沟通和远程互动学习,加强了教师与学生、学生之间以及与外界的多方交流;协作性为英语学习者提供了更多与他人或机器协作完成学习任务的机会。而英语教育与信息化的融合,不仅呈现出双方的特征,还融合出一些新特征,呈现出更加多元化和动态化的变化和特点(图1-7)。

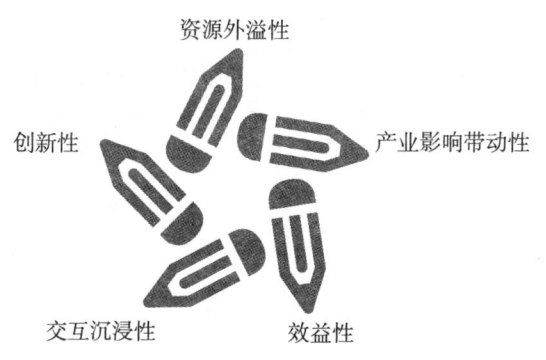

图1-7 英语教育信息化的新特征

(一)资源外溢性

英语教育信息化在推动全球教育资源的流动和共享方面起着关键作用。资源的外溢性特征在这一过程中表现得尤为明显,它涉及教学技术、教育理念以及各类教学材料,这些资源通过网络和多媒体平台实现了广泛的共享和互补。第一,英语教育信息化通过网络平台打破了传统教育的地理和时间限制,使得教育资源能够在全球范围内流动。例如,优秀的英语教学课件和视频可以跨越国界,被世界各地的学生和教师共同使用。这种资源共享大幅提高了教育资源的利用效率,并为学生提供了更丰富的学习选择。第二,信息化带来的资源外溢性还体现在教育理念和教学方法的传播上。通过网络论坛、在线研讨会等形式,教师可以分享和讨论最新的教学理念和方法,如翻转课堂、项目式学习等。这种交流和分享不仅丰富了教师的教学策略,还促进了教育方法的创新和发展。第三,信息化还促进了教学材料的多样化和个性化。在网络平台上,教师和学生可以根据自己的需求选择或者创造适合的教学和学习材料。例如,通过在线资源库,教师可以找到适合不同学习风格和水平的学生的材料,学生也可以根据个人兴趣选择学习内容。这种个性化的学习环境有助于提高学习的兴趣和效果。第四,资源的外溢性还体现在跨文化交流和合作上。英语作为国际通用语言,其教育信息化促进了不同文化背景下的学习者之间的交流和合作。通过国际项目合作、在线交流平台等,学生和教师可以跨越文化和地理界限进行互动和合作,从而促进了跨文化理解和沟通能力的提升。可以看到,英语教育信息化的资源外溢性不仅使教育资源变得更加丰富和多元化,还推动了教育理念的创新,增强了个性化学习的可能性,同时促进了全球范围内的文化交流和合作。这些都是信息化时代英语教育不可忽视的重要特征。

(二)创新性

英语信息化教学的创新性不仅体现在教学技术和工具的更新,更深入地影响了教学理念、方法以及教育体验的整体改革。这种创新性是英语教育适应数字时代的关键,它不仅提高了教学效率和学生的学习动力,还为学生开拓了全新的学习视野。第一,技术工具的创新对英语信息化教学至关重要。随着云计算、大数据、人工智能等技术的快速发展,英语教学得以运用更先进的工具,如智能教学软件、在线交互平台、虚拟现实(VR)技术和增强现实(AR)技术等。这些工具不仅改变了教学内容的呈现方式,更提升了学生的学习互动和参与度。例如,VR技术能够模拟真实的英语使用环境,仿佛置身于一个英语国家的街头,提供沉浸式学习体验。智能软件能够根据学生的学习进度和风格提供个性化教学,使学习内容更加贴合学生的需求。第二,教学方法的创新是英语信息化教学的另一个关键方面。传统的教学模式往往以教师为中心,而信息化教学推动了学生中心的教学模式。翻转课堂是其中的一个例子,学生在课前通过线上材料自主学习,课堂上则专注于讨论和实践。这种模式促进了学生的主动学习和批判性思维能力的发展。在线协作工具如论坛、博客和社交媒体,也为学生提供了表达和交流的平台,增强了他们的交际能力和团队合作技能。英语信息化教学的创新性还体现在教育理念的更新上。在数字时代,教育不再仅仅是知识的传递,更重视培养学生的综合能力,如信息素养、批判性思维和创新能力。信息化教学通过各种技术工具和互动平台,鼓励学生探索、质疑和创新,使他们能够更好地适应未来社会的需求。第三,英语信息化教学的创新性还体现在教育评估和反馈机制的改进上。利用大数据和分析工具，教师能够更准确地评估学生的学习效果，为学生提供及时和针对性的反馈。这种评估不仅基于学生的成绩，还包括他们的学习过程、参与度和进步情况。

信息化教学为英语教育的全球化和多元化铺平了道路。通过网络资源的广泛接入，学生能够接触到不同文化和国家的英语使用情境，增强了他们的跨文化理解和沟通能力。此外，信息化教学也使得远程教育和国际合作变得更加容易，为学生提供了更广泛的学习机会和视野。

（三）交互沉浸性

英语教育信息化的交互沉浸性特征体现在教育技术的持续创新和教学模式的革新上。这种创新不仅局限于教育硬件设备的更新，如引入智能黑板、虚拟现实设备等，更深入教育理念和教学方法的变革中。例如，翻转课堂和在线互动教学的引入，为学生提供了更加丰富、互动和沉浸式的学习体验，使学习过程变得更加生动和吸引人，提升了教学的效果。第一，创新的硬件技术如 VR 设备，为英语学习提供了沉浸式体验。学生可以通过这些设备置身于模拟的英语环境中，如虚拟的国外街景或场景，从而在真实感受中学习语言。这种沉浸式学习体验对于提升学生的语言应用能力和文化理解尤为有效。第二，新型的教学模式如翻转课堂，将传统课堂的教与学模式颠覆，让学生在课前通过视频和在线材料自主学习理论知识，课堂上则专注于讨论、实践和应用。这种模式不仅增加了学生参与课堂的机会，还提高了他们对学习内容的理解和掌握。第三，通过网络平台进行在线互动教学，打破了地理和时间的限制，为学生提供了更多与教师和同学交流的机会。这种互动不仅限于文字交流，还包括视频会议、实时在线测试等多种形式，使学习过程更加灵活和多元。第四，技术创新还推动了教育思想和教学理念的更新。在信息化背景下，教育更加注重学生主动参与和实际应用能力的培养。这种以学生为中心的教学理念，鼓励学生通过探索、互动和实践来学习英语，从而提升了学习效率和质量。

（四）效益性

英语教育信息化的效益性是衡量其成功与否的关键指标。这一特征强调了教育投资（包括技术和资源）与教育成果之间的比例与优化关系。在这个过程中，重点在于评估和确保信息化所带来的投入是否与教育目的和效果成正比。这不仅仅局限于硬件的更新和软件的采购，而是着眼于其转化为实质性的教学成果和学习效果是否提升，以及提升空间的量值大小。第一，效益性体现在信息化投入对教学质量的直接提升上。这意味着引入的技术和工具应该能够直接促进学生的英语学习，例如通过交互式软件提升语言技能的练习，或通过在线平台提供更广泛的语言学习资源。这种投入不仅增强了学生的学习体验，还提升了他们的学习成效，如语言能力的提升和文化意识的增强。第二，教育信息化的效益性还联系着教育投资的成本效益分析。这要求教育决策者在采用新技术和实施新系统时考虑其长远效益，确保所投入的资源能够产生最大的教育回报。例如，选择性价比高的教育技术解决方案，或是投资于可持续发展和未来可升级的系统。第三，效益性也涉及教育信息化在提高教师教学效率和降低管理成本方面的作用。通过信息化手段，教师可以更高效地管理课程和评估学生表现，同时也能减少纸质材料的使用和物理存储空间的需求。第四，英语教育信息化的效益性还体现在其对学生长期学习路径的影响上。这不仅关乎学生在校期间的学习成果，还涉及他们未来在职场和社会中运用英语的能力。有效的信息化教育应当能够为学生提供扎实的语言基础和必要的沟通技巧，为他们未来的成功奠定基础。可以看到，英语教育信息化的效益性在于确保技术和资源的投入能够转化为具体的教学成果及学习效果的提升，这不仅体现在短期的教育成果上，还反映在长远的教育投资回报上。

（五）产业影响带动性

英语教育信息化的发展与信息技术产业之间存在着紧密的相互依赖和促进关系。这一关系表明，英语教育信息化的进步不仅受益于信息技术产业的创新和成长，还推动了该产业的进一步发展。信息技术产业的发展提供了英语教育信息化所需的基础设施和工具。随着云计算、大数据、人工智能等技术的发展，英语教育领域得以利用这些技术来创造更加动态和互动的学习环境。例如，云计算使得大规模的在线英语学习资源得以实现，大数据分析帮助教师更精准地了解学生的学习习惯和需求，而人工智能在语言学习的个性化辅导和评估方面发挥着重要作用。反过来，英语教育信息化的需求和挑战也推动了信息技术产业的创新。为了满足英语学习的特定需求，如更精准的语音识别、更有效的交互设计、更丰富的多媒体内容，信息技术产业必须不断创新和改进。这种需求推动了新技术的研发，如针对特定教育用途的应用程序和软件，以及更适合教学场景的硬件设备。另外，英语教育信息化与信息技术产业的相互促进还体现在全球教育市场的拓展上。英语作为全球通用语言，人们对英语学习的需求日益增长，这为信息技术产业提供了庞大的市场和发展机遇。反之，信息技术产业的发展又使得全球英语教育资源更加丰富，提高了教学质量和效率，从而吸引了更多的学习者。最后，信息技术产业与英语教育信息化之间的相互影响还体现在推动教育公平性上。信息技术的普及使得偏远地区和资源较少的学习者也能够获得高质量的英语教育资源，从而缩小了教育差距。可以看到，英语教育信息化的发展依赖于信息技术产业的进步，同时也促进了该产业的创新和发展，两者形成了互动和共赢的良性循环。这种相互依赖和促进关系对于推动英语教育的现代化和全球化具有重要意义。

四、影响英语教育信息化的因素

影响英语教育信息化的因素有以下几点（图1-8）：

图1-8 影响英语教育信息化的因素

（一）硬件基础设施

基础设施的建设和完善是推动教育信息化进程的关键因素之一。它不仅是教育信息化的物理基础，还是确保教育信息化顺利进行的先决条件。在教育信息化的背景下，基础设施的水平直接影响了教育信息化的实施效果和发展程度。教育信息化的基础设施主要包括网络硬件、计算机设备、多媒体教学工具等。这些设施的建设和维护对于实现现代化教学方法至关重要。它们为教师和学生提供了必要的技术支持，使得数字学习资源的获取、在线教学交流以及多媒体教学成为可能。高质量的基础设施能够显著提升教育质量和效率。它可以扩大教育的覆盖范围，提高教育资源的利用效率，同时也为创新教育方法和模式提供了物质基础。在基础设施较为发达的环境下，教育信息化能够更加深入和广泛地应用于教学实践中，从而推动教育现代化的整体进步。因此，在推动教育信息化的过程中，对基础设施的投入和建设是不可或缺的。这不仅要求政府和教育机构在硬件设施上持续投资，还要求对这些设施的有效管理和维护，以确保其能够满足教育信息化发展的需求。通过优化基础设施，可以为教育信息化的持续发展打下坚实的基础，为教师和学生创造更加丰富、高效的教学和学习环境。

（二）信息化教学资源

在英语教育信息化的发展中，信息化资源的建设和利用成了关键的一环。这些资源的质量和可获取性直接影响着教育信息化的效果和深度。随着信息技术的快速发展，获取、利用和共享教育信息化资源的问题日益成为教育界关注的焦点。信息化教学资源，包括数字教材、在线课程、互动学习平台和教育软件等，这些是提升信息时代教育质量的核心。这些资源为英语教学提供了更多样化和互动性的学习方式，使得教师和学生能够突破传统教室的局限，进行更为广泛和深入的教学和学习。然而，信息化教学资源的有效供给和服务体系的建设是教育信息化的一个重要组成部分。这不仅涉及资源的创造和更新，还涉及如何使教师和学生更易于获取和使用这些资源。有效的资源供给系统需要确保资源的质量、相关性和可访问性，以支持教育信息化的各个方面。因此，英语教育信息化的发展需要重视信息化教学资源的建设。不仅要创建和维护高质量的教学资源，还要确保这些资源能够在广泛的教育环境中被有效利用。通过改善资源的供给和服务体系，可以为英语教育信息化提供坚实的支持，进而提升教育质量和效率。

(三)师资队伍力量

在英语教育信息化的进程中,师资队伍的职业胜任力显得尤为关键。教师的能力和技能直接影响教育的质量和效果,成为教育成败的决定性因素之一。教师队伍的建设和发展不仅依赖于基础设施、政策和资金的支持,还是教育发展过程中不断关注和强化的重点领域。教育大数据和信息技术的发展,对信息化时代的英语教师提出了更高的要求。这不仅涉及教师对技术的熟练运用,更关乎于他们能否有效整合信息化资源,以及如何在教学过程中运用这些资源以满足学生的个性化学习需求。因此,教师在教育信息化时代需要具备更加全面的技能和知识,包括技术技能、教学方法的创新以及对学生学习进程的精细化理解和指导。教师的全程化培养问题在教育信息化背景下变得尤为重要。这意味着教师的专业发展不仅包括掌握传统的教育技能和知识,还包括对新兴技术的理解、对教育创新的掌握以及对学生个性化学习需求的敏感性。这些能力的提升需要通过持续的培训、实践和学习来实现。可以看到,师资队伍在英语教育信息化中起着至关重要的作用。教师是否具备专业胜任力不仅影响教育质量好坏,还决定了教育信息化的成功与否。因此,对教师的持续培养和专业发展应被视为教育信息化战略的核心组成部分。加强教师队伍的建设,可以有效推动英语教育信息化的进程,从而提升整体教育水平和效果。

(四)学生数字素养

在教育信息化的过程中,学生的数字素养和自主学习能力显得尤为重要。数字素养不仅指的是学生使用数字技术的能力,更包括他们在数字环境下进行有效学习、沟通以及解决问题的能力。这种素养直接影响着学生在信息化教育环境中的适应性和学习效果。第一,数字素养要求学生能够熟练操作各类数字工具,如台式电脑、平板电脑和智能手机,并能有效利用这些工具进行信息检索、数据分析和知识获取。在当前的教育信息化趋势下,这种技术能力成为学生学习的重要组成部分。第二,数字素养还涉及能够理解和评估网络资源的能力。在信息量庞大的互联网时代,学生需要具备筛选、评估和利用网络信息的技能。这不仅有助于他们获取高质量的学习资源,还是培养批判性思维的重要环节。第三,数字素养还包括网络沟通和协作的能力。在数字化环境中，学生需要学会如何有效地与他人进行线上交流和合作，这对于未来社会和职场中的团队协作具有重要意义。与数字素养密切相关的是学生的自主学习能力。在教育信息化的背景下，学生被鼓励成为自己学习的主导者，这要求他们能够主动设定学习目标、管理学习进程并评估学习成果。自主学习能力的提升使学生能够更有效地利用数字资源，进行个性化和自适应的学习，从而提高学习效率和质量。整体来看，学生的数字素养和自主学习能力是教育信息化成功的关键。这不仅需要学校和教师在教学过程中重视技术技能的培养和自主学习能力的发展，还需要学生自己意识到在数字化时代中这些技能的重要性，并积极参与到自我驱动的学习过程中。通过提升这些能力，学生将能够更好地适应快速变化的信息时代，有效地利用技术资源来促进自身的学习和成长。

（五）规章制度及政策

教育信息化的发展不仅依赖于技术、资源和师资，而且在很大程度上受到国家决策、政府政策、学校规定的影响和指导。教育信息化的这些规章制度构成了英语教育信息化的一个核心因素，它们为信息化进程提供了必要的政策支持和法律框架。在中国，教育信息化的发展历程可以通过政策法规年表的变化来追溯，这些政策法规反映了国家对教育信息化重要性的认识和对其发展的承诺。随着信息技术的迅速发展，其在教育领域中的应用成为推动教育改革和发展的重要力量。为了充分发挥信息化在教育中的作用，需要制定相应的政策和制度来指导和规范教育信息化的实施。这包括制定信息技术在教育中的应用标准、确保教育信息化资源的有效利用、保护学生和教师的网络安全和隐私权，以及推广信息技术在教学和学习中的创新应用。教育信息化政策的制定应当考虑到教育信息化的多方面需求，包括基础设施建设、教学资源的开发和利用、师资培训、学习方法的创新以及评估和监督机制的建立。这些政策需要与时俱进，不断适应新兴技术的发展和教育实践的变化。此外，教育信息化的制度设计还应包括对教育信息化项目的资金支持、技术支持和管理支持。只有通过全面的政策保障和制度设计，英语教育信息化才能够顺利推进，发挥其在提升教育质量和效率方面的潜力。因此，教育信息化规章制度不仅是对英语教育信息化发展的反映，还是其推动力和保障。随着信息化技术的不断发展和教育需求的变化，这些政策和制度需要不断更新和完善，以确保教育信息化能够有效地支持教育目标的实现，并推动英语教育的整体进步。

第二章 信息化背景下英语教学软硬件的建设与开发

第一节 信息化时代英语数字资源建设

一、信息化英语数字资源的内涵

信息化时代的英语数字资源，是一种特定类型、特定学科类别的信息资源，是精心挑选和组织的信息集合，其中包含了各种与英语教育相关的数字化材料，如电子教科书、教学视频、音频讲座、互动练习、模拟考试、课程幻灯片等。概言之，它是一个集中存放和管理所有与英语教学相关的数字化资源的平台，这些数字化格式的英语资料更易于存储、检索和共享。这些丰富的数字学习资源在教学和学习的过程中通过使用者的互动创造出教育价值，促进研究者、学习者的英语发展。这也正是这些英语数字资源的独特之处，它是为教育目的而设计、组织、建设的。这种目的性，决定了数字资源库不仅包括基本的教学内容，还包括与之相关的辅助材料、互动练习和评估工具等。第一，这个数字资源库不仅是一个单纯的数据存储库，还是一个综合性的教学支持系统，服务于教学方式创新和改革，资源库通常会配备高效的搜索和分类系统，使得教师和学生可以快速找到所需的特定资源，从而更加便捷地辅助教学工作。第二，数字资源库的共建共享特性意味着教师和学者可以共同贡献和更新资源，形成一个持续增长和优化的教学资源集合。这种协作方式不仅增加了资源库的多样性，还保证了教学内容的时效性和质量。第三，教学数字资源库还允许对资源进行有效的管理和评价。教师和学者可以根据学生的反馈和学习效果，对资源进行调整和改进。同时，知识管理功能使得教学经验和最佳实践可以在资源库中得以积累和共享,从而提升整个教学体系的效率和质量。第四,信息化教学资源支持了学习者的自主学习,激发了学习者主动探索和批判性思考。通过这些资源的有效利用,可以显著提高教育的质量和效率,同时为学习者提供更加个性化和丰富的学习体验。可以看到,英语数字教学资源库是英语教育信息化的核心工具。它不仅提供了一个丰富、可访问的教学资源库,还支持教育者之间的协作和知识共享。通过有效利用这个资源库,可以丰富和创新英语教学方法,促进更为灵活和多样化的教学方式改革,提高教学效果,同时为学生提供了更加灵活和多元的学习途径,促进学生的全面发展。

二、信息化英语数字资源的分类

信息化英语数字资源可分为媒体素材类教学资源、集成型教学资源和网络课程资源(图2-1)。

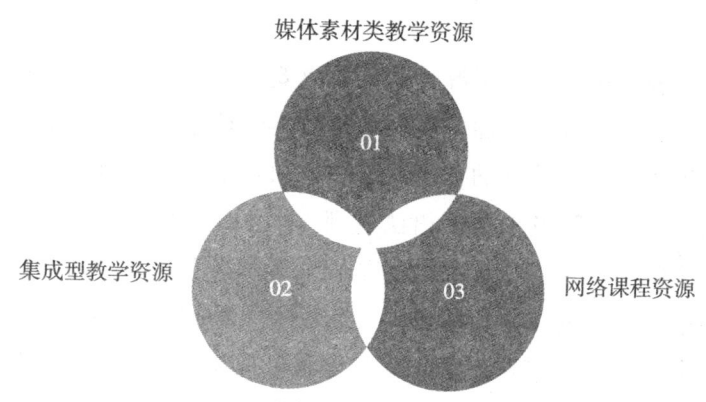

图2-1 信息化英语数字资源的分类

(一)媒体素材类教学资源

媒体素材类教学资源作为教学信息传播的基础元素,在数字化教学中扮演着至关重要的角色。这类资源主要包括文字资源、图像资源、音频资源、动画资源、视频资源5大类媒体类型(图2-2)。

信息化赋能：英语教学模式及教学优化策略探索

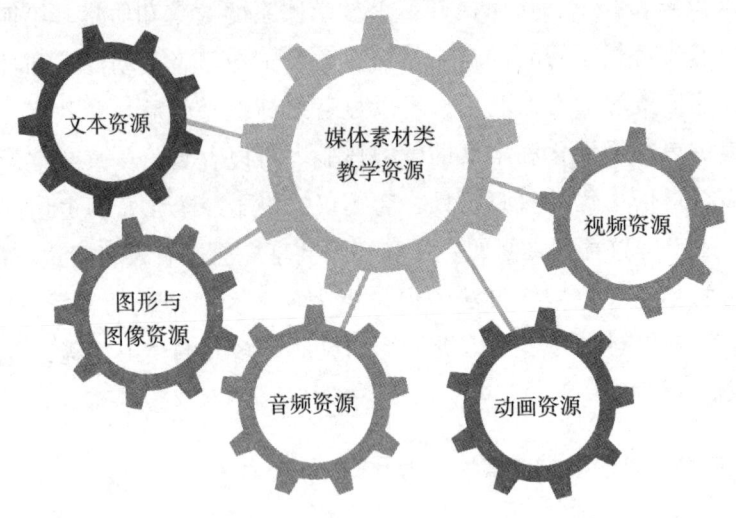

图 2-2　媒体素材类教学资源的内容

1. 文本资源

在英语教育中，文本资源是基础且重要的教学媒介。文本资源的核心作用在于信息的承载与传递，它们通过特定的符号系统实现了复杂概念和知识的明确表达。在传统的英语教学中，教科书和练习册等主要以文字的形式呈现教学内容，其中包括语法规则、词汇、例句以及练习题等。这些文本资源为学生提供了学习英语的基础框架和必要指导。随着信息技术的发展，网络环境下的文本资源已经得到了显著的扩展和丰富。不同于纸质文本，数字文本资源包含更多的交互性和可视化元素。例如，在线英语学习平台可能会利用不同的字体、字号、颜色以及超链接等，使得学习内容更加生动和吸引人。这些特性不仅增强了文本的吸引力，还提升了信息的可访问性和理解度。更进一步，网络上的英语教育文本资源还提供了新的学习方式，如在线论坛、博客和社交媒体平台，允许学生参与到更广泛的交流和讨论中。这些平台不仅扩展了学习资源的范围，还为学生提供了实践英语交流的机会，从而增强了他们的语言实际应用能力。因此，在英语教育信息化的背景下，文本资源作为基础教学材料，其作用和影响力已远远超出了传统的教科书和练习册。通过网络和数字化技术的加持，这些资源变得更加动态和个性化，为英语学习提供了更广阔的视野和更丰富的学习体验。

2. 图形与图像资源

在英语教育中，图形和图像资源作为一种关键的数字资源，扮演着独特且重要的角色。这类资源的应用不仅丰富了教学内容，还提高了信息传达的效率和效果。图形资源，通常指那些用以展示概念、数据或流程的简化图表，如图解、流程图或思维导图。这些图形以其简洁性和直观性而著称，尽管它们承载的信息量相对较少，但能够清晰地传达关键概念或步骤，特别是在解释复杂的语法结构或语言学概念时，图形资源能提供很大的帮助。与此相对的是图像资源，它们在英语教育中的应用更为广泛。图像资源包括照片、插图、静态图像等，这些资源在数字化环境下具有多种特点：首先，它们承载的信息量相对较大，色彩丰富、层次感强，能够更真实地反映生活环境，这对于提供文化背景知识、语境环境等方面的教学非常有用。其次，图像资源的选择性强，学习者可以根据自己的兴趣和需求选择不同的图片，增加了学习的个性化和趣味性。最后，这些资源的可编辑性也非常突出。在数字化环境下，学习者不仅可以简单地查看和保存图像，还可以使用各种软件对其进行更深层次的编辑和创造，如使用 Photoshop 等工具加工图片，以提高学习的互动性和趣味性。从整体来看，图形和图像资源在英语教育的数字化环境中提供了一种视觉上的学习方式，这不仅有助于增强学习内容的吸引力，还有助于提升学生对信息的理解和记忆。通过有效利用这些资源，教师可以使英语教学更加生动和直观，也能够激发学生的学习兴趣和参与度。

3. 音频资源

音频资源在英语教育中扮演着至关重要的角色，尤其是在培养学生的听力理解和发音技能方面。音频资源可以分为波形音频、CD-DA 音频和 MIDI 音频三大类，每种类型都有其独特的特点和应用场景。波形音频是一种直接记录声音的形式，以其简便性和广泛的适用性而闻名。在多媒体教学软件中，波形音频由于对记录和播放环境要求不高而被广泛应用，例如用于语言教学的录音和听力练习。然而，波形音频的缺点在于其数据量相对较大，这可能需要更多的存储空间和更高的传输带宽。CD-DA 音频，也

信息化赋能：英语教学模式及教学优化策略探索

被称为数字音频光盘，代表了高质量立体声的国际标准。这种格式的音频通常用于专业级的语音和音乐制作，提供了极高的声音质量。在英语教育中，CD-DA音频可以用于展示高质量的语言样本，帮助学生理解标准的发音和语调。MIDI音频则是一种更为专业的音频格式，需要特定的解释器来播放。其优点在于数据量小，适合用于背景音乐或辅助音效的呈现。在英语教育中，MIDI音频可以用来创建沉浸式的语言学习环境，或者用作教学内容的辅助说明。音频资源作为过程性信息的载体，对于英语教育具有多重价值。它不仅可以用来传递教学信息，还能够提高学生的听觉接受能力，集中他们的注意力，并且有助于培养情感和激发学习潜力。例如，通过听力练习、对话听解、语音模仿等方式，学生可以提高对英语语音和语调的理解，同时培养对语言的感知和鉴赏能力。总之，音频资源在英语教育信息化中的应用十分广泛，不仅丰富了教学内容，还增强了学习体验的多样性。通过合理利用各种类型的音频资源，教师可以更有效地传达语言知识，同时为学生提供更加全面和深入的语言学习机会。

4. 动画资源

动画资源在英语教育信息化中具有独特的价值，它通过连续播放一系列画面，创造出视觉上的连续变化和运动感。这种资源的核心在于对事物运动和变化过程的模拟，其基本原理与电影和电视类似，都基于视觉原理。动画资源的制作通常需要专业的设备和技术。这些动画可以根据其表现形式、视觉效果和技术特点等进行分类。第一，根据动作的表现形式，动画可以分为接近自然动作的"完善动画"和简化、夸张的"局限动画"。完善动画更贴近现实，通常用于模拟真实环境或情境，而局限动画则通过夸张和简化的手法，强调特定的概念或信息。第二，根据视觉效果，动画可分为平面动画和三维动画。平面动画提供二维的视觉体验，而三维动画则创造出更为真实和立体的视觉效果，这在表现复杂的语言情境和文化背景时尤为有效。第三，根据播放效果，动画又可分为顺序动画（连续动作）和交互式动画（反复动作）。顺序动画提供连续的故事或情景展示，而交互式动画则允许用户根据自己的操作影响动画的进程，增加了学习的互动性。第四，根据每秒播放的画幅数量，动画还分为全动画和半动画。全动画提供更流畅和细腻的动作展示，而半动画则在一定程度上简化了动作的表现。

在教学应用上，动画资源由于其忽略次要因素、强化本质要素的特性，非常适合于描述复杂的语言学概念、文化场景或语言应用情境。生动的动画设计不仅能够清晰地传达教学信息，还能够激发学习者的兴趣和积极性。例如，在教授英语词汇、语法或对话时，动画可以提供一个直观和互动的学习环境，使学习过程更加生动和有趣。因此，动画资源作为一种重要的教学媒介，在英语教育信息化中发挥着关键作用，它不仅增强了教学内容的表现力，还增强了学习体验的趣味性和有效性。通过合理运用动画资源，可以在很大程度上丰富英语教育的内容和形式，提升教学的质量和效果。

5. 视频资源

视频资源在英语教育信息化中占据了十分重要的位置。相较于动画资源的模拟和创造性表达，视频资源提供了对现实世界的真实记录，展现了事物的细节和复杂性。这种资源的信息量大、感染力强，特别适合用于呈现对学习者来说较为陌生的情境或概念。视频资源通常采用声像复合的格式，结合视觉图像和音频解说或背景音乐，以此增强信息的传递效果和学习者的感知体验。例如，在英语教学中，视频可以用来展示真实的语言使用环境，如母语者的对话场景、文化背景介绍或语言应用实例。这不仅有助于提升学生对语言实际使用的理解，还能增强学习的情景感和文化感知。然而，视频资源的一大挑战在于它们可能包含大量的无关信息。在呈现色彩丰富、细节多样的画面时，视频可能引入与学习目标无关的内容，这可能会分散学生的注意力。因此，在使用视频资源进行教学时，教师需要精心挑选和筛选内容，确保视频材料与教学目标紧密相关，并且能够有效地支持学习过程。为了最大限度地发挥视频资源在英语教育中的作用，可以采取一些策略来优化其使用。例如，教师可以在视频播放前后进行解析，引导学生关注重要信息；可以结合其他类型的教学资源，如文本和图像，以强化和巩固视频中的教学内容；还可以设计与视频内容相关的活动和练习，增加学生的参与度和互动性。从整体来看，视频资源作为一种生动且直观的教学媒介，在英语教育信息化中具有不可替代的作用。它不仅可以提供真实的语言学习环境，还能够激发学生的兴趣，是现代英语教学中不可或缺的一部分。通过恰当和有效的利用视频资源，能够显著提升教学质量和学习效果。

(二)集成型教学资源

集成型教学资源在英语数字教育中发挥着至关重要的作用,其为实现具体的教学目标提供了综合且多元化的支持。这些资源通过将不同的多媒体素材和教学元素有效组织在一起,形成了适合多种教学场景和学习需求的"复合型"资源。例如,试题库和试卷集中了各种题型和难度的题目,用于在线测试和评估学生的学习进展,同时提供教师对教学效果的即时反馈。课件和网络课件则包括了对单个或多个知识点的全面教学,其设计既考虑到了个人学习的需要,又适应了网络共享的要求,从而增强了教学资源的可访问性和实用性。案例学习资源通过展示具有现实指导意义和教学意义的事件或现象,为学生提供了更加生动和实际的学习体验。这种资源的设计注重将理论知识与实际应用相结合,使学生能够在真实或模拟的情境中学习和练习。文献资料则提供了关于教育方面的全面参考,包括政策、法规、重要事件的记录等,为教学和学习提供理论背景和深度支持。此外,常见问题解答作为一种快速响应学习需求的资源,为学生提供了针对特定领域常见问题的全面解答。这有助于学生迅速理解复杂概念,解决学习过程中遇到的困难。资源目录索引则为学生和教师提供了方便的途径,以发现和访问特定领域内的相关网络和非网络资源。整体来看,集成型教学资源通过融合多种教学元素和媒体形式,为英语数字教育提供了强有力的支持。这些资源不仅增强了教学内容的丰富性和互动性,还提高了学习的灵活性和效率。通过有效利用这些综合资源,可以显著提升教学质量,激发学生的学习兴趣和参与度,从而促进他们在英语学习上的全面发展。

(三)网络课程教学资源

网络课程教学资源在英语数字化教育领域中起着至关重要的作用,它们代表了通过网络平台实现的全面的教学内容和活动。这种资源的特点在于其灵活性和可访问性,它允许学习者在任何时间、任何地点进行学习,从而适应了终身学习的趋势和需求。网络课程的核心组成部分包括两个方面:一是根据特定教学目标和策略组织的教学内容,如视频讲座、互动练习、模拟测试和案例研究等。这些内容的设计旨在全面覆盖学科知识点,同时采用多种教学方法来适应不同学习者的需求和偏好。二是网络教学支撑环境，这不仅包括支持网络教学的软件工具和技术平台，还包括各种在线教学资源，如电子图书、教学视频、讨论论坛和在线评估工具等。网络课程的一个显著优势在于其对学习者提供的灵活性。无论是学习时间的安排还是学习内容的选择，网络课程都提供了前所未有的自由度。这种自主学习的方式不仅可以使学习者按照个人节奏和兴趣进行学习，还促进了个性化和差异化学习的实现。另外，网络课程在促进互动和协作学习方面也体现出巨大潜力。通过在线讨论区、群组合作和互动式学习活动，学生可以与同伴和教师进行有效沟通，共同解决问题，从而提升了学习的深度和广度。在英语数字化教育中，网络课程作为一种创新的教学模式，不仅为学习者提供了随时获取知识的便利，还为教师提供了一个平台来实现更有效的教学策略和方法。通过这些网络课程，英语学习变得更加灵活、互动和丰富，大幅提升了教学和学习的质量。

三、信息化英语数字资源的特征

教学资源的数字化为英语教育带来了革命性的变化。它不仅提高了教学资源的可用性和可持续性，还促进了教学方法的创新，为英语学习者提供了更加多元化和深入的学习渠道。通过利用这些数字化资源，可以有效地提升教学效果，满足信息化时代下英语学习的新需求，具体来看，信息化英语数字资源具有以下几个特征（图2-3）：

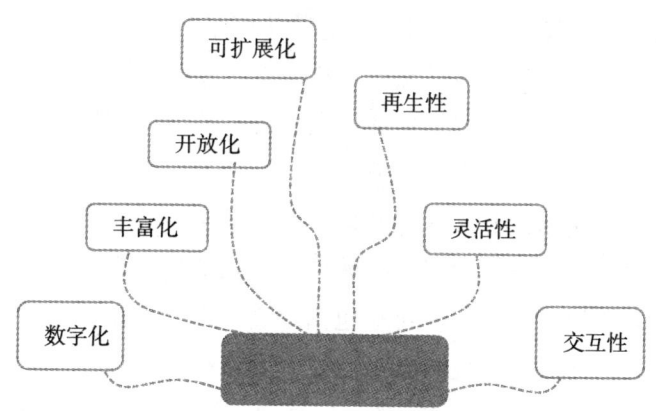

图2-3 信息化英语数字资源的特征

信息化赋能：英语教学模式及教学优化策略探索

（一）数字化

在信息化时代背景下，英语数字资源的首要特征是其存储与传播的数字化。与传统的书本、报纸、杂志等容易因时间而变质的特点相比，或与受环境条件限制的教学资源相比，数字化教学资源改善并超越了这些限制。随着信息技术的快速发展，现代的教学资源得以在更加广泛和高效的平台上存储和传播。数字化是信息处理和网络传播的根本特性，它意味着各种信息，包括文本、图像和声音，都被转换成计算机能够处理的数字格式。这种转换不仅使得信息内容在传播过程中保持不变，还大大增加了信息处理的灵活性并提高了效率。在英语数字教育资源的背景下，这种存储与传播的数字化具有多重优势。首先，数字化资源不受物理存储空间的限制，可以长期保持原始质量不变。其次，数字化资源易于在全球范围内快速传播，使得学习资源的获取变得更加便捷，获取途径更加广泛。最后，数字化还支持多种形式的信息整合，如将文本、图像、音频和视频融合在一起，从而创造出更丰富和多样化的学习体验。

（二）丰富化

网络空间的广阔性使得教学资源的类型和范围得到很大扩展。在网络环境中，各种媒体教学信息，包括文字、声音、视频、动画等，可以被轻松传送和共享。这不仅打破了传统教育模式中教学资源的单一性限制，而且显著增加了教学资源的多样性，满足了不同学习者在不同层次上的需求。网络在信息传输方面的高速性和便捷性，使得教学内容能够迅速更新，及时反映教学领域的最新发展。这种信息的及时性和新颖性超越了地域和学校的界限。例如，通过建立类似模拟图书馆或教学资料库的网络平台，可以聚集大量的专业知识和学科最新动态，为学习者提供丰富的学习材料和多元的教学内容。此外，学习者能够根据自己的需求和兴趣，及时获取适合自己的教学资源。这些资源可能包括最新的教学大纲、教学计划、丰富的教学材料、网络教程、各类教学软件等。资源的多样性和可获取性，为学习者提供了更加个性化和灵活的学习路径，从而提升学习的效率和质量。在信息化时代，这种教学资源的丰富性和易获取性是提高教育水平和促进教育公平的关键因素。

（三）开放化

随着网络技术的高速发展，地球仿佛变成了一个紧密连接的"地球村"，也使得英语教学资源获得了空前的开放性。这种开放性的核心在于教学资源不再受限于传统的物理空间概念，信息化数字资源的建设和应用消除了真实地理距离的限制，使得从一个地方获取教学资源与从另一个地方获取教学资源之间的差异变得微不足道。在这个全球化的网络空间里，地理界限和国界的概念在教学资源的获取和分享过程中变得模糊。无论是北京、上海还是纽约，网络上的数字英语教学资源都可以被全球范围内的教师和学习者轻松访问和利用。这意味着无论用户身处何地，他们都能够随时获取到来自世界各地的高质量教学资源，如国际著名大学的公开课程、世界各地专家的讲座、各种在线课程和教学材料等。英语教学资源的这种开放性不仅为学习者提供了更广阔的学习视野和更丰富的学习材料，还促进了全球教育资源的共享和交流。这有助于打破教育资源分配的不平衡现象，推动了教育公平，使得更多的人能够享受到高质量的教育资源。同时，这种开放的教学资源体系也鼓励了教育的创新和多元化发展，为全球教育领域的合作与进步创造了更多可能性。

（四）可扩展化

传统的英语教学资源，如教学挂图和教具，往往难以进行进一步加工或修改，而信息化时代的英语数字教学资源则突破了这些限制，展现出显著的可扩展性。尤其是数字化资源，可以根据不同学习者的需求进行定制化修改和扩展。学习者可以在现有资源的基础上进行横向扩展，如增加跨学科内容；或进行纵向的深度加工，如增加更详细的解释和分析，以适应不同学习阶段和个人化的学习需求。这种灵活性和适应性是传统英语教学资源所无法比拟的，大大提高了教学资源的使用效率和效果。

（五）再生性

在这个时代，教学资源不再是静态不变的，而是可以在学习者的积极参与下不断演化和丰富。通过利用信息技术，学习者可以对现有知识进行整合、加工和再创造，实现教学资源的再加工和更新。这不仅增加了教学资源的多样性，还鼓励了学习者的主动学习和创新思维。学习者通过参与

信息化赋能：英语教学模式及教学优化策略探索

教学资源的创造和改进，不仅能更深入地理解知识，还能培养自己的创造能力和批判性思维。

（六）灵活性

随着计算机网络的广泛应用，英语教学资源的使用方式变得更加灵活，这一点在信息化时代尤为显著。网络技术的发展打破了传统英语教学资源使用上的时空限制，为学习者提供了前所未有的自由度和便利性。在这个信息化的英语教学环境中，学习者能够根据个人需求自主选择课程、教师、学习进度和学习时间。不再局限于传统的课堂设置，学习者可以轻松地在网络上查找和访问他们感兴趣的课程和资料。这种自主选择的能力丰富了个人学习体验，并使得学习更加个性化和具有目标导向。另外，信息化英语教学支持实时和非实时两种不同的学习模式。实时学习模式是指教师和学习者在同一时间进行远程互动教学，而非实时学习模式则更加灵活，允许学习者根据自己的时间表自主安排学习。教师可以将教学内容和要求预先上传至服务器，随后学习者可以根据自己的时间安排下载并学习这些内容。信息化英语数字资源打破了地理位置的限制。只要有计算机、互联网连接和必要的网络设备，任何地方都可以成为学习的场所。这一特点方便了那些居住在偏远地区或有特殊时间安排需求的学习者。同时，数字化学习资源平台还为学习者提供了与教师交流和与其他学生讨论的机会，增加了学习的互动性和协作性，使其灵活性大大增加。

（七）交互性

在信息技术环境下，师生之间的交互性得到了显著的增强和改进，这在很大程度上改变了传统英语教学中的交流模式。传统的师生同步交流活动往往受限于时间和地点，而现代信息技术特别是网络资源的应用，彻底打破了这些限制。在信息化的数字资源环境中，教学的交流方式不再是单向传递，如书籍、报刊的印刷品或广播电视的电子信息，也不再像电话通信那样仅限于同步双向交流。网络工具的使用为教学带来了前所未有的灵活性和互动性。学习者可以根据自己的需求选择同步或异步的学习方式，使得学习活动不再受时间和空间的束缚。更为重要的是，网络环境促进了师生之间以及学生之间的双向和多向信息交流。无论是教师和学生之间的互动,还是学生与学生之间的讨论,都可以通过数字信息资源平台灵活地进行。此外,交流的形式也更为多样,包括文字、声音、视频等多种媒体形式,这不仅使得信息的传递更加丰富和直观,还增加了学习的互动性和趣味性。这种增强的交互性不仅提高了学习效率,还促进了学生的主动学习和批判性思维的发展。学生可以通过信息化数字资源平台与教师进行实时的讨论和反馈,或者在网络论坛和学习社区中与同伴进行深入的交流和合作。这种互动性的提升,使得英语学习过程不仅仅是知识的传递,更是一种思想和观点的碰撞,为创新思维和深度学习提供了平台。

四、信息化英语数字资源的构建途径

信息化英语数字资源的构建可以通过以下几项途径(图2-4):

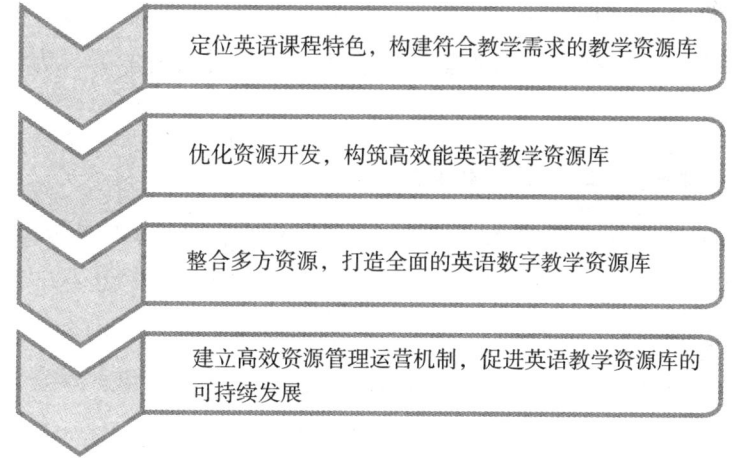

图2-4 信息化英语数字资源的构建途径

(一)定位英语课程特色,构建符合教学需求的教学资源库

在信息化英语教学资源库的建设过程中,一个关键的步骤是准确定位英语课程的特色,并根据这些特点构建资源。尤其在英语教学方面,资源库的建设需要特别注重以下几个方面:第一,英语教学资源的设计应紧密围绕实际教学和语言应用情境。这意味着教学内容不仅仅是传授语言知识,而是要将这些知识融入具体的实际应用环境中。这种设计使得教学内容具有强烈的实际应用性和职业情境感,更贴近学生未来的语言环境和职业场

景。第二，行业英语教学，如商务英语、医学英语的目标在于培养学生在特定职业环境中运用英语进行有效沟通的能力。因此，教学资源不仅需要包含基础的英语语言知识，更应强调通过实践应用性教学活动，如角色扮演和任务执行等方式，来提高学生的语言运用能力，教学资源库要注重更加情景化的知识资源构建。第三，随着技术的发展，英语的教学手段也呈现现代化趋势。计算机、多媒体及移动终端等技术的引入，为英语课堂教学和课外学习带来了新的可能性。利用这些技术手段，可以使教学更加高效、生动，同时为提高教学质量提供了坚实的基础。因此，在构建英语教学资源时，除了提供必要的学科知识，还需提供有利于语言学习和应用能力培养的资源类型。例如，提供多媒体设备、智慧教室、幻灯片等教学教程资源，以及语言情境练习互动软件的使用教程等，可以更好地满足教师和学生的需求。这些资源应与教学需求紧密结合，确保英语教学能够充分发挥其育人作用，帮助教师和学生在英语领域提升语言能力，为他们的专业发展奠定坚实的基础。

（二）优化资源开发，构建高效能英语教学资源库

在构建英语教学资源库的过程中，开发高效能的教学资源至关重要。为实现这一目标，教学资源的开发需要围绕资源素材的模块化、资源形式的立体化、资源建设的生成性、资源功能的交互性四个关键方面进行。第一，资源素材模块化。资源素材模块化的核心在于将英语教学资源的基本素材进行划分和选择，采用按教学或学习主题来确定素材模块的方式。这种方法借鉴了模块课程的理念，即根据课程的教育教学和管理功能分析，将课程内容划分为合理的模块，并逐步发展成为一个完整的课程模块库。通过模块化，可以将教学内容划分成更小、更专注的单元，从而提高教学资源的灵活性和可访问性。在英语教学资源的建设过程中，应充分考虑资源内容与教学任务之间的对应关系，例如，可以根据教学任务，建立相对完整且独立的资源模块。这种模块化打破了传统的线性课程编写体系，更适合学生的自主学习和教师灵活、系统性地安排教学。每个模块作为一个独立的单元，既可以单独使用，又可以与其他模块组合，以适应不同的教学需求和学习风格。在教学过程中，教师可以根据教学目标和学生的具体情况，对任何一个模块进行适当的修改和完善。这样的设计不仅增强了教

学资源的实用性，还为保持教学内容与学生职业发展的同步性提供了可能。第二，资源形式立体化。资源形式立体化是在英语教学资源建设过程中对教学内容、策略以及使用媒介进行多层次、科学性的设计。目的在于确保教学资源能够适应不同层次和不同学习阶段的学生需求。在"互联网+"的背景下，教学资源的构建旨在利用信息技术和网络技术的优势，创建内容丰富、形式多样的学习资源。这些资源能够以多方位、多层次和多角度的方式进行组织和呈现，无论是实时还是非实时，都能更好地实现教学过程的开放性、互动性、共享性和协作性。同时，这也促进了学生的自主学习和个性化学习。第三，资源建设生成性。资源建设生成性强调英语教学资源的内容建设是一个开放和持续的过程，而非封闭和一次性的。尤其对于高职英语，其教学内容必须紧密结合企业的发展和职业导向，能够真实反映职业任务的场景和语言需求。因此，教学资源的建设需要根据行业企业的发展及时进行内容的更新和调整，以提高教学内容的适应性和实用性。在"互联网+"背景下，信息技术和网络技术的发展使得教学资源的数字化成为可能，并为教学内容的实时更新提供了便利。这意味着英语教学资源可以根据企业发展的变化和教学需求的变动实时更新和完善。在建设过程中，英语教学资源呈现出一种边使用边构建的状态，从而确保资源的生成性和时效性。第四，资源功能交互性。在"互联网+"时代背景下，英语教学资源已经超越了传统的静态资源，转变为能够积极服务教师教学和学生学习的交互性资源。这种变化不仅体现在教育教学形式的创新上，还体现在它促进了教育教学理念的根本转变。在新的教育环境下，人们关注的焦点已从单纯的教师教学转变为更加关注学生的学习过程。相应地，教学资源的建设也从仅仅支持教师教学转变为更多地支持学生的主动学习。这意味着教学资源的开发不再仅仅是为了辅助教师的讲授，而更多地为了满足学生的个性化学习需求，为学生的主动学习提供支持。具有交互功能的学习资源建设应从学生的角度出发，这不仅有利于学生的自主学习，还能有效地激发学生的学习兴趣。这种学习资源可以为学生提供更多的互动和参与机会，如实时反馈、互动练习、模拟情境等，使得学习过程更加吸引人、有效和有趣。同时，交互性资源还能够根据学生的反馈和学习行为进行个性化调整，从而更好地适应每个学生的学习风格和需求。

（三）整合多方资源，打造全面的英语数字教学资源库

在构建英语数字教学资源库的过程中，整合各方资源并实现多主体合作协同是至关重要的。这种合作不仅仅是多方面的资源整合，更是一种智力和技术的融合，以满足从基础英语教育到高等英语教育的全方位需求。例如，在基础英语教育阶段，教学资源的构建应重点关注学习者的基本需求。其中包括日常生活交流、基础语法和词汇等方面的资源。同时，考虑到基础教育学习者的年龄和认知特点，这些资源应设计得既易于理解又富有趣味性，需要考虑如何通过技术手段提高这些基础资源的可访问性和互动性，以激发学习者的学习兴趣和参与度，如通过动画、游戏化元素等手段，提升资源的吸引力和学习者的互动参与度。在高等英语教育方面，资源的构建应更加重视学术性和专业性，比如提供专业英语阅读材料、学术写作指导、跨文化交际技能培训等。利用数字化手段，可以为学生提供丰富的在线讲座、专业论坛和研究资源，满足他们更高层次的学术和专业发展需求。对于特殊用途的英语教学资源，如行业英语或专业英语，应更加注重结合实际职业情境和技能培养。这些资源应该覆盖特定行业的专业术语、实际工作情景模拟、行业特定的交流技巧等，以帮助学生更好地适应未来的职业环境。为了实现这些目标，必须进行多主体的合作协同。这包括教育机构、企业、行业专家、技术提供商等各方的参与。每个参与方都可以根据其专业知识和资源优势贡献自己的一份力量。例如，企业和行业专家可以提供最新的行业知识和实践案例，技术提供商可以提供创新的信息技术解决方案，教育机构则可以负责整合这些资源，确保教学资源的系统性和实用性。构建一个全面的英语数字教学资源库需要涵盖各个教育阶段的需求，通过多主体合作与协同，综合利用各方资源和优势，集聚多方智慧，可以共同创建一个全面、多样化且高效的英语教学资源体系，实现资源的共享和优化。这种全方位、多层次的资源库由于其全面性和专业性，不仅能够满足不同层次学习者的需求，还能够促进英语教育的整体发展和创新。

（四）建立高效资源管理机制，促进英语教学资源库的可持续发展

构建英语教学数字资源库的过程中，深化管理和运营体系的重要性不容忽视。这不仅关乎资源库的当前效能，更是确保其长期可持续发展的关键。英语教学资源库涵盖了从基础知识到英语教学的各个领域，这些资源的多样性和广泛性，要求资源库拥有高效的管理系统，以确保资源的有效存储、合理分类、快速检索、及时更新，以及确保资源分发的及时性和准确性，从而实现数字资源库的资源最大化使用效益。英语教学数字资源库的建设伊始，就需要重视有效的管理和运营策略，建设者要认识到配备和建立一个综合性的资源管理系统的重要性。例如，针对不同的学习阶段和专业需求，资源库应有不同的分类和检索方式，包含基础语法、职业英语、学术英语等多样化的教学内容主题，并通过智能化的管理工具保持内容的最新性和相关性，满足不同学习者的需求。针对高等英语教育中应用英语等专业，由于其特殊的行业需求，英语教学资源可以以职业院校学生、在职人员及行业新人提供的实用建议为主，进行管理系统的构建。英语数字化资源库建设还可以采取灵活的商业化运营模式。通过商业化运营，可以吸引更多的资金和技术投入，提升资源库的建设和维护能力。例如，与企业和学校合作，不仅可以获取最新的行业信息和技术，还能不断优化和丰富行业相关的英语教学资源技术和系统。合理的商业模式还可以为用户提供付费订阅服务，以获取更专业或定制化的教学内容，从而实现资源建设的自我循环和可持续发展。为了保证资源库始终符合教学和学习的最新需求，建立一个有效的反馈和评估机制至关重要。这包括收集用户反馈、进行定期的资源评估和需求分析，以及根据这些信息进行资源更新和优化。此机制不仅能够提升资源的教学价值，还能确保资源内容的时效性和前瞻性。多元化的合作关系是资源库持续发展的动力源泉。除了与教育机构合作，还可以与技术提供商、内容创作者、行业专家以及政府机构建立合作关系。这些合作可以在资源内容的丰富性、技术支持、创新方法等方面为资源库的发展注入新的活力。用户体验是衡量资源库成功与否的重要指标。因此，优化用户界面设计、提高资源访问速度、增加交互功能等都是提升用户体验的关键措施。同时，提供高效的客户服务，如在线咨询、用户指

信息化赋能：英语教学模式及教学优化策略探索

导、技术支持等，可以增强用户对资源库的依赖和信任。有效使用这些策略可以对英语教学资源库进行高效的管理和运营，大幅提升资源的可访问性、实用性和可持续性，使其成为一个动态、高效、用户友好的数字学习平台，不仅能满足当前的教育需求，还能够适应未来教育的发展趋势。这样的策略既可以为教育机构和学习者带来实质性的好处，又能为社会提供丰富的教育资源和学习机会，对教育的普及和提质起到积极的推动作用，促进教育的公平和社会化。

第二节 信息化时代英语教学的软硬件开发

一、多媒体教室

随着信息技术的不断进步，多媒体教学环境已成为现代教育体系的重要组成部分。这种教学环境融合了音频、视频、计算机网络、通信、智能化和自动化等多种信息化技术，为教学提供了一个全方位、互动性强的学习平台。当前阶段的多媒体教学环境正从传统模式向全数字化系统集成应用迅速转变，促进了一个全新的信息化时代的到来。数字化教学中心、网络学堂、多媒体教室、多媒体视听环境的发展日新月异，在很大程度上丰富了教育资源和教学手段。多媒体教室作为信息化教育的重要载体，不仅提升了教学资源的质量和多样性，还推动了教学手段和教学模式的变革。这种环境的建设对于促进教育资源的共享、提高教学质量以及实现教育的公平性和社会化具有重大意义。通过不断优化和升级多媒体教学环境，可以有效提升教育的整体效能和教学的互动性。

（一）多媒体教室的组成要素

多媒体教室由以下要素组成（图2-5）：

第二章　信息化背景下英语教学软硬件的建设与开发

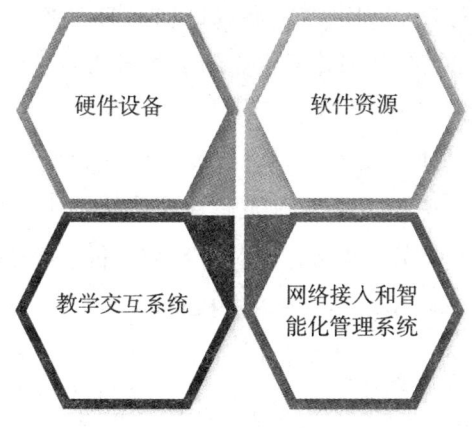

图 2-5　多媒体教室的组成要素

1. 硬件设备

多媒体教室的环境通常包括黑板、多功能讲台、计算机、投影仪、投影屏幕、功率放大器、音箱、中央控制系统等。多功能型教室除了这些基础设备，还可能配备视频展台、DVD 播放器、录像机等设施。简易型多媒体教室虽配置较为基础，但已能满足常规教学的需求。这些设备中，多媒体计算机是演示系统的核心，教学软件都要通过它运行，而且在很大程度上决定演示效果的好坏。在一个多媒体演示教室中，核心和成本最高的设备是多媒体液晶投影仪。这种投影仪不仅能与计算机系统相连，还接入了所有视频输出系统和数字视频展示台。它的主要功能是将视频和数字信号投射到大屏幕上。数字视频展示台是一种多功能设备，能够投影实物、照片和图书资料。此外，中央控制系统采用系统集成技术，使得教室内所有设备的操作都能通过一个统一平台进行。投影屏幕是与投影仪配合使用的关键组件。

2. 软件资源

多媒体教室不仅依赖于硬件设施，还包括教学软件和数字化教学内容。这些资源包含文本、图片、动画、音频、视频等，通过教学软件进行组织和展示，提供丰富多样的教学材料。

3. 教学交互系统

为实现教学效果的最优化，多媒体教室常配置有教学交互系统。这些系统支持教师和学生之间的实时互动,比如实时问答、电子白板、远程控制等,大幅提高了课堂的互动性和学生的学习兴趣。

4.网络接入和智能化管理系统

现代多媒体教室通常接入校园网络或互联网,使教学资源能够实时更新,并与外部教育资源相连接。智能化管理系统则用于优化课堂管理和资源使用,如自动调节灯光、音量,以及对教学设备的集中控制。

(二)多媒体教室的应用

多媒体教室在现代教育体系中扮演着十分关键的角色,其适用范围广泛,包括但不限于多媒体教学、课例教学、专题演讲、报告会、学术交流、演示以及娱乐等多种活动。这些教室的设计和功能配置为教育过程提供了多样化和灵活性,大大丰富了教学手段和内容。第一,教师可以利用先进的多媒体系统将复杂的教学内容直观地展示在大屏幕上,无论是宏观世界的现实场景还是微观世界的精细运动,都可以通过这种方式生动呈现。这种直观的展示方式不仅使得教学信息传递更加清晰,还能通过视觉和听觉的双重刺激,提高学生的学习兴趣,进而提升教学的质量和效率。第二,多媒体教室还能应用各种教学课件和软件,包括但不限于视频和音频材料。这使得教学内容不再局限于传统的书本和黑板,而是通过多种媒介的融合,提供了更为丰富和生动的学习体验。例如,通过播放录像带、VCD、CD等材料,教师可以引入更多实际案例和场景,从而增强教学效果。第三,多媒体教室可以实现校园网与因特网的连接。这使得教师在教学过程中可以实时搜索和调用所需的教学资源和信息,扩展了教学内容的深度和广度。实时访问最新的学术资料和研究成果,不仅提高了教学的时效性,还为学生提供了与时俱进的学习资源。第四,多媒体教室同样适用于传统的常规教学。这种作为综合教室的功能,使其不仅可以支持高科技的多媒体教学,还能够回归传统,使用黑板和粉笔进行教学。这种灵活的使用方式使得多媒体教室能够满足不同教学需求和风格,确保了教学方法的多样性和适应性。可以看到,多媒体教室作为一个多功能、高效的教学环境,不仅提高了教学质量和效率,还丰富了教学方式和学生的学习体验。随着技术的不断进步,多媒体教室在未来教育中的作用将会更加重要和广泛,更多的应用有待教师和学生的共同探索。

二、智慧教室

（一）智慧教室的系统构成

智慧教室代表了教育技术领域的一种先进发展，这种教室不仅是一个物理的教学空间，更是一个高度信息化和智能化的学习环境。随着信息技术的快速发展，特别是物联网、云计算和人机交互技术的进步，传统的教学模式和环境正在发生根本性的变化。传统的多媒体教室主要依赖于如笔记本电脑、投影仪、计算机电子白板等设备，构成了一种数字化的学习环境。然而，智慧教室远远超越了这种数字化的框架，它结合了先进的人机交互技术、智能感知系统以及云端一体化的教学平台，创造出一个更加高效、互动和个性化的学习空间。在智慧教室中，教学活动不再局限于传统的教师讲授和学生听课的模式。相反，它通过引入启发式教学、参与式教学和探究式教学等新型教学模式，使得学习过程变得更具参与性和探索性。学生可以通过智能设备直接访问云端资源，实时互动和协作，从而获得更丰富和深入的学习体验。与传统多媒体教室相比，智慧教室的显著特点在于其智能化和开放性。智能感知技术能够根据教学内容和学生的反应进行实时调整，提供个性化的教学支持。此外，云端一体化教学平台不仅连接了课堂内的学习资源，还打破了时间和空间的限制，使得学习活动可以在更广阔的范围内进行。智慧教室代表了教育技术的最新趋势，它不仅提高了教学效率和质量，还为学生提供了一个更加丰富和个性化的学习环境。随着技术的不断进步和教学理念的更新，智慧教室将在现代教育中扮演越来越重要的角色。

（二）智慧教室的特征

智慧教室的关键特征可以概述为 5 个主要维度，它们合起来形成了"SMART"这个术语，这正是智慧教室（Smart Classroom）特点的体现（表2-1）。

表2-1 智慧教室的关键特征

SMART ROOM（智慧教室）				
S	M	A	R	T
Showing 内容展示	Manageable 环境调控	Accessible 资源可达	Real-time Interactive 即时互动	Testing 情境感知

第一，内容展示（Showing）。这个维度强调智慧教室在呈现教学内容方面的能力。通过使用高分辨率的显示设备、交互式电子白板和先进的多媒体技术，智慧教室能够以更加生动、直观的方式展示复杂的概念和信息。这种展示方式不仅提高了教学内容的吸引力，还促进了学生的理解和记忆。第二，环境调控（Manageable）。环境调控指的是智慧教室对其物理和技术环境的管理能力。这包括自动调节照明和室内温度，以及优化音频和视频设备的配置以适应不同的教学活动。智慧教室能够根据不同的课堂需求，自动或手动调整环境设置，以创造一个最佳的学习氛围。第三，资源可达（Accessible）。资源可达性是指在智慧教室中，教学资源可以轻松获取。这包括对在线教育资源的无缝访问，例如数字图书馆、在线课程和云存储中的教学材料。这种便捷的资源获取方式扩展了教学和学习的可能性，使得师生能够快速找到所需的信息和材料。第四，即时互动（Real-time Interactive）。智慧教室的即时互动能力指的是教师和学生之间、学生与学生之间能够进行实时的互动和沟通。通过智能设备和互联网的连接，教室内外的参与者可以实时交流思想、分享资料，并参与协作学习活动。这种互动不仅提高了学生的参与度，还增强了学习的深度和广度。第五，情境感知（Testing）。情境感知涉及智慧教室对课堂环境和学生行为的监测和理解能力。利用各种传感器和数据分析工具，智慧教室可以评估学生的参与度、理解程度甚至情绪状态，从而为教师提供宝贵的反馈，帮助他们调整教学策略和内容，以更好地满足学生的学习需求。这5个特征的首字母组合起来正好是"SMART"（意为智慧的，聪明的）。

（三）智慧教室的成熟案例

加拿大麦吉尔大学（McGill University）实施的智慧教室项目是一个先进的教育技术应用案例。该项目通过在教室内部署一系列软硬件设施，实现了课堂上的音视频、PPT 演示文稿以及手写注释的捕捉和存储，使学生能够在课后方便地回顾和学习这些内容。麦吉尔大学的智慧教室中配备了计算机、笔记本电脑、实物投影仪、交互式电子白板、手写板等多种教学设备。此外，教室还配备了多台摄像机和麦克风，用于记录教学现场和教师的讲授内容。这些捕捉到的内容经过编码处理后转化为视频资料，便于学生课后进行学习和复习。该智慧教室的另一个显著特点是其设计了一个按钮面板，用于智能控制教室内所有的设备。这包括教室的扩音系统和灯光系统，以及各种教学设备的控制。这种集中控制的设计方便了教师的操作，使得教学过程更加流畅和高效。麦吉尔大学的这一智慧教室案例为其他教育机构提供了宝贵的借鉴。其利用先进的技术手段优化了教学环境，不仅提高了教学效率，还增强了学习体验。通过智能化的设备控制和教学内容的数字化存储，这种模式有效地结合了传统教学方法和现代技术，展示了智慧教室在提升教育质量方面的巨大潜力。

"明日教室"项目是与美国公立学校和研究机构合作的研究计划。该项目旨在探索如何利用现有技术改变教师的教学方式和学生的学习方法。在过去超过 13 年的时间里，这个项目在美国 100 多所中小学教室中进行了深入研究，探讨了多维度教学、学校与教室的新布局以及新技术在教学中的应用。在"明日教室"项目中，教师与学生之间的交流变得更加便捷、高效和多样化。这个项目不仅提高了参与者对各种技术和设备的直观认识和理解，还强调了技术在知识传播中的作用。通过使用移动设备，教学过程变得更加灵活，同时拓宽了学习的边界。

此外，还有其他一些智慧教室项目，如美国西北大学、加利福尼亚大学欧文分校、戴尔智慧教室、日本的智慧教室以及加拿大多伦多大学的智慧教室。这些项目都在各自的领域内展示了智慧教室如何结合先进的信息技术和教育理念，创造一个更加有效、具有互动性和创新的学习环境。

（四）智慧教室的应用

根据内容呈现、资源获取、即时互动 3 个维度，可以将智慧教室分为"高清晰"型智慧教室、"深体验"型智慧教室和"强交互"型智慧教室（表 2-2）。

表2-2 智慧教室对比

类型	"高清晰"型智慧教室	"深体验"型智慧教室	"强交互"型智慧教室
教学模式	传递—接受	探究性	小组协作
教室布局	秧苗式为主	多布局	圆形为主
资源获取	支持讲授的资源和工具	丰富的资源和教学工具；全面支持各种终端接入	支持小组协作的资源和工具
交互方式	师生交互为主	学生—机器交互为主	学生—学生交互为主

"高清晰"型智慧教室主要支持"传递—接受"式的教学模式。在这样的教室中，双屏显示系统被用来清晰地呈现教学内容，同时学生座位通常是固定的。这种布局有利于师生间的直接交互，教师可以有效地传递教学信息，学生则能够集中注意力接收信息。此外，这种教室支持学生即时获取和存储丰富的教学资源，从而促进有意义的学习。在英语教育中，尤其是在视听说教学方面，"高清晰"型智慧教室能够更有效地传递教学信息，提高学生的语言学习效果。

"深体验"型智慧教室设计用于支持探究性教学模式。在这里，学生座位布局较为灵活，教学内容的呈现主要依赖于学生的个人终端。这种布局支持学生进行自主学习和深入探究，使学生能够更加积极地参与学习过程。此类教室支持多种终端接入，确保学生能方便地获取各种教学资源。通过计算机或移动设备的使用，学生可以进行个人探究学习，培养其探究精神和发现能力。在英语教学中，如写作训练或翻译训练环节，可以有效地支持学生进行自主性的个人探究学习。

"强交互"型智慧教室主要用于促进小组协作学习。学生座位一般围绕"圆形"布局，以小组终端为主进行教学内容的呈现。这种教室特别适合于以小组协作为主的教学活动，支持学生使用无线终端进行即时的讨论交流和协同创作。教室的设计注重生生互动，有助于培养学生的合作交流意识和创新思维能力。在英语教学中，"强交互"型智慧教室特别适用于小组讨论等活动，能够有效地支持以小组为单位的互动学习。

整体来看，这3种智慧教室的设计各有侧重，从提高信息传递的清晰度到促进学生的深入探究，再到强化小组间的互动协作，都在不同程度上丰富了英语教学的模式和效果。通过这些教室的应用，可以更有效地激发学生的学习兴趣，提高他们的英语语言技能，以及培养必要的综合素质。

第三章 英语教师信息化教学能力发展

第一节 信息化教学能力

一、信息化教学能力的内涵

关于"信息化教学能力"这一概念,在国内学术界尚未形成一致的定义。随着信息技术的发展,我国电化教育理论与实践的教育家南国农先生提出了"信息化教学"概念[①],标志着对教师信息化教学能力研究的开端。王卫军将信息化教学能力定义为实现教学任务并促进学生发展的综合能力,强调利用信息资源进行教学活动。[②] 李娟等则认为这种能力包括信息化教学态度、教学理念、技能以及实施和研发教学的理论与实践,以适应教师专业化的发展。[③] 林雯提出信息化教学能力是在先进教学理念指导下,运用现代教育技术和设备,合理使用教育信息资源和方法的能力。[④] 王为杰将其定义为教师运用信息技术解决教学问题的能力,包括选择合适的技术手段,自主地处理和传递教育信息。[⑤] 李士艳、苏全霖认为信息化教学能力是教师利用现代教育媒体,设计、开发、管理、评价教育教学过程,合理选择教

[①] 南国农.信息技术教育与创新人才培养(上)[J].电化教育研究,2001(8):42-45.
[②] 王卫军.教师信息化教学能力发展研究[D].兰州:西北师范大学,2009.
[③] 李娟,张家铭.甘肃省农村中小学教师信息化教学能力发展策略研究[J].电化教育研究,2011(7):107-111.
[④] 林雯.论师范生信息化教学能力培养[J].教育评论,2012(3):60-62.
[⑤] 王为杰.教育技术学[M].北京:中国人民大学出版社,2011:193.

学媒体,将学科教学与教学媒体有效结合的能力。① 赵健和郭绍青则认为这种能力是教师在使用信息和传播技术进行教学设计、实施和评价过程中,促进学生学习方式转变和信息素养的综合利用水平。② 国外学者普遍使用"TPACK""Technology Integration""ICT Integration" 等术语来描述教师的信息化教学能力,并对其内涵进行了深入研究。例如,拉奇卡(Lachica)强调,21世纪教师在课堂教学中应用通信技术(ICT)是必然趋势,信息化教学能力不仅是教育变革的驱动力,还是构建新型教学生态、改进教学方法和学生学习方式的关键。③

进入21世纪,随着信息技术在教育领域的深入应用,教师的信息化教学能力得到了进一步的拓展和深化。各国政府纷纷推出教育信息化战略,强调教师在教育技术能力方面的发展。美国的国家教育技术能力标准(NETS)和中国的中小学教师教育技术能力标准(CETS)是这一时期的典型成果。但由于教育技术能力范畴较宽,教师能力标准的实施和研究往往缺乏焦点。因此,部分学者提出了更加专注的理论框架,如科勒(Koehler)和米什拉(Mishra)的 TPACK(Technological Pedagogical Content Knowledge)模型,以及何克抗教授的信息技术与课程整合理论。TPACK模型基于"技术—教学法—内容"知识框架,强调技术与课程内容及教学方法的整合。

综合以上学者观点,可以看到信息化教学能力是教师为适应信息时代的要求,在教学中有效运用信息技术的综合能力。它是在传统教学能力的基础上,融合信息技术应用的能力,包括设计、开发、使用、管理和评估教育技术资源的能力。这种能力不仅包括传统的教学组织、协调、监控、知识传播和评估学生学习等方面,还包括对信息技术的理解和应用。教师信

---

① 李士艳,苏全霖.甘南州藏区教师信息化教学能力发展研究[J].中国教育技术装备,2012(12):18-19.
② 赵健,郭绍青.设计专题学习网站提升教师信息教学能力[J].电化教育研究,2011(1):85-89.
③ LACHICA L P F. Classroom communication and ict integration: public high school teachers' notions[J]. International journal on integrating technology in education, 2015, 4(2): 1-11.

息化教学能力的概念和内涵会随着技术的发展和教育需求的变化而不断演进，它不仅包括传统的教学技能，还涵盖了对新兴教育技术的理解和应用。

二、教师信息化教学能力的结构

教师信息化教学能力的结构分为知识结构和能力结构（图 3-1）。

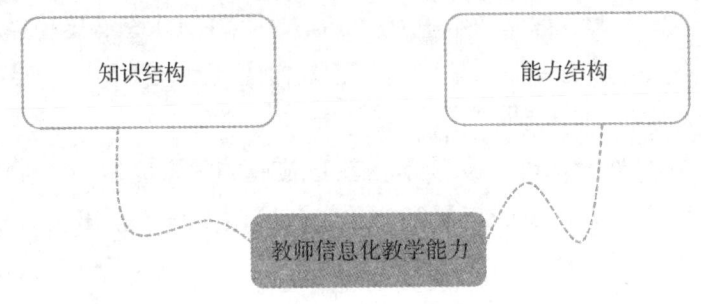

图 3-1　教师信息化教学能力的结构

（一）知识结构

在 TPACK 框架中，教师知识结构包含 3 个基本元素：学科知识（Content Knowledge, CK）、教学法知识（Pedagogical Knowledge, PK）、技术知识（Technological Knowledge, TK）。这 3 个基本元素的交叉融合产生了 4 种综合性知识类型，它们分别是学科教学法知识（Pedagogical Content Knowledge, PCK）、技术结合的学科知识（Technological Content Knowledge, TCK）、技术结合的教学法知识（Technological Pedagogical Knowledge, TPK）以及技术结合的学科教学法知识。[①] 在信息化社会，教师的教学能力知识结构呈现出明显的层次性。根据教学实践中对教师能力的不同要求，教师信息化教学能力的知识可以分为 3 个层级。这 3 个层级分别对应于教师在不同教学环境和情境下所需的特定知识和技能。

在教师信息化教学能力的知识结构中，第一层次的知识包含 4 个核心要素：学科知识、一般教学法知识、学科教学法知识和教学技术知识。学科知识是指教师所教授学科的专业知识，包括概念、理论、方法等，构成教师教学的基本专业准备。一般教学法知识则涵盖了适用于各类教学的通

---

① 王九程. 信息化时代高职英语教学研究 [M]. 长春：吉林人民出版社，2020：31.

用原则、策略和方法，涉及教学的准备、实施、管理和评价，以及对教学目标和过程的理解。学科教学法知识是学科知识与一般教学法的结合，它关注于学科知识的表达、传递和呈现，旨在优化教学和学习过程。教学技术知识则涵盖了广义上的教学媒体和手段，包括传统的教科书、粉笔、黑板等，以及现代的幻灯片、投影、计算机、互联网等技术的应用。第二层次的知识焦点是信息化学科知识和信息化教学法知识，它们构成了教师信息化教学能力的核心。信息化学科知识关注于教学技术与学科知识的结合，使学科知识通过信息化的形式更加便捷和灵活地被表达、呈现和扩展。此外，根据不同学科的特点，教师可以选择适当的教学技术来支持教学。信息化教学法知识则是教学技术与一般教学法的结合产物，它引入了教学中新的元素和方法，例如网络探究式教学、协作教学以及基于信息技术的情境教学等。第三层次的知识是信息化学科教学法知识，它代表了教师信息化教学能力的最高层面。这种知识不仅融合了学科知识、教学法知识和教学技术知识，还达到了这些知识之间的动态平衡。它能够在具体的教学环境中，通过合理的教学技术应用，创造适合学生学习的信息化教学情境，进一步扩展教师的信息化教学能力，同时促进学生的信息化学习能力发展。这一层次的知识不仅是教师职业发展的高峰，也是他们在信息化教学能力提升过程中追求的最终目标。

（二）能力结构

教师的信息化教学能力可以划分为6个关键子能力领域：信息化教学迁移能力、信息化教学融合能力、信息化教学交往能力、信息化教学评价能力、信息化协作教学能力和促进学生信息化学习的能力（图3-2）。这些子能力共同构成了教师在信息化教学环境中有效教学所需的综合技能体系。

图 3-2 教师信息化教学能力的能力构成

其中，信息化教学迁移能力关注将学到的知识和技能应用于新的或变化的教学情境；信息化教学融合能力涉及将技术与教学内容和方法的有效整合；信息化教学交往能力强调在信息化环境中与学生和同事的有效沟通和交流；信息化教学评价能力则是关于如何在技术支持下评估学生的学习成果和教学效果；信息化协作教学能力侧重于在信息化环境中与他人共同教学和学习；而促进学生信息化学习的能力着重于激发和支持学生在信息化环境中的学习兴趣和能力。这些子能力共同支撑着教师在信息化时代的教学实践。

1. 信息化教学迁移能力

在教育心理学领域，迁移是指一种学习如何影响另一种学习的过程。对于教师来说，信息化教学迁移能力尤为关键，它不仅是教师信息化教学能力的基础，还是其可持续发展的重要条件。这种能力主要体现在两个方面：纵向迁移和横向迁移。纵向迁移能力指的是教师将通过学习获得的信息化教学知识和技能应用于解决实际的信息化教学问题的能力。这意味着教师需要将所学的理论知识和技能转化为解决实际教学问题的实践能力。在这个过程中，迁移不仅是知识和技能向实际教学能力转化的关键，而且是将理论应用于实践的必要途径，类似于将学习的内容转化为实际应用的过程。横向迁移能力则涉及教师将在一个信息化教学情境中获得的教学经验创造性地应用于另一个新的信息化教学情境的能力。这不仅是对原有信息化教学能力结构的拓展和延伸，还要求教师能够根据不同教学情景的特点灵活调整教学策略和方法。在新的信息化教学情境中，教师需要根据自己的经验和其他成功案例，创造性地进行有效的教学。这种能力可以理解为能够举一反三，将一个情境下的经验和技巧应用到另一个情境中，从而达到高效教学的目的。

2.信息化教学融合能力

信息化教学融合能力是指教师将信息技术与学科知识及教学方法进行整合的能力，以实现教学效率和效果的显著提升。这种融合能力不单纯是技术应用的能力，而是更深层次地将信息技术融入教学内容和方法中，创造出新的教学形态和策略。其中包含以下几种能力：第一，信息化学科知识能力，这是将信息技术与学科知识有效结合的能力。在这个组成部分中，教师需要掌握如何利用信息技术来展示和拓展学科知识。这涉及在教学中使用数字工具、在线资源、多媒体等技术手段，以创新和增强学科内容的呈现方式。例如，利用数据可视化工具来演示统计学概念，或通过模拟软件来让学生探索物理现象。这种能力要求教师既熟悉其学科领域，又能够熟练运用各种信息技术来丰富和增强学科教学。第二，信息化教学法能力。这指的是将信息技术融入传统教学法的能力。教师需要了解如何在信息化环境中应用和调整传统的教学策略和方法。这包括但不限于使用在线平台进行互动教学、运用协作工具促进学生合作学习、利用电子评估工具进行学生评估等。这种能力强调教师对信息技术的熟练运用，以及在信息化环境中有效应用教学方法的能力。第三，信息化学科教学法能力。这是信息技术、学科知识和教学法的综合应用能力。它不仅结合了前两种能力的要素，还要求教师在教学实践中创新地整合这些要素。这种能力意味着教师能够在特定的学科领域内，运用信息技术来创造新的教学策略和方法。例如，在历史课上使用虚拟现实技术来重现历史场景，或者在语言课上利用交互软件来提高学生的语言技能。这种能力的关键在于教师能够灵活地融合技术、学科内容和教学方法，以提升学习体验的有效性和吸引力。这3种能力层层递进，从基础的学科知识融合，到教学方法的创新应用，再到更高层次的综合性教学策略，共同构成了信息化教学融合能力的完整框架。

3.信息化教学交往能力

信息化教学交往能力是指教师在信息化教学环境中，与学生之间建立有效沟通和互动的能力。这种能力强调在教学中实现思想和感情的交流，以促进学生能力的发展。教学本质上是一种沟通与合作的活动，而在信息化社会中，这种交往能力变得尤为重要。信息化教学不仅仅是知识和技能的传递，更是学生学习能力发展和个人成长的过程。随着教学方式的选择化和互动化，学生的学习方式也趋向于合作、对话、交流和探究。因此，教师的信息化教学交往能力成为促进有效教学和学生学习的关键。这种能力主要表现在两个方面：一是课堂信息化教学交往能力，二是虚拟信息化教学交往能力。课堂信息化教学交往能力关注于教师和学生在实体课堂环境中的互动。在这一环境中，教师不仅是知识的传递者，更是学习过程的设计者和引导者。教师需要与学生进行有效的信息交流和沟通，保证课堂活动的顺利进行，并指导学生在信息化环境中学会学习。这要求教师具备合理协调课堂活动和调动学生积极性的能力。虚拟信息化教学交往能力则专注于虚拟教学环境中的师生交流。在这种环境下，教师需要提供学生所需的学习支持，监控和指导学生的在线学习行为，并在必要时提供帮助。这种交往能力不仅包括教师与单个学生或学生群体之间的交流，还包括学生之间的互动。在虚拟信息化教学环境中，教师需要运用多种交流工具和策略，以确保有效的教学交往，并促进学生的学习和成长。这种多元化的交往方式使教师能够更好地适应信息化教学的需求，同时也能够激发学生的学习兴趣和参与度。

4.信息化教学评价能力

信息化教学评价能力是指对信息化教学环境中的教学活动和学生学习进行有效评价，旨在优化教学过程并指导学生的学习。在信息化社会，教学评价不仅聚焦于教师的教学表现，还重点关注学生的整体发展和素质提升。这种评价方式强调发展性、全面性、多元性和动态性，旨在反映教学和学习的全过程。在评价学生的信息化学习方面，教师需要关注学生的个体发展和差异，以及他们在信息化环境中的创造性学习能力和综合素质的提升。这包括对学生在知识技能、实践能力和情感培养方面的评价，目的是从单一的评价方式转变为促进学生全面发展的全面评价方式。这种评价具有导向性，强调促进学生的信息化学习能力和创造性实践能力的发展。对于教师的信息化教学评价能力，则关注于评价教师在信息化教学环境中的表现，并以促进教师的有效教学和专业发展为目标。这种评价不仅强调结果，还注重教师个体的发展性评价，旨在帮助教师提升其信息化教学能力和业务水平。这要求评价过程能够反映教师在信息化教学中的动态变化，同时重视教师的专业成长、主体意识和创造性能力的培养。可以看到，信息化教学评价能力是一个双向过程，不仅涉及对学生的全面评价，还包括对教师教学表现的发展性评价，这两者都是信息化教学成功的关键要素。通过这种评价，教师能够更准确地了解教学和学习的效果，进而调整和优化教学策略，以更好地适应信息化教育的要求。

5. 信息化协作教学能力

信息化协作教学能力在当今社会中已经成为教师专业发展的关键组成部分。这种能力超越了传统教师协作的范畴，如共同备课和教学研究，而是扩展到了利用信息和通信技术增强教学效果和促进职业成长的领域。这种能力的发展不仅基于传统的教师协作，还包括了与网络资源、同行以及外部专家的互动。在联合国教科文组织发布的《信息和传播技术教师能力标准》中，特别强调了教师使用网络资源来促进学生的协作学习、信息获取和与外部专家的沟通能力。这种能力的培养不仅有助于解决特定问题，还有助于教师在职业发展上创设和管理复杂的项目，并与利用网络资源的其他教师、同事和专家进行有效合作。此外，这些标准还强调教师应能够基于 ICT 建立知识团体，支持和培养学生的知识创造技能和持续的反思性学习。这不仅体现了教师的领导能力，还表明了教师在构建创新和持续学习为基础的学校环境中的关键作用。可以看到，信息化协作教学能力是构建一个以创新和持续学习为基础的教育环境的关键。这种能力要求教师利用数字化和网络资源与同事、专家合作，共同创造多元化的集体教学知识和能力，支持学生的学习和创新能力发展。当前，这一领域已成为教师信息化教学能力发展研究的新趋势和重点，被世界各国广泛关注，并逐渐成为教师教育技术能力的新要求。

6. 促进学生信息化学习能力

在信息化社会中，学生的学习能力和教师的教学能力均面临着新的挑战和要求。随着教育环境的变化，教师的角色正在发生转变，其不仅仅是知识的传递者，更是学生信息化学习能力发展的促进者。此前的研究重点

信息化赋能：英语教学模式及教学优化策略探索

在于提升教师在信息化环境下的教学能力和促进其专业发展，而现在的趋势更多地聚焦于学生能力的培养。教师的信息化教学能力不再单纯关注于教学技术的掌握，而是转向如何利用这些技术来促进学生的个性化学习。这意味着教师需要理解和适应不同学生的学习风格和策略，使得信息化教学能力成为支持学生多样化学习需求的工具。此外，知识和能力之间的关系也在信息化教学中显得尤为重要。知识是能力发展的基础，但它需要转化为实际的能力，即应用知识来解决问题的能力。这种能力的体现既包括对知识的综合运用，又包括对具体问题的分析和解决。因此，教师的信息化教学能力不仅仅是对知识体系的掌握，更是知识与实践的有机结合。教师需要不断发展和适应信息化教学能力，以满足学生在快速变化的信息化社会中的学习需求，促进他们的全面和谐发展。这不仅是对教师技能的新要求，还是对教师职业角色的新定义。

第二节　信息化教学背景下英语教师的角色转变

在信息化教育的背景下，教师要充当学生学习的"脚手架"。这种角色要求教师在整个教学过程中，如同建筑工程中的脚手架，为学生的知识构建提供必要的支持和引导，帮助他们克服学习上的困难，并在适当的时候逐渐撤去这些支持，以促进学生的独立学习能力。在这一角色中，教师不仅要在课前、课内、课后做好充分的准备工作，还要随时为学生提供个性化的学习服务。这意味着教师需要深入理解每位学生的学习需求，提供适合他们的学习资源和策略，同时要灵活调整教学方法和进度，以适应学生的学习节奏和风格。教师在教学活动全过程中的角色，不仅仅是知识的传授者，更是学生学习过程中的引导者、协助者和服务者。这要求教师能够运用丰富多样的教学形式，包括教学理念、方法、设计、设备、资源和策略，以满足学生在不同学习阶段的需求。重要的是，教师提供的这种支持并非永久性的。随着学生自主学习能力的增强，教师的角色应逐渐从帮助者转变为引导者，将更多的学习任务交给学生自己去探索和解决。通过这种方式，学生的学习兴趣、积极性、自信心和能动性得到充分激发，从而提高教学质量和效果。在信息化教育背景下，教师作为学习的支持者和引导者，不仅帮助学生建立起坚实的知识基础，还引导他们发展独立思考和解决问题的能力，这是教师角色转变的重要体现。通过这种角色的转变，教师能够更有效地促进学生在信息化时代的全面发展。具体而言，教师角色要进行如下改变：

一、信息化环境下教学资源的导航者

在信息化时代，教师的角色已经从传统的知识传递者转变为信息化教学资源的导航者和整合者。这一变化体现在教师能够有效地引导学生在广阔的信息海洋中找到适合自己的学习资源，同时能整合这些资源以适应教学大纲和学生的学习需求。作为导航者，教师需要具备高效检索和评估网络资源的能力，以便从众多信息中精选出最适合课程和学生的材料。这要求教师既要对信息技术有深入的了解，又要关注学科的最新动态，以保证所提供信息的时效性和相关性。同时，教师负责将筛选出的资源按照教学目标和内容进行优化整合。这意味着教师需要将这些资源与课程目标、学生的学习风格和能力水平相结合，创造出更加有效的教学方案。这种整合不仅提高了教学的质量，还优化了学生的学习体验，使学生能够在更加丰富和多元的学习环境中成长。因此，在信息化教学中，教师的角色对于学生的学习过程至关重要。教师不仅提供知识，更提供了学习的路径，帮助学生在繁杂的信息中找到方向，从而促进其全面发展。

二、信息化环境下学生个性化学习的引导者

教师作为信息化环境下个性化学习的引导者，对于促进学生的全面发展具有不可替代的作用。在这一角色中，教师不仅是知识的传递者，更是学生个性化学习路径的设计者和引领者。在信息化教学环境下，每个学生的学习动机、能力和习惯都存在着差异。教师需要通过信息技术实现教学内容和方法的个性化调整，以适应每位学生的独特需求。例如，教师可以根据学生在英语听、说、读、写、译等不同方面的能力，将他们划分为不同的学习小组，并运用相应的教学软件或平台为各小组提供针对性的指导和支持。这种方法旨在使每位学生都能在适合自己的学习环境中获得最大的成长。例如，在写作方面，教师可以利用像"批改网"等这样的写作评价软件来帮助那些在写作方面有困难的学生。这些软件可以针对语法、拼写、

语用和结构等方面的问题提供专业的反馈和建议。在英语口语练习方面，可以采用"英语流利说"或"英语趣配音"等应用程序，帮助学生纠正发音和提高口语表达能力。对于听力训练，可以使用"听力课堂"和"每日英语听力"等平台，帮助学生加强精听和泛听能力。通过这种分级化和差异化的教学方法，教师能够确保不同学习能力的学生都能获得适合自己的教育资源和指导。这种个性化的教学方式不仅提高了教学的有效性，还增强了学生的学习动力和兴趣。在信息化时代，教师必须适应这种角色的转变，成为学生个性化学习路径的设计者和引导者。这不仅要求教师具备相应的信息技术能力，还需要他们对学生的需求有深入的了解，并能够灵活运用各种教学工具和资源。教师在信息化教学环境中的这一角色转变，不仅反映了现代教育理念的变化，还是对教师专业能力提出了新的挑战。教师必须不断学习和适应新的技术，同时要深入理解学生的个性化需求，以便更好地指导和支持学生的信息化学习，使其在信息化时代中实现自我发展和成长。

三、信息化环境下学生协作交流的促进者

在信息化教学的背景下，教师的角色发生了显著的转变，尤其在促进学生之间的协作和交流方面。利用网络学习平台，教师能够将学生划分成不同的学习小组，鼓励他们在小组内分享各自的学习经验、解题思路和对问题的看法。这种小组互动方式允许学生在讨论区共享最新的学习信息和方法，并实时进行讨论，从而营造一个富有合作精神的学习环境。在传统的教学模式中，分组学习已有所实践，但通常受到空间和时间的限制。例如，大多数学生会选择在寝室等方便交流的地点进行小组学习。然而，在信息化的环境下，这种限制被打破。借助于网络平台和社交媒体，分组的形式变得更加多样化，学习效果更为显著。即使距离较远的学生也能跨越空间限制，实现随时随地沟通和共同进步。这种方式不仅加速了信息的传递，增加了学习的自由度，还拉近了学生之间的距离。在这一转变中，教师成为连接不同学习小组的桥梁，为学生提供必要的指导和支持。教师不再是单向的知识传递者，而是成为激发学生积极参与和交流的催化剂。通过教师的引导，学生能够在小组讨论中提出问题、分享观点，并从他人的回应中获得新的见解和灵感。

此外，教师还负责监督和调整小组的互动，确保每位学生都有机会参与讨论，同时鼓励学生尊重和倾听他人的意见。教师的引导作用不仅促进了学生之间的协作，还帮助学生培养了批判性思维和团队协作的能力。可以看到，在信息化教学环境下，教师作为学生协作交流的促进者，通过有效的分组策略和指导方法，帮助学生跨越时空的限制，实现更加深入和广泛的学习交流。这种角色的转变不仅丰富了教学方法，还为学生提供了更多元化的学习体验，有助于他们在信息化时代中的全面成长。

第三节 基础教育阶段英语教师信息化教学能力提升

一、基础教育阶段英语教师信息化教学能力的内涵

基础教育阶段（中小学）教师的信息化教学能力是一个复合型能力，它涉及信息化教育思想、信息化技术运用、信息化教学设计、信息化实践教学应用等多个方面（图3-3）。在信息技术快速发展的今天，这些能力对于教师来说是不可或缺的，它们共同推动了教育质量的提升和学生全面发展的实现。

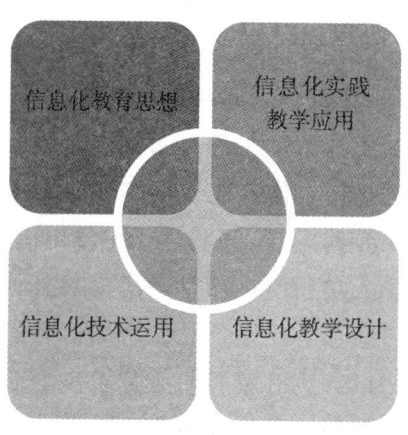

图 3-3 基础英语教育阶段教师信息化教学能力的内涵

第一，信息化教育思想是信息化教学能力形成的基础。教师不仅要了

解国家的相关教育政策和现代化教学理论,还要结合教育学等专业学科知识,发展出一套适合信息化时代的教学理念。这涉及对学习者中心、合作学习和批判性思维等现代教学方法的理解和应用。紧跟前沿科技和遵循国家及学校的教育政策,对于提升对信息化教学等新兴教育趋势的认识至关重要。在思想和认知层面,教师需要不断更新自己的教学观念,与时俱进。具体到英语教学领域,这意味着教师不仅要掌握传统的语言教学方法,还要积极探索如何利用现代信息技术来丰富教学内容、提高教学效率。例如,运用互动软件来增强语言学习的互动性,或利用网络资源来拓宽学生的跨文化视野。这样的认知更新能够帮助教师更好地适应教育的发展趋势,有效提升教学质量。

第二,教师需要具备运用大数据、互联网等现代信息技术的能力。这不仅涉及教育资源的搜集和整理,还涉及对这些资源的改造和转化,使其适应不同教学情境。在这个过程中,教师应具备将这些数字资源与实际教学活动相结合的能力,使课堂教学更加生动和高效。

第三,信息化教学的个性化设计能力也是必不可少的。教师需要能够根据学生的实际需求和学习特点,设计适合的教学方案和活动,确保教学内容既符合教学目标,又能激发学生的兴趣,而且不能千篇一律,拿来网络资源不进行辨别和加工就使用,网络资源数量庞大,一定要进行个性化的教学规划设计。

第四,在信息化实践操作方面,教师应具备信息化软硬件设备的操作技能,能够熟练地运用各种教学工具,如互动白板、学习管理系统、智能教室等,以支持教学的进行。信息化教学实践能力的培养十分关键,这不仅涉及教师个人的教学实践,还涉及指导学生使用信息技术进行自主学习,以及评估和反馈学生通过信息化手段取得的学习成果。

二、基础教育阶段英语教师信息化教学能力提升的途径

基础教育阶段英语教师信息化教学能力的提升可以通过以下几项途径(图3-4):

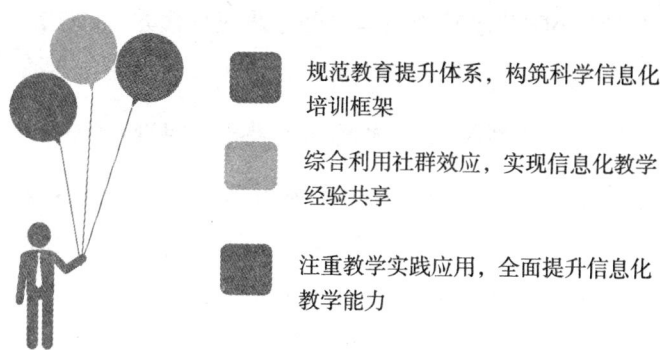

图 3-4　基础教育阶段教师信息化教学能力提升的途径

（一）规范教育提升体系，构筑科学信息化培训框架

在"教育信息化2.0"的时代背景下，为了有效提升中小学（基础教育阶段）英语教师的信息化教学能力，构建一个规范的培育机制并形成科学的信息化教学模式是至关重要的。在培训方面，计划需要围绕具体技能的提升，解决教师在信息化教学方面的基本能力和技能缺失。例如，使用教学软件、利用数字资源以及将信息技术融入教学策略中。这种培训不仅包括理论讲解，还应包括实际操作和案例分析，使教师能够将理论与实践相结合。此外，还可以定期组织教师交流活动，分享信息化教学的经验和成果。培育机制中的奖惩制度对于激励和引导教师积极参与信息化教学同样重要。一方面，可以通过表彰和奖励那些在信息化教学方面表现优秀的教师，提高他们的积极性和参与度。另一方面，对于信息化教学能力相对较弱的教师，学校应提供更多的辅导支持和资源，帮助他们提升技能，而不仅仅是进行简单的惩罚。考核机制也是这一培育体系中不可或缺的部分。将信息化教学能力的提升纳入教师的常规绩效考核中，可以有效地促使教师重视信息技术在教学中的应用。这种考核不仅应关注教师技术使用的频率和熟练度，更要评价教师如何创新性地将这些技术应用于课堂教学中，以及这些应用对学生学习成效的影响。通过这样一个多方位、层次分明的培育机制，既可以提升教师技术层面上的能力，又能深化教师对教育观念的更新、教学方法的创新以及对学生学习影响的理解，从而更全面地促进中小学英语教师的信息化教学能力提升，为学生创造一个更加丰富和个性化的

信息化赋能：英语教学模式及教学优化策略探索

学习环境，使得中小学英语教师能够更好地适应现代教育的需求，有效提升教学质量。

（二）综合利用社群效应，实现信息化教学经验共享

在提升中小学英语教师信息化教学能力的过程中，改良校园整体教学环境是一个关键环节。学校需逐步升级信息化教学的软硬件设施，如配备先进的智慧教学平台和移动通信软件，从而打造一个全面数字化的校园环境。这样的环境不仅为教师提供了便利的教学活动支持，如课前准备、课堂教学和课后辅导，还让学生能够通过多种渠道更有效地吸收知识和参与实践活动。在此基础上，为了确保信息化教学的高效实施，利用多元教研平台实现教师之间知识和经验的共享变得尤为重要。在教育信息化2.0的环境下，个体教师单独实施信息化教学可能导致教学水平、重点和关注点的分散，影响学生的连贯学习体验。因此，通过多元教研平台，可以实现教师之间的联结，发挥教师群体的社群效应，促进先进的教学理念、思想意识和实践经验在教师群体中的迁移共享。当教师团队通过这些平台共同研讨、分享和学习时，不仅可以减少个体教师之间在教学水平和重点上的差异，还有助于形成更加统一和高效的教学方法。这种做法既有助于个体教师的信息化教学能力提升，又能确保整个教学团队的均衡发展，同时保证学生获得连贯和全面的学习体验。通过这样的群体协作和共享，教师们能够在信息化教学上取得更大的进步，进一步提升整体教育质量。

（三）注重教学实践应用，全面提升信息化教学能力

教学实践是检验和提升信息化教学成效的关键环节，也是教师将所掌握的知识转化为实际教学能力的重要途径。有效地将信息化教学理论和方法融入教学实践中，不仅能够将理论知识和技能转化为教师的实际信息化教学能力，还能进一步提升教学质量和效率。第一，教师需要根据学科特点进行详细的信息教学设计。这包括运用信息化教学设计理论和方法，选择适当的知识点，并对这些知识点进行层级分解和细化。接着，设计合适的元知识点呈现形式，并营造一个有效的信息化教学环境。这一过程还涉及教学设计的确定、教学任务的嵌入、教学实践的开展，以及对教学过程的信息化重构和评价。第二，开展信息化教学能力评估活动。组织一系

列活动来检测和提升教师的信息化教学水平。这些活动包括信息化教学技能大赛、信息化教学资源评审、同课异构以及"一师一优课"等。此外，通过集中备课、教学观摩、教学交流研讨等形式，教师可以共同探讨现实教学中的难题和困惑，并探索技术支持下的课程教学改革方法。这些活动不仅促进了教师之间的交流与学习，还有助于从理论的角度对信息化教学实践进行深入的反思和总结。第三，加强基础研究和理论实践转化。为加速理论与实践的相互转化，一方面需要进行基础研究。这包括利用信息化教学能力测评工具跟踪和收集教师在信息化教学过程中的行为数据，并借助学习分析工具对这些数据进行理论研究和实践探索。另一方面，技术与理论研究应为教师信息化教学能力的测量体系建构、数据采集和分析提供理论指导和技术支持，从而保障信息化课堂教学实践和教师信息化教学能力培训能够沿着科学的方向发展。

三、基础教育阶段英语教师信息化教学能力提升的意义

（一）有利于构建优良的师资队伍，推动教师常态长效发展

提升教师信息化教学能力对于构建优良的师资队伍以及推动教师的常态长效发展具有深远的意义。第一，促进教师专业素养提升。信息化教学能力的提升使教师在专业素养上得到显著提升。教师不仅需要掌握传统的教学技能，还需要熟练运用各种信息技术工具，如多媒体制作、网络资源利用、在线教学平台等。这些技能的提升有助于教师更有效地进行教学设计和课堂管理，从而提高其专业竞争力。第二，促进教师持续学习与成长。在信息化时代，知识更新的速度极快。教师通过学习新的信息技术，不断更新自己的教学方法和内容，形成持续学习和自我完善的良好习惯。这种持续的专业发展不仅对教师个人职业生涯有益，还对整个教育系统的进步和创新起到推动作用。第三，促进教育教学创新。随着信息技术的融入，教师有更多机会进行教学创新。例如，通过翻转课堂、混合式学习等模式，可以更有效地促进学生主动学习，加强师生互动。教师的创新实践不仅丰富了教学方法，还为学校教育教学改革提供了实践案例和经验。第四，促进师资队伍的整体素质提升。随着信息化教学能力的普遍提升，整个师资队伍的教学能力和专业水平将得到整体提升。这对于提升教育质量、培养

信息化赋能：英语教学模式及教学优化策略探索

创新型人才具有重要意义。优秀的师资队伍是教育质量的保证，也是学校声誉和影响力的重要支撑。

（二）有利于提高学校整体教育水平，提升学校竞争力

教师信息化教学能力的提升对于学校整体竞争力的提升具有重要的意义。第一，有利于提升学校整体的教学质量。信息化教学能有效提高教学质量，吸引更多的学生和家长。优质的教学资源和创新的教学方法能够提高学生的学习兴趣和学习效果，这直接反映在学校的教学成果上。信息化教学能显著提高教学效果，使得教学内容更加生动、直观和具有互动性。这种教学方式更能吸引学生的注意力，提高他们的学习兴趣和参与度。对家长而言，他们倾向于选择那些能提供高质量、现代化教育的学校。教师的信息化教学能力直接影响了学校的教学质量，从而吸引更多家长选择该校。另外，在信息化教学环境中，学生不仅学习课程知识，还能够提升自己的信息素养和终身学习能力。这些能力对于学生未来的学习和职业生涯至关重要，也是家长选择学校时重要考虑的因素。第二，有利于增强学校品牌形象。教师信息化教学能力的提升，鼓励和促进了教学方法和手段的创新。创新的教学方式如翻转课堂、游戏化学习等，既提高了教学效果，又体现了学校的教育创新能力。这种创新能力对于提升学校的竞争力至关重要。随着教师信息化教学能力的提升，学校在教育技术领域的领先地位会得到加强，有助于塑造学校的现代化、创新型品牌教育形象。这种形象的提升有利于吸引更多优秀的师资和学生，提高学校的社会认知度和影响力。此外，在信息化日益普及的今天，学校的信息化教学水平成为评价其教育品质的一个重要指标。学校在信息化教学方面的投入和成效，有助于塑造其作为先进教育机构的品牌形象。这种形象能够吸引更多的学生报名，提高学校的竞争力。信息化教学能够让教育资源跨越地理界限，使得优质教育资源共享更加广泛，促进教育资源的优化配置。通过网络平台，学校可以利用远程教学、在线课程等方式，将优质教育资源带给更多学生，扩大学校的教育服务范围，从而提升学校的知名度和竞争力。信息化教学不仅是当前的教育趋势，更是未来教育的重要方向。学校通过提升教师的信息化教学能力，可以更好地适应这一趋势，培养出适应未来社会的优秀人才。这种人才培养也会反过来提升学校的竞争力。

（三）有利于促进教育信息化，提高整体国民教育质量和水平

教育现代化和信息化是国家教育体系发展的重要目标之一。近年来，我国政府高度重视教育信息化建设，陆续发布了多项政策文件，旨在以国家战略层面引导和规范职业教育信息化发展方向和路径。2016 年发布了《教育部关于印发〈教育信息化"十三五"规划〉的通知》，指出"信息化已成为国家战略"，要积极推动信息技术与教育融合创新发展，坚持不懈推进教育信息化，扩大优质教育资源覆盖面。2018 年 4 月，《教育信息化 2.0 行动计划》发布，其中强调了"教育信息化 2.0 行动计划是顺应智能环境下教育发展的必然选择""教育信息化 2.0 行动计划是加快实现教育现代化的有效途径"，并提出持续开展针对教师的信息化教学能力提升培训。2021 年召开全国教育信息化工作会议，2021 年增设 2 个教育部教育信息化战略研究基地。

这些政策文件共同构成了我国职业教育信息化建设的政策框架，标志着国家对教育信息化重视程度的提升和对教师信息化教学能力提升的重点支持。教师信息化教学能力的提升是教育现代化、信息化的重要组成部分。英语教师通过掌握信息化技术，能够更好地融入现代教育理念和方法，使教学更具针对性、互动性和创新性，更符合现代教育的目标和任务。这不仅提高了课堂教学的效率，还会使教育更具吸引力和竞争力。另外，信息化教学能力的提升意味着教师能够更好地利用数字工具和在线资源，定制教学内容和方法，满足不同学生的学习需求。这种个性化教育方法有助于提高学生的学习积极性和学习效果。教师还可以更轻松地分享教学资源，提高教育资源的可及性和均衡分配，这对于我国教育的普及和公平起到了很大的促进作用。信息化教学能力的提升直接提高了英语教育的质量。教师可以通过在线互动、多媒体教材和虚拟实验等手段，使教学内容更加生动、具体和实用。这有助于学生更好地理解和掌握英语知识，提高英语综合素养，提升英语水平。教育质量的提高是国家教育事业的根本目标。信息化教学能力的提升培养了学生的创新精神和综合素质。通过数字工具和在线学习平台，学生可以更多地参与项目型学习、合作学习和实践性任务。这有助于培养学生的问题解决能力、团队协作能力和创新思维，使其更好地适应未来社会和职业的需求。信息化教学能力的提升使更多的学生能够

获得高质量的英语教育,不仅提高了他们的语言能力,还培养了跨文化沟通能力和国际视野。这有助于国民更好地融入全球化时代,提高国家的国际声誉和竞争力。信息化教学能力的提升鼓励教育改革和发展。英语教师通过运用新的教学技术和方法,推动了教育的创新和变革。这有助于提升整个教育体系的质量和效率,促进教育事业的可持续发展。整体上来看,基础教育英语教师信息化教学能力的提升有助于提高教育效果、优化教学方法和资源利用、提升教育质量,对于促进教育现代化、提升整体国民教育质量和水平具有重要意义。

第四节 高等教育阶段英语教师信息化教学能力提升

高等教育阶段英语教师信息化教学能力提升可以通过以下几项途径(图3-5):

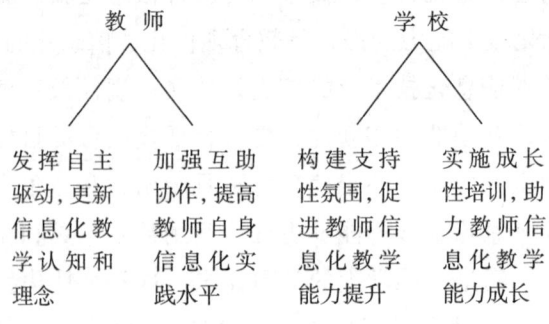

图 3-5 高等教育阶段教师信息化教学能力提升的途径

一、教师发挥自主驱动,更新信息化教学认知和理念

在高等教育阶段,教师信息化教学能力的提升关键在于内驱力的培养。虽然外部条件可以为教师提供发展的机遇和环境,但教师个人的自信心、正确的态度、充足的时间以及充分的知识准备,才是信息化教学能力提升的根本动力。教师对于信息化教学的自信和态度是提升其能力的直接内部促进力量。只有当教师本人愿意并对信息化教学有信心时,他们的能力才有可能得到发展。教师的这种情意态度是由他们的自信心和对信息化

教学的正确认识共同形成的。信息化社会中教师的专业发展需求也是促进其信息化教学能力提升的重要因素。信息技术不但促进了教师的专业发展，而且已经成为教师专业发展中知识和技能结构的重要组成部分，影响着教师专业技能的各个方面。此外，教师自主学习对于其信息化教学能力的发展同样至关重要。教师的信息化教学能力发展应是自主的，也应是终身的。通过自主学习，教师不仅能够持续更新自己的知识和技能，还能够适应信息化时代的变化和需求，因此内驱力至关重要。

在现代信息技术的推动下，高校英语教学正在经历快速发展和转型。尽管许多新型信息化教育模式已被纳入英语教学，但一些教师的教学实践仍未能充分适应这些变化。很多教师依然坚持使用传统的教学方法和理念，这种情况不利于教学效果的提升。因此，为了有效地推进教学信息化改革，教师需要首先转变教学理念并更新教学模式。第一，教师应积极反思，产生内在驱动力去更新教学理念，教师要认识到知识的传授不仅仅依赖于他们的单向讲授，还需要学习者主动参与和建构。在这种教学理念下，教师的角色应转变为学生学习过程中的引导者和协助者。例如，在英语学习过程中，输入（如阅读、视听）和输出（如写作、口语）两方面都需要教师和学生的共同参与。教师不仅要提供知识，还应协助学生不断通过语言实践来加强其英语能力。学生应成为学习过程中的主体，自主规划学习进度，组织研讨，而教师则在其中提供支持和引导。第二，教师应重视培养学生英语语言的综合应用能力。英语是一种语言工具，学生学习英语的根本目的应当是培养其利用英语进行沟通、解决实际问题的实践能力。因此，在教学过程中，教师不仅需要向学生传授英语学科知识，更重要的是在学习过程中提供帮助和指导，培养他们的英语语言能力、自主学习能力、沟通交流能力以及积极创新的能力。通过这种方式，教师可以在不经意间塑造学生的认知和学习体系。第三，教师在教学中应采取分层次、分级别的教学方法。鉴于学生既有共性又有个性，教师在构建教学体系时应兼顾这两个方面，每个学生都有自己的优势、弱项和特点。因此，教师需要设计出符合个体水平的独特教学流程和模式，使学生能够在相对自由和独立的学习空间中自主学习。例如，教师可以将英语口语练习划分成不同层次并上传至网络空间，让学生根据自己的兴趣和水平选择合适的级别。或者，教

信息化赋能：英语教学模式及教学优化策略探索

师可以将随堂测试进行分级，通过移动平台发布，学生可以自主选择测试的难度和等级。这种定制式的学习模式不仅尊重了学生的意愿，提高了他们的自主能动性，还培养了良好的学习心态，激发了学习动力和自信心。第四，教师应引导学生由被动学习者转变为主动学习者，将单一的接收性学习转变为多元的探究性学习。传统的接收性学习虽能在短时间内实现知识的传递，但不利于学生开展自主探究。相比之下，探究性学习更尊重学生的想法，能够释放学生的天性，使学生在学习中构建起包含个人思想和感情的学习世界。在这种学习模式下，教师不仅是知识的传授者，更是协助学生成长和自我培养的引导者。信息化教学的引导下，这种新的学习模式能够满足学生对开放学习、自主学习以及实践学习的需求。

可以看到，为适应现代教育环境的变化，教师需要更新教学认知和理念。这不仅涉及教学内容的更新，还包括教学方法和教师角色的转变。通过这种更新，教师可以更好地适应信息化教学的要求，有效地提高教学效果，促进学生的全面发展。这种理念的转变对于教师而言是一项重要的任务，需要他们不断学习和适应新的教育技术和方法，以满足现代教育的需求。

二、教师加强互助协作，提高信息化实践水平

在高等教育阶段，高校教师提升信息化教学能力是一个多维度、动态的过程，不仅需要个人自主学习，更需要进行团队之间的互动协作。自主学习在教师信息化能力提升中扮演着基础角色。教师需要通过自学不断更新自己的技术知识和教学方法，以适应快速变化的教育环境。这种自学不仅包括对最新教育技术的了解和掌握，还涉及对现有教学法的改进和创新。通过自学，教师能够扩展自己的专业知识，提升教学设计和实施的能力。具体而言，教师应熟练掌握各种教学技术和工具，如学习管理系统（LMS）、在线协作平台、互动软件等，并深入理解、掌握教学理论和策略，尤其是与信息技术融合的现代教学理念。此外，教师还应不断创新教学内容，使其更适应信息化教学的需求。同时，教师之间的交互协作也是提升信息化教学能力的重要途径。通过交流和协作，教师之间可以共享经验、互相学习，共同提高教学质量和效果。具体的交互协作途径包括参与教育

技术论坛，与其他教师交流教学经验和技术应用；参与教学观摩、研讨会和研究项目，获取新的教学灵感和策略；与其他教师组成团队，共同开发和实施教学项目，从中学习和实践。这种协作不局限于面对面的交流，也包括在信息化环境中的协作教学和对话。

将自学与交互协作结合起来，教师可以更全面地提升自己的信息化教学能力。例如，教师首先通过自学掌握新的技术和教学方法，然后在课堂上实践，通过反馈和调整不断优化。在团队合作中，教师可以将个人的理解和技术应用与团队成员的经验和想法相结合，创造出更加丰富和有效的教学策略。通过定期参与专业发展活动，教师不断更新自己的知识库，保持教学方法的时效性和有效性。在信息化社会中，教师的自主学习和相互协作将成为其专业发展的重要驱动力量。教师需要认识到，信息化教学能力的提升不仅是技术技能的提高，更是教学理念和方法的创新。在这个过程中，教师的自主学习能力和团队合作精神是不可或缺的。只有通过不断的自学和有效的交互协作，教师才能在信息化时代中保持教学的先进性和有效性，从而更好地适应现代教育的需求，提高教学质量和学习效果。

三、学校构建支持性氛围，促进教师信息化教学能力提升

在高等教育阶段，学校作为教师的群体组织归宿和教育教学活动的主要场所，对教师信息化教学能力的提升起着至关重要的作用。作为教师教学能力发挥的平台，学校提供的外部条件是促进教师信息化教学能力发展的直接因素。在信息化社会背景下，学校的信息化基础设施建设成为教师信息化教学能力发展的基本保障。这不仅涉及基础的教学设施建设，更包括对信息化教学基础设施的投入和配备，以及教育信息化资源的设计、开发与准备。针对在职教师，学校应有计划地组织他们参与信息技术能力发展的项目培训，这是提升教师信息化教学能力的关键环节。国际经验表明，教师培训应得到时间和经费的保障。在职教师的培训不仅是提升信息化教学能力的重要方式，还是学校应给予足够重视和支持的重要渠道。学校还负有引导和组织学科教师进行信息化教学研讨、教学观摩以及协作教学的责任。这包括信息化教学集体备课、讨论、研究等活动。学校应促进教师之间、教师与学生之间、教师与专家之间的交流对话，不局限于校内，还

信息化赋能：英语教学模式及教学优化策略探索

应通过网络等手段拓宽至不同学校、地区乃至国家之间的交流。这种广泛的教学协作与交流有助于教师信息化教学能力经验的共享和提升。此外，学校对教师信息化教学能力的正确认识和有效认可至关重要。学校对此能力的理解、支持、引导和帮助，不仅体现在精神鼓励上，还应包括必要的物质激励。学校对教师信息化教学能力的认可和支持，应形成一种鼓励教师能力发展的学校文化氛围，从而促进教师信息化教学能力的整体发展。可以看到，学校在构建一个支持性的氛围方面发挥着关键作用，不仅需要提供必要的基础设施和资源，还包括组织培训、促进教师之间的协作与交流，以及对教师信息化教学能力的认可和支持。这些因素共同作用，形成了促进教师信息化教学能力可持续发展的良好环境。

四、学校实施成长性培训，助力教师信息化教学能力提升

高校教师信息化教学能力的提升，不仅依赖于个人的努力，还深受学校教育环境和组织支持的影响。近年来，随着教育改革的深入，世界范围内对教师信息技术能力的培训也经历了显著变化。最初，这类培训主要关注技术本身，而随着教育领域的发展，现在更多着眼于如何利用信息技术促进学生的学习发展。基于此，学校应提供针对性的培训，以助力教师信息化能力的提升。这种成长性培训是一个多元、开放、动态的体系，其特点在于职前培养与在职培训的结合，传统方式与网络在线的融合，以及技术知识与实践应用的相互联系。职前教师和在职教师在能力发展方面的侧重点不同。职前教师应主要学习技术知识和技能，通过教学实习等实践环节加强这些知识和技能的应用。而在职教师则应重视知识和技能在新情景中的应用实践，同时需要学习新的技术知识和技能。这样的培训结构确保了教师能够在信息化教学的不同阶段获得必要的支持和发展。结合传统方式与网络在线的培训模式，教师能够更灵活地获取信息化教学能力发展所需的知识和技能。在信息化社会中，学习渠道更加多元化，教师可以通过网络媒介获取教学经验分享、教学研讨和协作教学的机会，实现与传统方式的有效结合。此外，将技术知识与实践应用相结合是提升教师信息化教学能力的关键。技术知识的获取是基础，而将这些知识转化为实际的教学应用能力则是最终目的。职前教师可以通过参与教学实习强化技术知识的实际应用，而在职教师可以通过教学实践将所学技术知识转化为实际应用的技能。在培训中，教师应积极采用体验式、参与式的培训方式，以增强培训的实用性和实效性。因此，学校在提供教师信息化能力培训时，需要构建一个既系统又灵活的培训体系，强调教师实践教学中技术知识的应用，并鼓励教师在教学实践中进行探索和创新。通过这样的培训体系，教师不仅能够在技术层面上得到提升，更能在教学方法和策略上进行创新，最终实现信息化教学能力的全面提升。

第四章 信息化赋能英语教学模式创新

第一节 信息化教学模式

一、信息化教学模式的内涵

信息化教学模式作为教育改革的核心内容之一，已成为教学领域的重要研究焦点。在信息技术日益普及的背景下，信息化教学模式的内涵及其对传统教育模式的影响显得尤为重要。本质上，信息化教学模式是信息技术与课程内容的深度整合，不仅是一种新型教学方式的体现，还是教育理念和教育方法创新的重要标志。信息化教学模式涉及多个维度的整合。首先，它要求信息技术（如计算机和网络）、信息资源（如数字内容和在线资料）、信息方法（如在线教学和虚拟实验）以及人力资源（如教师和教育技术专家）与课程内容的有机结合。这种结合旨在共同完成课程教学任务，通过先进的教育思想和理论指导，实现教学模式的根本变革。在信息化教学模式中，计算机及网络等信息技术既是学生自主学习的认知工具，也是情感激励的重要手段。通过这些技术工具，教学环境得以丰富和创新，使得学生能够在多样化的教学场景中积极参与和创造，从而提升学生的创新精神和实践能力。其次，信息化教学模式还强调将各种教学资源、教学要素和教学环节进行有效组合和融合，以促进教学过程的整体优化和效能提升。在信息化环境下，教学模式的发展不仅仅是对传统教学模式的延续，更是对技术环境下新教学模式的探索和建构。这个过程涉及教学模式的各个构成部分的整合，包括教学内容、教学方法、技术应用和环境设置等方面的创新。在这个过程中，教师既是教学模式的实践者，又是创新的引领者。教师在多变的实践情境中不断探索和尝试，促进教学模式的不断创新和发展。信息化教学模式的实施,要求教师具备相应的信息技术知识和应用能力,同时也需要学校提供必要的技术支持和资源配备。信息技术为教学提供了丰富的资源和工具,同时也创造了便利的交流和协作平台。这不仅使得教学内容更加丰富多样,也为教师和学生之间、学生与学生之间的互动交流提供了更多可能。整体来看,信息化教学模式是现代化教学环境下的一种必然趋势,它通过整合信息技术和课程内容,不断促进教学方法的创新和教学效果的提升。这种教学模式的发展,对教师的专业成长提出了新的要求,也为学生的全面发展开辟了新的途径。随着信息技术的不断进步和应用,信息化教学模式将继续深化和完善,成为未来教育领域的主流趋势。

二、信息化教学模式与传统教学模式的不同

信息化教学作为现代教育体系中的新兴模式,与传统教学模式相比呈现出显著的差异和优势(图4-1)。虽然信息化教学在本质上仍然注重教师的教学角色、学生的学习过程以及教与学之间的互动关系,但其依托的技术支持和教学方式已经发生了根本性变化。现代教育技术,如智能手机应用、在线教学平台、云计算和人工智能等,已经在信息化教学中得到广泛应用,这些技术的使用大大区分了传统教学与信息化教学。

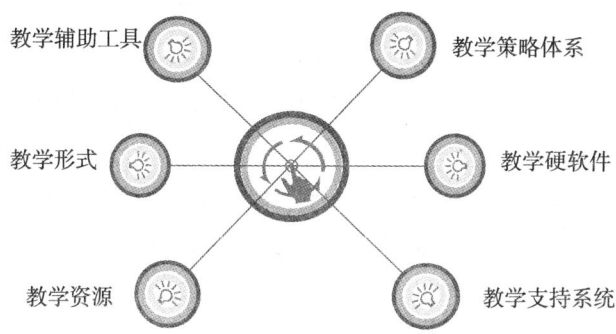

图4-1 信息化教学模式与传统教学模式的区别

(一)教学辅助工具方面的不同

信息化教学模式与传统教学模式的显著差异之一体现在教学辅助工具的使用上。这一差异不仅表现在工具的形式和传递信息的途径上,还涉及信息的传递速度、效率和数量。具体如下(表4-1):

表4-1 信息化教学模式与传统教学模式在教学辅助工具上的不同

教学辅助工具	传统教学模式	信息化教学模式
教学辅助工具的形式	板书、教材、课件等，以平面、静态形式出现	利用信息技术将学习材料转化为动态、多模态资源
教学信息传递的渠道	主要依赖面对面传递，方式单一	网络平台和移动应用等多样化途径传递
教学信息传递的速度和效率	课后问题解答和作业反馈可能延迟，效率低	社交媒体和在线平台实现实时线上互动，效率高
教学信息的数量	受限于纸质教材和课堂时间，信息量有限	网络资源无限获取，信息量几乎无限

第一，在教学辅助工具的呈现形式方面，传统教学通常依赖于板书、教材和课件等辅助工具，这些工具以平面、静态的形式出现，如文字和图片，难以充分激发学生的学习兴趣。相比之下，信息化教学利用现代信息技术，如手机应用软件和网络教学平台，将学习材料转化为动态的、多模态的资源，创造出有声、有色、有趣味的学习环境。这种环境能够在视觉和听觉上为学生提供更全面的信息输入，从而显著提升学生的学习兴趣和参与度。第二，在教学信息传递的渠道方面，传统教学主要依靠面对面的传递方式，如课堂讲授和课外交流，这些方式相对单一。而信息化教学则通过网络平台和移动应用等多样化的途径传递教学内容和资源，使教学信息传递更加灵活和广泛。第三，在教学信息传递的速度和效率方面，传统教学往往面临诸如课后问题解答延迟、作业反馈不及时等问题。相反，信息化教学借助社交媒体和在线平台，实现了师生、生生之间的实时线上互动，显著提高了教学效率，使得学生可以通过电子邮件、在线讨论板等方式及时获取反馈和解答。第四，在教学信息的数量方面，传统教学受限于纸质教材的篇幅和课堂时间，能够提供的信息相对有限。信息化教学则通过网络资源的无限获取和互联网的便捷搜索，为学生提供了几乎无限的学习信息和丰富的教学资源，大大拓宽了学习内容和范围。

可以看到，信息化教学模式相比于传统教学模式，在教学辅助工具的使用上呈现出更为丰富和高效的特点，这不仅使得学习更加生动和有趣，还为教育带来了更广阔的可能性。随着信息技术的不断发展，信息化教学模式将持续优化和创新，为现代教育提供更多支持。

（二）教学形式方面的不同

信息化教学模式与传统教学在教学形式上的主要差异体现在学习形式和互动形式两个方面（表 4-2）。

表4-2 信息化教学模式与传统教学模式在教学形式上的不同

教学形式	传统教学模式	信息化教学模式
学习形式	以教师为中心，教师单向传递知识，学生被动接受，学习形式固定为预习、课堂学习和作业	以学生为中心，强调自主学习、合作学习和探究学习，教师起辅助和指导作用
互动形式	师生之间、生生之间互动有限，课堂气氛可能沉闷，不利于学生积极性和兴趣的提升	利用网络平台和移动应用实现师生和生生之间的实时互动，增强教学参与度和学习动力

第一，在学习形式方面，传统教学模式通常以教师为中心，采用单向的教学方法，强调教师对知识的传递和讲授，而学生则处于被动接受的状态。这种教学模式主要围绕着课前预习、课堂学习和课后作业 3 个阶段进行，较少考虑到学生个体的学习需求和兴趣。相比之下，信息化教学模式更强调以学生为中心的学习过程，教师的角色转变为辅助和指导者。这一模式利用信息技术工具，如网络教学平台和社交媒体，促进学生的自主学习、合作学习和探究学习。学生不再局限于传统的学习方式，而是可以通过网络平台进行互动、讨论和协作，参与更广泛和深入的学习活动。这种模式的优势在于能够根据学生的兴趣和能力提供个性化的学习资源，鼓励学生主动探索和解决问题。第二，在互动形式方面，传统教学通常缺乏有效的师生之间和生生之间的互动。课堂通常是教师单向传授知识，学生的参与和反馈机会有限，这可能导致课堂气氛沉闷，不利于激发学生的学习兴趣和积极性。而信息化教学则重视师生和生生之间的互动。通过网络平台和移动应用，信息化教学实现了课堂内外的实时互动和交流，教师可以即时发布和评价学生的学习情况，学生也能够及时收到反馈并参与在线讨论。这种双向互动不仅加强了教学过程的参与度，还增强了学生的学习动力和参与感。在实际应用中，信息化教学模式通过网络教学平台布置的线上任务，鼓励学生在课前独立完成各种学习活动，如自主预习、搜索学习

资源、观看教学视频等。社交媒体平台的利用则促进了师生合作和生生合作，打破了传统教学中时间和空间的限制，为学生提供了更广阔的交流和学习空间。这些举措使得学生可以主动探索热点问题和话题，通过网络资源搜索、在线问卷调查和线上访谈等方式，更深入地挖掘信息和知识。

可以看到，信息化教学模式相较于传统教学，在学习形式和互动形式上具有明显的优势。它不仅提高了教学的灵活性和互动性，还为学生提供了更加丰富的学习资源和更多学习方式，有助于培养学生的自主学习能力和创新思维，教学形式上的不同随着信息技术的不断发展，这种教学模式将继续演进，更好地适应现代教育的需求。

（三）教学资源方面的不同

信息化教学模式与传统教学模式在教学资源方面也存在显著差异，这些差异主要体现在资源的种类、形式、获取途径以及教学环境的创设上（表4-3）。

表4-3 信息化教学模式与传统教学模式在教学资源上的不同

教学资源	传统教学模式	信息化教学模式
教学资源种类	教辅资料、教学课件等纸质形式，内容固定，种类有限	数字化素材，涵盖文本、图像、视频、音频等，种类丰富
教学资源形式	静态的文字和图表，缺乏互动性和趣味性	多媒体、互动性强的学习材料，激发多感官体验
教学资源获取途径	依赖于教师授课和有限的教材资源，获取方式局限	通过互联网随时随地访问丰富教学资源库
教学环境	环境单一，主要局限于课堂教学和纸质教材，缺乏创新和灵活性	包括线上互动、虚拟实验等多种学习形式，丰富和互动的学习环境

第一，教学资源的种类在这两种教学模式中表现出明显的差别。在传统教学中，教学资源通常以教辅资料和教学课件为主，这些资源大多是纸质形式，内容相对固定，且多为线性结构，较难适应不同学生的学习需求。而信息化教学资源则表现为数字化素材，涵盖了广泛的学科内容和多样的呈现形式。这些资源包括但不限于文本、图像、视频、音频，甚至包括虚拟实验室、模拟程序和互动游戏等，在很大程度上丰富了教学材料的种类

和形式。第二，教学资源的形式上，信息化教学利用现代教学媒体如多媒体计算机和网络技术，为学生提供了更为动态和互动的学习材料。这些资源能够激发学生的多感官体验，从而增强学习兴趣和效果。相反，传统教学资源则多以静态的文字和图表为主，缺乏互动性和趣味性，不足以全面激发学生的学习兴趣。第三，在教学资源的获取途径上，信息化教学模式通过互联网为学生提供了更为便捷的资源获取方式。学生可以随时随地通过网络接入丰富的教学资源库，无论是数字图书馆、在线课程、还是互动学习平台，都为学生提供了广泛的学习选择。这与传统教学模式中资源获取方式的局限性形成鲜明对比，在传统教学中，学生往往依赖于教师的授课和有限的教材资源，难以实现个性化和自主化的学习。第四，在教学环境的创设方面，信息化教学模式通过多样化的教学资源，为学生创造了更加丰富和互动的学习环境。这种环境不仅包括传统的课堂教学，还包括线上互动、虚拟实验、模拟情境等多种学习形式，有助于学生主动探索和深入学习。而传统教学模式中的教学环境相对单一，往往局限于课堂教学和纸质教材，缺乏创新和灵活性。

通过以上分析可以看出，信息化教学模式在教学资源的种类、形式、获取途径和教学环境的创设方面与传统教学模式存在本质的不同。这些差异使得信息化教学能更好地满足现代教育的需求，提高教学效率和学习质量，同时为学生提供了更广泛的学习资源和更灵活的学习方式，从而激发学生的学习兴趣和创造力。随着信息技术的不断进步，信息化教学资源的开发和利用将更加广泛和深入，这将给教育领域带来更深远的影响。

（四）教学支持系统方面的不同

信息化教学模式与传统教学模式在教学支持系统方面有显著不同。这些差异不仅体现在支持形式和内容上，还反映在教学活动的整体设计和执行中。在传统教学模式中，教学支持系统相对有限，通常集中在教师个体和同伴的支持上。教师在传统课堂中扮演着信息传递者和知识指导者的角色，而同伴支持则通过小组讨论、同伴互助等方式实现。此外，传统教学的辅助工具多为纸质教材、工具书等，这些资源在形式和内容上相对单一，难以满足个性化学习的需求。相比之下，信息化教学模式的教学支持系统更为丰富和多元。信息化教学不仅依托于现代信息技术，如网络和多媒体工具，还利用这些技术提供全面的学习资源和教学策略。例如，学习管理系统和在线学习平台提供了个性化学习路径、实时反馈和评估以及丰富的互动工具。这些系统能够根据学生的学习进度和能力提供个性化的学习材料和活动，使得学习更加符合学生的需求。在教学支持系统的构成上，信息化教学模式突破了时间和空间的限制，提供了更为灵活和高效的学习条件。学生可以通过网络访问丰富的资源，如在线视频、电子图书、互动课程等，并可以在任何时间和地点进行学习。此外，信息化教学还鼓励教师和学生利用社交媒体、讨论论坛和协作工具，促进师生和学生之间的沟通与合作。信息化教学模式中的教师角色也发生了转变。教师不再仅是知识的传递者，而是成为学习过程的设计师和协调者。他们利用技术工具为学生设计富有挑战性的学习活动，指导学生进行探究，同时提供必要的学习支持和引导。

可以看到，信息化教学模式在教学支持方面提供了更广泛、更灵活、更个性化的支持系统。它不仅包括丰富的学习资源和多样的互动形式，还包括更有效的学习管理和评估机制。通过这些支持，信息化教学模式能够促进学生的主动学习、培养学生的批判性思维和创新能力，从而提高教学效果和学习效率。随着信息技术的不断发展和应用，信息化教学模式将继续在现代教育领域发挥越来越重要的作用。

（五）教学硬件及软件方面的不同

信息化教学模式与传统教学在教学硬件及软件方面展现出了显著的差异，这些差异不仅体现在教学工具的种类和功能上，还反映在教学活动的设计和实施中（表4-4）。

表4-4 信息化教学模式与传统教学模式在教学硬件及软件上的不同

教学硬件及软件	传统教学模式	信息化教学模式
教学硬件	实体教室、图书馆、阅览室、实验室等基础设施；黑板、投影仪、电视等设备	计算机、虚拟仿真实验室、智能手机、平板电脑等现代信息技术产品
教学软件	纸质教材、课件、图片、声音文字、视频等传统教学媒介	网络程序、移动应用、在线图书馆、在线教学平台、在线实践平台等丰富互动的教学资源

传统教学模式中的教学硬件主要围绕着传统的教育环境构建，如实体教室、图书馆、阅览室和实验室等。这些环境通常配备了基础的教学设备，例如黑板、投影仪、电视等。教学软件方面，传统教学依赖于纸质教材、课件以及其他传统的教学媒介，如图片、声音、文字和视频等。这些工具在形式和功能上较为单一，往往无法提供互动和个性化学习的体验。相比之下，信息化教学模式的硬件和软件设施更为先进和多样化。信息化教学硬件不仅包括传统的计算机，还涵盖了更多现代信息技术产品，如虚拟仿真实验室、智能手机、平板电脑等。这些设备在提供丰富教学资源和灵活教学手段的同时，也支持更为广泛的学习方式，例如远程学习、虚拟实验和交互式学习。教学软件方面，信息化教学模式利用网络程序、移动应用、在线图书馆、在线教学平台和在线实践平台等，提供了更加丰富和互动的教学资源。这些软件不仅包括传统的教学内容，还包括互动式学习活动、模拟实验和虚拟现实等，丰富了教学方法和手段。在信息化教学模式中，教师可以根据教学的具体需求，灵活选择适合的教学硬件和软件。这种灵活性使得教学活动更加多元化和个性化。例如，教师可以根据课程内容和学生的学习需求，运用不同的在线平台和应用程序设计课程，提供多样化的学习材料和互动活动。学生可以通过这些平台和应用程序进行个性化学习，如在线参与讨论、提交作业、观看教学视频等。

可以看到，信息化教学模式在教学硬件及软件方面提供了更为先进、多样化和个性化的教学工具。这些工具不仅拓宽了教学资源的种类和形式，还提供了更多的学习方式和互动机会。这种教学模式的发展和应用，有助于提高教学质量和学生学习效果。教育领域将会持续见证信息化教学模式的进一步演变和优化。

（六）教学策略方面的不同

信息化教学模式与传统教学在教学策略体系方面呈现显著不同。在传统教学中，教师作为知识的传授者，占据了课堂的中心位置，而学生则通常扮演着被动接受者的角色，这种模式在很大程度上限制了学生的自主性和创造性。学生的学习活动大多依赖于教师的讲授和指导，这种单向的知识传递方式使得学生在学习过程中的参与感和主动探索的机会相对有限。相反，信息化教学模式在教师和学生的角色定位上发生了根本性变化。教

信息化赋能：英语教学模式及教学优化策略探索

师从知识传授者转变为学习的组织者、指导者和促进者。在这种模式下，教师利用丰富的信息技术资源为学生创造一个互动且充满创新的学习环境，引导学生主动参与学习过程，激发他们的探究兴趣和创造潜能。例如，教师可以通过网络教学平台、移动应用程序等技术手段，设计富有挑战性的学习任务，鼓励学生进行团队合作、问题解决和项目研究，从而使学生在学习中发挥更大的主动性和创造力。在信息化教学中，学生的角色也发生了显著变化。他们不再是被动的信息接收者，而是变成了积极的知识探索者和意义的建构者。信息化教学提供的多样化学习资源和工具，如在线视频、互动软件和虚拟现实技术等，为学生提供了更广阔的知识获取渠道和更多元的学习方式。这使得学生能够根据自己的兴趣和需求，选择最适合自己的学习内容和路径，从而进行更加个性化和自主化的学习。例如，学生可以在网络上搜索与课程相关的额外资源，利用在线论坛和社交媒体进行讨论和交流，还可以通过网络协作平台与其他学生共同完成项目。此外，信息化教学中的教学互动也呈现出多样性和灵活性。教师和学生之间的互动不再局限于传统课堂的物理空间，而是通过网络平台和移动应用等技术手段，实现了时间和空间的跨越，为师生提供了更多的交流和合作机会。这种多元化的互动方式不仅增强了课堂的活跃度和参与度，还促进了学生之间的相互学习和合作，提升了学生的社交能力和团队协作能力。

可以看到，信息化教学模式通过融合现代信息技术，创造了一个充满活力、丰富多元的学习环境，促进了教师和学生角色的转变，激发了学生的学习动力和创造性，为现代教育提供了新的视角和策略。

第二节 信息化赋能基础教育阶段英语教学模式创新

信息化技术的深入应用，特别是计算机网络技术的引入，根本性地改变了中小学（基础教育阶段）英语课程的面貌。这一变革渗透教学的方方面面，如教学目标、教学方法、教学手段、教学观念、教材使用、教学环境和评估方式等方面。在教学目标方面，随着信息技术与课程整合，英语教学更加注重学生的语言应用能力，尤其是听说能力的培养。在教学方法方面，传统的结构主义语法翻译法和以教师为中心的模式已经逐渐被立体式、个性化的教学方法取代。信息化教学更强调课堂教学与课外自主学习的结合，以学生为中心，引导学生自主学习、探索知识，这不仅有利于提高教学的有效性，还有利于增强学生的学习动力。在教学手段方面，传统的"粉笔+黑板"等单一手段被多媒体计算机、教学网络等现代技术替代。这些技术手段不仅创设了富有互动性和动态性的学习环境，还使得教学内容更加丰富。在教学观念方面，过去以教师和课本为中心的教学模式已经转变为以学生为中心的自主学习模式。这种模式使得学生成为主动的知识构建者。在教材的使用方面，传统的纸质平面教材已经被多媒体和网络资源等立体式教材取代，这种变化使得教材内容更加多元化，教学形式更加多样化。在教学环境方面，信息化技术的应用使得学习环境更加开放和真实。借助网络和虚拟技术，学生可以获得更加真实的语言使用环境，这不仅有利于提高教学的实效性，还能为学生提供更多的语言实践机会。在评估方式方面，传统的以考试成绩为主的终结性评估方式已经向终结性和形成性评估相结合的方式转变。这种评估方式不仅关注教学结果，还重视教学过程中的评价和调整。

整体来看，信息化技术的应用不仅优化了教学内容和方式，还促进了学生自主学习能力的提升，这些变化构成了中小学英语教学的新风貌。随着信息技术的不断进步和普及，信息化教学模式在未来的教育领域中将扮演更加关键的角色。

一、基础教育阶段信息化教学模式创新

基础教育阶段信息化教学模式的流程如下（图4-2）：

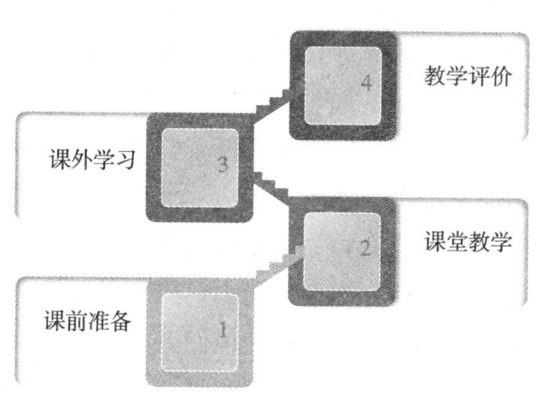

图 4-2　基础教育阶段信息化教学模式的流程

（一）课前准备阶段

在基础教育阶段，信息化教学模式的实施以课前准备为起点，这一环节的创新在于教师如何利用丰富的网络资源和信息技术为学生量身定制个性化的学习材料和学习路径。第一，考虑到中小学生的年龄特点和认知能力，教师应先根据教学大纲和基础教育阶段中小学生的实际情况，精心挑选和整合网络上的教学资源，包括文本、音频、视频等多种格式。这些材料的选择不仅要符合单元的教学主题，还要考虑到这些资源的趣味性和互动性，能够激发学生的学习兴趣。例如，使用动画视频、互动游戏、在线英语歌曲等多媒体资源，不仅可以增强学生的学习动机，还能帮助他们更好地理解和记忆新词汇和语法结构。第二，信息化教学的核心之一是对学生个性化需求的重视。针对不同学生的学习水平和需求，教师需要利用信息化技术进行个性化教学设计。教师在课前准备阶段，需对中小学生的学习基础、兴趣点、学习风格等进行全面了解，并据此设计不同层次的教学内容和活动。例如，对于基础较好的学生，教师可以提供更高层次的挑战性材料；对于基础薄弱的学生，则需要提供更多的基础知识和辅导，例如，教师可以准备更多图文并茂、易于理解的学习材料。通过这种分层次的教学设计，每个学生都能在适合自己水平的环境中学习，从而提高学习效率。第三，教师利用信息技术将教学内容进行有效的分类和分级，通过在线学习平台提供适合不同水平学生的学习材料。这样，学生可以根据自己的实际情况选择合适的学习内容，从而实现自主学习。第四，在课前准备阶段，教师还应充分利用网络资源，如通过在线教学平台上传预习资料，发布预习任务，以便学生能够在课前进行有效的自学。教师还可以在平台上设立讨论区，鼓励学生就学习内容提问和交流，通过平台跟踪学生的预习情况，及时提供反馈和辅导，进行课前互动，提高学生对英语学习的参与度和互动性。第五，教师应发挥引导作用，鼓励学生利用互联网资源进行自主学习。例如，引导学生自行搜索相关主题的资料，提高他们的信息搜集和处理能力，也可以培养他们的自主学习能力。同时，教师可以指导学生如何利用在线字典、在线翻译工具等，帮助他们更好地理解和掌握新知识。第六，考虑到中小学生对技术的熟练程度和兴趣点，教师在课前准备时还可以运用一些流行的社交媒体或者游戏化学习工具。例如，通过创建学习小组、在线英语角色扮演游戏等方式,增加学生学习英语的乐趣,同时提高他们的语言实践能力。

整体来看,信息化教学模式下的课前准备重点在于如何利用现代信息技术提供多元、有趣、适合中小学生特点的学习资源和学习环境,课前准备环节的创新不仅体现在教师如何高效利用信息化技术,还体现在如何根据学生的个性化需求制订教学计划,从而为学生打造一个适合他们个性化学习需求的教学环境,激发学生的学习兴趣,提高他们的自主学习能力和信息素养。

(二)课堂教学阶段

基础教育阶段信息化教学模式下的课堂教学,特别是在中小学英语教学中,呈现出明显的变化和创新。这些变化不仅体现在教学形式和方法上,还体现在师生互动和学生参与度上。第一,信息化教学模式强调教师在课堂上的多样化教学方法。利用信息技术,教师可以更灵活地组织教学内容,科学地运用课堂时间。例如,通过多媒体课件、互动式软件和在线平台,教师能够丰富教学方式,使课堂更加生动、更具吸引力。在授课过程中,教师可以结合视频、音频、动画等多媒体元素,使得语言学习更加直观和生动,提高学生的学习兴趣和效果。第二,信息化教学模式下的课堂教学注重学生的主动性和互动性。教师可以利用网络平台安排前期预习任务,然后在课堂上对学生的预习情况进行检测和讨论,从而更有针对性地解决学生的疑问。学生可以通过在线测验、实时反馈等方式,及时了解自己的学习情况,促进自我反思和改进。此外,网络教学平台为学生提供了更加开放和互动的学习空间。在这个空间里,学生可以自由组成学习小组,针对特定主题进行网络讨论和协作学习。这种学习方式不仅加强了学生之间的交流和合作,还能锻炼学生的英语思维能力和语言表达能力。通过小组讨论,学生能够更加深入地理解和运用语言知识。在这种模式下,教师的角色更多地转变为指导者和协调者。教师需要引导和激发学生主动学习,帮助学生构建知识框架,引导他们学习如何高效利用网络资源,怎样在网络环境下与他人合作和交流。教师还需要对学生的学习过程进行监控和评价,为学生提供及时的反馈和建议。

整体来看,在信息化教学模式下,基础教育阶段英语课堂教学的流程

信息化赋能：英语教学模式及教学优化策略探索

更加注重学生主体性的发挥，强调教师与学生之间的互动与合作。这种教学模式不仅能够提升学生的语言能力，还能够培养他们的创新思维和协作精神，为学生未来的学习和生活奠定坚实的基础。

（三）课外学习阶段

信息化教学模式下，基础教育阶段的课外学习环节发生了显著的变化，这些变化不仅体现在学习资源和方法的多样性上，还体现在学生学习的主动性和个性化上。第一，信息化教学模式丰富了学生的学习资源。学生不再仅依赖于纸质教材和传统的作业形式，还可以利用丰富的网络资源，如在线教育平台、数字图书馆、视频教程和各类互动软件等。这些资源提供了更加多元和全面的学习材料，使学生能够根据自己的兴趣和学习需求选择合适的学习内容。例如，学生可以在课后通过观看在线视频学习英语发音，通过参与互动游戏提高语言实际运用能力，或者通过在线阅读提升阅读理解能力。第二，信息化教学模式增强了学生的自主学习能力。在这种模式下，学生被鼓励自主探索和学习，他们可以在课外根据自己的学习进度安排学习计划，利用网络资源进行自主预习和复习。这种学习方式可以培养学生的批判性思维，提升解决问题的能力，使他们在学习过程中更加积极主动。例如，学生可以自主搜集与课堂内容相关的扩展资料，或者参与线上英语角、论坛讨论等，以提升自己的语言技能。第三，信息化教学模式下的课外学习还促进了学生之间的互动和合作。学生可以通过网络平台与同学和教师进行实时互动和讨论，共享学习资源，进行小组合作学习。这不仅加深了学生对英语知识的理解，还锻炼了他们的沟通和团队合作能力。例如，学生可以在网上共同完成一个项目，或者在网络讨论中共同探讨一个英语话题，这些活动有助于提升学生的语言实践能力和团队协作精神。

整体来看，信息化教学模式下的课外学习为中小学英语教育带来了新的发展机遇。这种模式不仅提高了学生的英语学习效果，还培养了学生的自主学习能力、批判性思维能力和团队合作能力，为学生的全面发展打下了坚实的基础。

（四）教学评价阶段

信息化教学模式为中小学英语教学的教学评价带来了变革。这些变革不仅体现在评价手段的多样性和灵活性上，还体现在对学生学习效果的全面和客观评价上。第一，信息化教学模式下的教学评价运用了丰富的网络资源和技术手段。教师可以通过建立在线试题库，自动化生成各类考试和测验的试卷，不仅节省了大量的人力资源，还提高了评价的效率和灵活性。此外，教师可以利用网络平台进行问卷调查和在线测试，及时了解学生对不同教学资源的使用情况和对课堂内容的掌握程度，从而对教学内容和方法进行及时调整。第二，信息化教学模式强调中小学教学评价的过程性和形成性。除了传统的终结性评价（如期末考试），教师还可以利用信息技术进行持续的学习过程跟踪和形成性评价。例如，教师可以通过教学管理系统跟踪学生的学习进度、作业提交情况和在线讨论参与度，从而对学生的学习态度、参与度和进步情况有更全面的了解。这种评价方式有助于教师及时发现学生学习中的问题并提供个性化的指导和帮助。第三，信息化教学模式下的教学评价更加注重学生的主动参与和自我反思。教师可以鼓励学生利用网络系统自主搜集资料并撰写主题报告，这不仅锻炼了学生的信息筛选和处理能力，还提升了他们的独立思考和创新能力。网络系统可以记录学生完成任务的全过程，这样既便于教师对学生工作的评价，又便于学生自我反思和评价。

整体来看，信息化教学模式下的教学评价更加注重技术的应用和学生的主动参与，提供了多样化、灵活化和个性化的评价方式，使教学评价更加高效、全面和客观。通过这种评价方式，教师能更好地理解学生的学习需求和问题，同时帮助学生提高自主学习和自我评价的能力。

二、促进基础教育阶段英语信息化教学模式实施的策略

（一）增强教师实施信息化教学模式的意识

在促进基础教育阶段英语信息化教学模式实施的过程中，帮助教师正确认识信息化教学的重要性不可忽视。教师是信息化教学成功实施的关键，因此他们对信息化教学的态度、认识和接受度直接影响着这一教学模式的有效推广和实施。第一，增强基础教育阶段教师对信息化教学重要性的认识。教师需要意识到信息化教学并不是简单的技术应用，而是一个全面提高教学质量的机会。信息化教学能够为学生提供更加丰富多彩的学习资源，

促进学生的全面发展。教师应该看到信息化教学不仅能够提高学生的学习效率，还能够帮助学生培养独立思考和自主学习的能力。第二，基础教育阶段的教师应认识到在信息化教学模式下，自己的角色将发生转变。信息化教学要求教师成为学习过程的设计者、引导者和协调者。这需要教师不断更新自己的教学方法和技巧，学习如何有效利用信息技术辅助教学，如何设计和实施符合信息化教学要求的课程和活动。此外，教师应该认识到信息化教学并不会削弱自己的地位，而是能够帮助教师更好地发挥自己的专业优势。信息技术的引入并不是要替代教师，而是为了辅助和增强教师的教学效果。教师在信息化教学中依然扮演着不可或缺的角色，他们的专业知识和教学经验仍然是教学成功的关键。同时，基础教育阶段的教师应该充分认识到信息化教学的挑战和机遇并做好应对。随着信息技术的快速发展，教师需要不断学习新的技术和方法，以适应教学环境的变化。这意味着教师需要不断地进行自我更新和专业发展，以保持自己的教学能力和技术水平与时俱进。

整体来说，帮助教师形成正确的信息化教学意识是促进中小学英语信息化教学模式建立的重要策略之一。这不仅需要教师个人的努力，还需要学校和教育行政部门的支持和引导。通过提高教师的信息化教学认识，可以有效推动信息化教学模式在基础教育阶段英语教学中的广泛应用和深入发展。

（二）加强教师信息技术培训

在促进基础教育阶段英语信息化教学模式实施的过程中，培养教师积极掌握信息技术和技能是关键一环。信息化教学不仅改变了教学内容和形式，还对教师的技术能力提出了更高的要求。因此，对教师进行信息技术和教学技能方面的培训和指导至关重要。第一，教师需要掌握基本的信息技术知识和操作技能。这包括计算机操作、网络浏览、数据处理、多媒体制作等。掌握这些技能能够帮助教师更好地准备和实施教学活动，如制作课件、搜索教学资源、管理学生学习平台等。第二，教师应学习如何将信息技术融入教学设计中。这意味着教师不仅要知道如何使用各种技术工具，还需要了解如何将这些工具有效地整合到教学活动中，以提高教学质量和学生的学习效果。例如，利用教育软件和平台进行互动教学，使用网络资源丰富课程内容，或利用虚拟现实技术创造沉浸式学习体验。第三，教师还需要学习如何管理和评估信息化教学环境。这包括学习使用各种教学管理工具，如学习管理系统和学生表现跟踪工具，以及如何评估学生通过信息化教学所取得的进步。教师培训应包括理论知识和实践操作。教师不仅需要了解信息技术的理论基础，还需要通过实际操作来加深对技术应用的理解。这样的培训既可以采用线下面授课程的形式，也可以利用线上教育资源和平台进行。第四，鼓励教师进行持续的自我学习和发展也非常重要。随着信息技术的不断更新，教师需要持续更新自己的知识和技能，以保持在信息化教学领域的竞争力。教师可以通过参加工作坊、网络研讨会、专业发展课程等方式进行自我提升。第五，学校和教育行政部门应为教师提供必要的资源和支持，包括提供培训机会、更新教学设施和设备、提供技术支持等，以帮助教师适应信息化教学的需要。

整体上来看，培养教师积极掌握信息技术和技能是推进基础教育阶段英语信息化教学模式建立的重要策略之一。这不仅需要教师个人的努力和学习，还需要教育机构和政府部门的支持和引导。通过提高教师的信息技术能力，可以有效推动信息化教学模式在基础教育阶段英语教学中的广泛应用和深入发展。

（三）强化学生自主学习意识

在当今信息化时代，基础教育阶段英语信息化教学已成为一种不可逆转的趋势。随着信息技术的快速发展，学生不仅需要掌握传统的英语知识，还应具备利用信息技术进行学习的能力。这种教学模式的转变要求学生适应新型的学习方式，特别是增强自主学习的意识和能力。第一，教师应帮助学生熟悉和掌握必要的信息技术，包括网络系统的操作和使用。学生应学会如何有效利用网络资源，提高信息检索和处理的能力。第二，教师需引导学生树立正确的学习观念，强调自主学习的重要性。这包括教授学生如何设定学习目标、制订学习计划、评估学习进度以及如何在网络环境下自我管理和控制。第三，为了提高学生的自主学习能力，教师可采取多种策略。例如，通过布置开放性和探究性的作业，激发学生的学习兴趣和好奇心；开展线上互动讨论，促进学生之间的合作学习和交流；定期进行线上测试和评估，监测学生的学习进度和效果，并通过适时的反馈和指导帮

信息化赋能：英语教学模式及教学优化策略探索

助学生克服学习中遇到的难题。信息化时代对基础教育阶段的英语教学提出了更高的要求，这不仅是教师的挑战，还是学生的机遇。教师应通过各种手段，如激励、引导、督导和评估，来帮助学生适应新的学习环境，提高他们的自主学习能力。这样，学生不仅能够在信息化背景下更有效地学习英语，还能为将来的学习和生活打下坚实的基础。

第三节　信息化赋能高等教育阶段英语教学模式创新

一、信息化时代高等教育阶段英语教学模式创新方式

（一）多媒体支架式教学模式

多媒体支架式教学模式是一种结合了现代教育理论与技术的教学方法。这种模式强调教师在教学过程中的辅助和引导作用，旨在帮助学生在教师的支持下克服学习难题，最终达到自主学习的能力。支架式教学源自维果斯基的最近发展区理论，该理论提出个体在教师的帮助下可以达到更高的发展水平。此外，建构主义理论认为知识的建构是个体基于自身经验和信念的主观过程，强调学习的主动性、情景性与社会性。①在多媒体支架式教学中，教师利用丰富的多媒体资源（如视频、音频、互动软件等）来创建一个丰富的教学环境，为学生提供可视化、互动性强的学习材料，以激发学生的学习兴趣和参与度。在实施多媒体支架式教学时，教师需要先了解学生的实际发展水平，并根据学生的潜在发展水平设计教学活动。这意味着教学内容和难度要适应学生的实际能力，同时又能略有挑战，以促进学生的认知发展。教师还需要根据学生的反馈和学习进展，不断调整教学策略，确保教学活动既能引发学生的兴趣，又能有效地推动其认知发展。可以看到，多媒体支架式教学模式通过结合现代信息技术和教育理论，为学生提供一个富有挑战性且具有支持性的学习环境。它强调教师的辅助和引导作用，以及学生在学习过程中的主动参与和自主建构，从而促进学生在

---

① 赵世忠，吴楠，赵挺.基于慕课资源下的科技英语翻译研究[M].北京：现代出版社，2019：71.

认知和技能上的全面发展。多媒体支架式教学模式在高等教育阶段（大学）英语教学中的实施流程可以分为以下几个主要步骤（图4-3）：

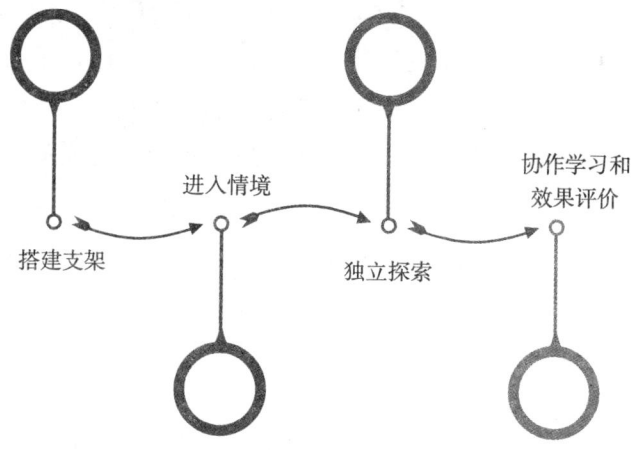

图4-3 多媒体支架式教学模式教学步骤

1. 搭建支架

这一步骤是多媒体支架式教学模式的起点，旨在为学生营造一个富有启发性和趣味性的学习环境。在这个阶段，教师通过播放与课程主题相关的动画、视频或其他多媒体内容，为学生提供直观、生动的学习材料。例如，如果课程涉及英语国家的文化差异，教师可以播放一段展示英美文化差异的短视频，如讲述美国与英国日常生活习惯的不同。这样的多媒体内容不仅生动有趣，还能帮助学生直观理解课程内容，激发他们对学习主题的兴趣。通过这一步骤，学生对即将学习的内容形成初步印象和理解，为深入探讨和学习做好准备。

2. 进入情境

在这个环节，教师引导学生进入问题情境中，布置任务并鼓励学生表达自己的观点。通过多媒体展示的例子，教师鼓励学生进行讨论，并利用多媒体资源（如插图和书籍）推荐进行主题总结，帮助学生更好地理解和探索相关问题。例如，在搭建好学习的初步框架后，教师引导学生深入探索具体话题。继续以文化差异为例，教师可以设计一系列任务，如小组讨论、角色扮演或辩论，让学生在实际情境中运用和拓展他们的语言技能。这些活动不仅能促使学生深入思考文化差异的原因和影响，还能提高他们的英

信息化赋能：英语教学模式及教学优化策略探索

语交流能力。在这一阶段，教师的角色转变为指导者和协助者，他们通过提问、启发和反馈，帮助学生更好地理解和吸收课程内容。

3. 独立探索

在这一步骤中，学生在教师的引导下，通过多媒体技术独立深入地探索课程主题。例如，针对大学英语阅读课上的一篇文章，教师可以先通过动画、图片或视频展示文章的背景信息，然后提出深层次的问题，引导学生思考文章更深层次的含义，如文化差异、社会议题等。学生可以利用网络资源，对问题进行独立的调查和研究，形成自己的见解。在这个过程中，不仅提高了学生对英语材料的理解能力，还培养了他们独立思考和问题解决的能力。

4. 协作学习和效果评价

此阶段侧重于通过小组合作学习和对学习成果的评价，加深学生对知识的理解和运用。学生在小组中讨论和分享他们的发现和观点，教师和学生共同参与讨论，形成互动和交流的学习环境。通过这种方式，学生不仅学会了与他人合作，还能从多个视角理解和分析问题。效果评价可以通过学生的自我评价、同伴评价和教师评价等多种形式进行，确保学习过程和学习成果的全面评价。教师可以利用多媒体工具记录学生的讨论和展示过程，以及学生对所学内容的理解和运用情况，为学生提供反馈和指导。

这些步骤体现了多媒体支架式教学模式的核心，即通过多媒体资源为学生搭建一个有利于学习的环境，并引导他们深入探索和讨论课程内容。这种模式旨在提高学生的学习动力和参与度，同时促进了他们对英语学习内容的深入理解。在这一教学模式下，多媒体技术不仅是一种教学工具，更是连接教师和学生、促进学生主动学习的桥梁。这种教学模式能有效提升学生的英语语言能力，同时培养了他们的独立思考能力和协作能力。

（二）微课模式

在大学英语教学中，微课的应用带来了显著的优势。第一，随时随地学习，提高学习灵活性。微课打破了传统教学模式的时空限制，为学生提供了学习便利。在这种模式下，学生不再受制于固定的上课时间和地点，而是可以利用任何时间和地点，通过智能设备如手机、平板电脑等进行学习。这种方式特别适合忙碌或时间不规律的大学生，使他们能够更有效地安排自己的学习时间。此外,微课的应用也培养了学生的自主学习能力,学生可以根据自己的进度和理解能力来重复观看课程,从而更好地吸收和理解知识。第二,精准高效的学习内容,强化学习针对性。微课的另一个显著优势在于其内容的精准性和高效性。微课视频通常都非常简短,专注于特定的知识点或概念,这使得学习内容更加集中,针对性更强。这种精简的学习方式不仅节省了学生的学习时间,还有助于学生迅速掌握核心概念。与长时间的传统课程相比,微课通过短小精悍的内容传递,更容易被学生接受和记忆,提高了学习的效率和效果。此外,微课通常采用更加生动、直观的教学方法,如动画、图表等,这些视觉元素能更好地吸引学生的注意力,提高学习的趣味性和互动性。

微课可以在高等英语教学阶段的多个教学环节中进行应用。第一,微课在课前预习中的应用。微课作为一种创新的教学模式,在大学英语教学中尤其适合用于课前预习。通过微课,教师可以提前向学生展示即将学习的课程内容,如关键词汇、语法点和文化背景,从而激发学生对即将学习内容的兴趣和好奇心。这样,学生可以在课堂上更加专注于探究学习的深层次问题,而不是基础性知识的获取。微课短小精悍的特性使得学生可以在碎片化的时间内完成预习,提高了预习的效率。此外,微课的多媒体特性能够吸引学生的注意力,使得学习内容更加生动有趣,增强学生的学习动力。通过微课,学生可以自主选择学习的节奏和时间,使得学习过程更加灵活多变。课前预习的微课不仅仅是对即将学习内容的简单介绍,还应该包含对学生思考和讨论的引导,这样可以在课堂上形成更深入的讨论和交流,提升教学效果。第二,微课在课堂教学中的应用。在课堂教学中,微课可以作为教师教学的辅助工具,使得教学内容更加丰富和直观。在传统的教学模式中,教师往往占据课堂的主导地位,而学生的参与度相对较低。通过引入微课,教师可以将部分教学内容通过视频的形式呈现,既能节省课堂时间,又能使学生更直观地理解和吸收知识。微课中可以包含实际语言环境下的对话、文化背景介绍、语法点讲解等多种形式的内容,从而使课堂更加生动活泼。此外,微课的应用还可以使课堂教学更加灵活和具有互动性,教师可以根据学生的反馈及时调整教学策略,更好地满足学生的学习需求。微课的引入还促进了翻转课堂的实施,学生可以在课前通过观看微课完成基础知识的学习,而课堂时间则更多用于讨论、实践和深入探究,从而提升了学生的主动学习能力和课堂参与度。第三,微课在课后巩固中的应用。课后巩固是确保学生学习效果的关键环节,而微课在此阶段的应用可以显著提高学习的效率和效果。通过微课,教师可以为学生提供课后的复习材料,如重要知识点的总结、难点的再讲解,以及扩展阅读材料等。这些材料可以帮助学生对课堂上的学习内容进行深化理解和巩固。微课的形式多样,可以是动画、图表、案例分析等,这些丰富的形式能够满足不同学习风格学生的需求。此外,微课的应用还可以激发学生的自主学习动力,学生可以根据自己的需要选择相应的微课内容在课下进行反复学习,这种自主选择的过程本身就是一种重要的培养学习能力的方式。微课还可以作为学生进行自我评估的工具,学生通过完成微课中的练习和测试,可以对自己的学习效果进行评价和反思,从而实现自我提升。总之,微课的课后应用不仅仅是对课堂学习的补充,更是学生自主学习能力和批判性思维能力培养的重要途径。

在大学英语教学中,微课作为一种新型教学工具,具有显著的优势,但其正确有效的应用也需注意以下几个要点:第一,明确的目标与鲜明的主题。在设计微课时,应聚焦特定的学习目标,避免内容过于杂乱无章,确保主题清晰。微课应解决具体且有限的问题,避免尝试涵盖过多内容,以防变成简单的课堂教学缩影。微课要突出关键概念和知识点,确保学生能够从中获得清晰的学习指导和认知。第二,控制时间长度。微课的时间长度应控制在 1～5 分钟,以保持学生的注意力和学习效率。时间过长的微课可能会导致学生注意力分散,影响学习效果。教师在制作微课时,应聚焦核心内容,以精简的方式传达,同时保持信息的丰富性和深度。第三,结合教学实际,激发学生思考。微课应与教师的整体教学计划相结合,不仅作为教学内容的辅助,还应激发学生的自主学习和思考能力。教师在设计微课时,应基于教学目标和学生的学习需求,使用多种媒介和互动性任务,以提高学生的学习动力和参与度。微课应鼓励学生批判性思考和自主探索,而不仅仅是传递信息。

整体来看,微课在大学英语教学中的应用需要教师深思熟虑、精心设计。教师应深入理解微课的本质,将其作为传统教学模式的有效补充,而不是替代。精心设计的微课不仅能够提高教学效果，还能激发学生的学习兴趣，从而促进学生在英语学习中取得更好的成效。

（三）慕课教学模式

慕课在高等教育阶段的英语教学中的创新应用，可以从以下几个方面进行详细论述：

第一，整合慕课与传统课堂双轨并行的教学模式。在高等教育阶段的英语教学中，慕课与传统课堂的结合可以创造一个双轨并行的教学模式。慕课为学生提供了丰富多彩的学习资源，包括视频讲座、互动讨论和案例分析等，这些都能够帮助学生在学习英语时获得更全面的知识体验。在这种模式中，教师可以根据慕课内容设计课堂活动，比如团队讨论、角色扮演或是项目式学习等。这样的课堂活动不仅能够巩固慕课中的知识点，还能提高学生的交流能力和创新能力，培养其批判性思维。此外，慕课中的自我评估和测试也可以作为学生学习成果的补充评估方法。

第二，慕课可以作为创新阅读教学的辅助工具。利用慕课创新高等英语阅读教学，可以通过在慕课平台上提供丰富的阅读材料和互动活动来激发学生的学习兴趣。教师可以选用与课程主题相关的英文文章、视频和讲座，让学生在慕课平台上自学。通过在线讨论板块，学生可以针对阅读材料中的主题和观点进行讨论，从而培养他们的批判性思维，提高语言表达能力。教师还可以利用慕课平台提供的工具来跟踪学生的阅读进度和理解情况，根据学生的反馈和学习数据来调整教学策略。此外，慕课还可以提供多种互动练习和测试，帮助学生巩固阅读中学到的知识点。

第三，减轻学习压力，提供灵活的学习环境。慕课提供的灵活性和自主性对于高等英语学习尤为重要。通过慕课，学生可以根据自己的时间和进度来安排学习，这种学习方式可以有效减轻学生的学习压力，尤其是对于那些时间管理能力较差或者学习基础较弱的学生来说更是如此。慕课中的自学部分让学生有机会在没有外部压力的情况下学习，他们可以根据自己的理解能力和兴趣来选择学习内容和节奏。此外，慕课平台上的讨论区和论坛可以为学生提供一个安全的讨论环境，在这里，学生可以自由地表达自己的想法和问题，与其他学生和教师进行交流和讨论，这不仅有助于提高学习效率，还能增强学生的社交能力和团队合作能力。通过这些应用策略和途径，慕课在高等英语教学中的创新应用可以带来更有效的学习成果，同时提高学生的学习积极性和自主性，为高等英语教学提供了新的教学视角和方法。

二、信息化背景下高等教育阶段英语教学模式的实施路径

信息化背景下高等教育阶段英语教学模式的实施路径有以下几点（图4-4）：

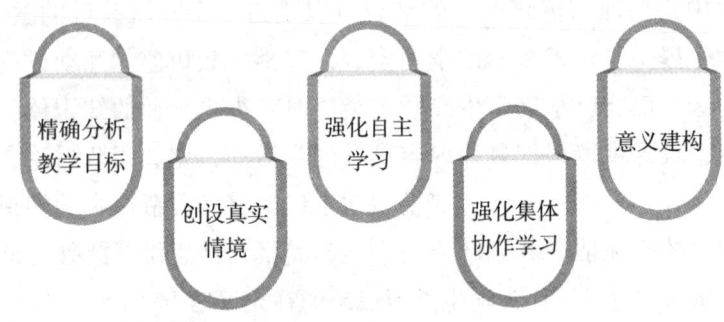

图4-4　信息化背景下英语教学模式的实施路径

（一）精确分析教学目标

在构建高等教育阶段的英语信息化教学模式时，对教学目标的精确分析至关重要。这一过程涉及对教学目的的深入理解、明确设定学习内容，以及制定实现这些目标的具体教学策略。英语作为一门实用语言课程，其教学目标不仅涉及语言技能的提升，如听、说、读、写、译等，还包括学生语言应用能力的全面发展。第一，教师在确定教学目标时应考虑到英语学习的综合性和阶段性。教学目标的设定应基于学生的当前水平，具有一定的挑战性，同时确保大多数学生能够通过努力达成这些目标。在此基础上，教师应设计出符合不同水平学生需求的层次化教学计划。例如，对于初学者，重点可能在于建立基础语法知识和日常会话能力；而对于中高级学习者，则可能注重提高他们的批判性思维和专业英语技能。第二，信息化教学应用的有效融合是实现教学目标提高教学效果的关键。利用在线平台和数字资源，教师可以为学生提供丰富的学习材料，如互动视频、模拟对话、在线测试等，以增强学生的学习动力和参与感。此外，信息化工具的使用还可以帮助教师进行实时的学习进度跟踪和个性化教学反馈，从而确保学生能够根据自己的节奏和兴趣进行学习。第三，教师在教学中应强调任务驱动和问题解决的方法。通过设计与现实情境相关的任务和项目，学生能够在解决问题的过程中实际运用所学英语知识，这不仅提高了他们的语言应用能力，还增强了他们的批判性思维和创新能力。例如，可以组织模拟国际会议，让学生准备并发表英语演讲；或者进行团队合作项目，如编辑英文报刊或进行跨文化研究。第四，教师在实施教学过程中应不断调整和优化教学策略，以适应学生的反馈和学习效果。通过不断的实践和反思，教师可以更好地理解学生的需求，有效地利用信息化工具，使教学内容和方法更加符合学生的个性化学习需求。

（二）创设真实情境

创设真实情境基于建构主义理论，它强调学习是在特定社会文化背景下发生的，学习者通过自身的经验去理解和吸收新知识。真实的学习情境可以使学习者更好地将新知识融入自己的认知结构中，通过同化和顺应过程达到知识意义的建构。在创设真实情境的过程中，教师应关注学习者的个体差异，包括他们的知觉、记忆、思维、动机、经验和情感等。教师的任务是帮助学习者找到学习内容与自身认知结构的连接点，并利用符合学习者认知心理的外部刺激，促进他们对新知识的吸收和理解。在当今技术发达的时代，教师可以利用各种信息技术手段来创设真实情境。例如，利用卫星网络、宽带互联网和多媒体平台，教师可以提供实时模拟、双向答疑、视频及音频教学，以及在线讨论等多样化的学习途径。这些技术手段不仅能够激发学习者的各种感官体验，还能够调动他们的先前经验，帮助他们更深入地探索和解决问题。此外，通过这种多样化的教学方式，学生可以从不同的角度理解和掌握知识，从而实现知识的有效迁移。例如，在学习英语时，学生可以通过多媒体教学材料，如影视片段、实时对话模拟、互动游戏等，来提高其语言能力，并且能够自主选择学习路径，使学习过程既富有挑战性又符合个人兴趣和需求。可以看到，在信息化教育背景下，创设真实情境能有效提升学生的语言技能，促进其个性化和自主式学习的发展。这种方法不仅提高了教学的灵活性和互动性，还有助于学生在个性化教育和实践中提升语言水平。

信息化赋能：英语教学模式及教学优化策略探索

（三）强化自主学习

在信息化背景下构建高等教育阶段英语教学模式的又一关键路径是促进和强化学生的自主学习能力。当前的英语学习理论强调学习者在整个学习过程中的主导地位。在这一理念下，学习被视为一个积极的、寻求意义的创造性过程，而不仅仅是被动的记忆和重复。学习者应根据自己的学习水平和能力，独立设定学习的起点、目标、内容和方法，并自行确定评估标准，以此来扩展学习的自由度，并满足个体化的学习需求。在自主学习的模式中，学习者从传统的学习客体转变为主体，借助多媒体和网络教学系统提供的灵活学习环境，随时随地进行学习活动。这种模式下，学习者可以自由下载或获取所需的学习材料，并实时或非实时地与资源提供者进行交流，确保遇到问题时能得到及时的解答和讨论。例如，学生可以根据自己的需要专注于词汇用法、篇章结构、背景知识或者专门训练听力和发音等方面。这种自主学习方式有效突破了传统课堂教学时间的限制，适合于不同水平和学习需求的学习者，同时体现了个性化教学的原则。这种教学模式在激发学生的学习兴趣和主动性方面尤为有效，有助于提高他们的英语语言实践能力和综合素质。

（四）强化集体协作学习

在构建高等阶段的英语信息化教学模式过程中，协作学习是一个关键的路径，它强调通过团队合作和共享来提高学习的效果和深度。由于知识本身的复杂性以及解决实际问题的挑战性，个体学习者基于自身经验构建的理解存在局限性。通过集体协作，学习者可以分享和协调各自的理解，从而使得知识理解更加全面和准确。协作学习在整个学习过程中扮演着重要角色，对话和讨论是协作过程中不可或缺的部分。学习者在情境中交流和合作，通过协商各自的见解来共同构建和分享新知识。在信息化学习环境中，学习者可以通过面对面的实时在线交流或通过多媒体网络进行文字交流来实现协作学习。这种交流方式使得每个学习者的思维和智慧得以在整个学习群体中共享，从而共同完成对知识意义的构建。网络环境为学习者提供了灵活多样的学习方式，包括访问在线资源、利用文献检索选择学习内容等。在教师和学习者的协作中，学习者不仅能够获得教师的指导和支持，还可以为教师提供宝贵的反馈。协作学习既可以在有组织的情况下进行，也可以通过网络论坛等方式进行面对面或异步交流。这种学习方式特别适合于解决复杂问题，因为学习者可以在讨论和分析同一问题的不同观点的过程中提高自己的认识水平，加深对知识的理解。通过整理和分析不同观点，学习者还可以提高自身知识意义建构的能力。整体来看，协作学习是高等教育阶段英语教学模式的重要组成部分，通过集体智慧的力量，促进了学习者对语言知识的深入理解和应用，提升了学习效率和质量。

（五）意义建构

意义建构在信息化背景下的高等教育阶段英语教学中占有核心地位。它不仅是指对知识或学习主题的深层次理解，还涉及对事物的本质、规律和内在联系的全面把握。这个过程要求学习者将通过多种途径获得的信息综合起来，形成自己的学习成果，并通过多种形式如文字材料、视听媒体、多媒体课件等表达出来。学习者的这种自主探索和实践体验，有助于他们在真实的问题情境中完成知识的意义建构。意义建构的过程不仅限于学习者个人的内省和总结，还包括学习小组对个体学习的评价及教师的点评，这有助于学习者在一个完整且真实的问题情境中产生学习需求。通过协作学习和主动探索，学习者能够更好地理解和应用知识，从而适应真实生活，提高独立解决问题的能力。这种方法对学习者的综合素质提升有显著的促进作用。科技的快速发展为建构主义学习理论的实践提供了技术支撑，优化了英语教学资源和环境，从而提高了学习效率和教学效果。信息化教学代表了先进的教学理念和手段，它在强调以学习者为中心的同时，重视教师的引导作用。在这一过程中，重视情境和协作学习环境的设计，利用各种资源支持学习者的自主学习，是实现教学目标的关键。可以看到，意义建构是高等教育阶段英语教学模式中不可或缺的一部分，它使学习过程更加个性化和情境化，促使学生能够在真实的语境中掌握和运用英语，从而达到有效学习的目的。通过这种模式，学习者不仅学习知识，更学会如何学习，这对于培养其终身学习的能力具有重要意义。

第五章 信息化赋能英语基础知识教学优化

第一节 信息化赋能英语词汇教学优化

英语的综合语言知识涵盖了两个关键领域：基础知识和基本技能。在这两者中，词汇和语法是基础知识教育的核心，不仅是其重要的组成部分，也是学习中最为复杂和难以掌握的方面之一。词汇是表达思想的基石，而语法则是表达方式的框架。如果对词汇和语法的掌握不够熟练，学生的语言能力提升将受到影响。因此，在英语学习过程中，词汇和语法教学仍然占据着重要位置。然而，由于多种因素的影响，英语的词汇和语法教学面临着许多挑战，这些问题不仅阻碍了词汇和语法教学的发展，还影响教学质量和学生的英语水平。在信息化时代背景下，英语的词汇和语法教学需要进行不断的改革，以提高教学的有效性。

一、信息技术应用于英语词汇教学优化的原则

在信息化背景下，利用信息技术对英语词汇教学进行优化的过程中，需要遵循以下原则（图5-1）：

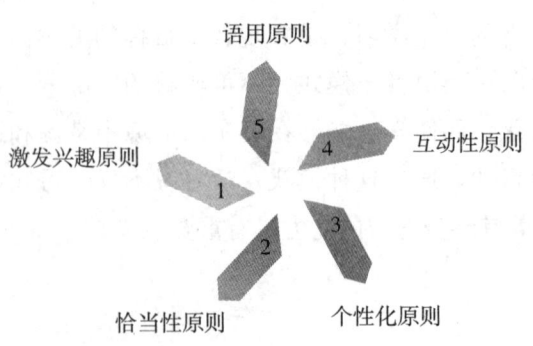

图5-1 信息技术应用于英语词汇教学优化的原则

（一）激发兴趣原则

兴趣是学习的重要驱动力。在英语词汇教学中，如果学生对词汇学习感兴趣，他们会更加主动地参与学习过程，不断寻找机会提高自己的词汇水平。这种内在的动力可以促使学生在学习中取得更好的成绩。相反，如果学生对词汇学习失去兴趣，他们的学习动力将大大降低，进而影响学习效果。在信息化背景下，教师可以采取多种方法来激发和保持学生对英语词汇学习的兴趣。首先，教师可以利用数字媒体和网络资源使课堂更加生动有趣。例如，通过使用互动软件、在线游戏、虚拟现实技术等，创造一个沉浸式的学习环境，使学生在享受娱乐的同时学习新词汇。其次，教师可以通过设计富有创意的学习活动来提高学生的参与度。例如，组织词汇竞赛、角色扮演、故事创作等活动，不仅能够激发学生的学习兴趣，还能帮助他们更好地理解和记忆词汇。最后，利用社交媒体和在线论坛等平台，教师可以鼓励学生分享他们对词汇的见解和学习心得，从而在学生之间建立起互动和合作的学习氛围。这种社交化学习方式不仅能够增加学习的趣味性，还能促进学生之间的知识交流和经验分享。

整体来看，在信息化时代，教师应有意识地培养学生对英语词汇学习的兴趣，并通过多样化的教学活动和现代技术手段来激发学生的好奇心和积极性。这样，学生不仅能够更有效地学习英语词汇，还能在愉悦的氛围中不断提升自己的语言能力。

（二）恰当性原则

在信息化时代，英语词汇教学应遵循恰当性原则，即在众多的信息化技术和资源中选择最合适的方式进行教学。这一原则的核心在于匹配教学资源和工具与学习目标、学生需求以及教学内容。第一，恰当性原则要求教师根据学生的具体情况和学习水平选择适宜的教学工具和材料。在信息化技术日新月异的今天，从在线课程、互动软件到移动学习应用，教师可以利用各种工具来丰富教学内容。例如，对于初学者，使用图像丰富、操作简单的学习应用可能更为合适，而对于高级学习者，则可以选择包含复杂文本和多元文化内容的高级工具。第二，恰当性原则强调选择与教学内容相适应的技术和资源。例如，若教学重点是日常生活中的常用词汇，教

信息化赋能：英语教学模式及教学优化策略探索

师可以使用模拟真实生活场景的虚拟现实技术或视频材料来提高教学的现实性和趣味性；若教学重点是学术词汇或专业术语，则可以选择更为专业的在线词典和学术数据库作为教学工具。第三，信息化技术的使用还应考虑到学生的学习习惯和偏好。在数字时代，大多数学生习惯于通过互联网获取信息和知识。因此，教师可以利用这一特点，选择学生喜欢和熟悉的平台进行教学，如社交媒体、博客和在线论坛等，以增加学生的参与度和兴趣。第四，信息化教学资源的选择还应考虑到教学效果的评估。现代技术通常具有数据分析和反馈功能，教师可以通过这些功能监测学生的学习进度和效果，并据此调整教学策略。例如，一些学习管理系统能够提供学生学习活动的详细数据，帮助教师了解哪些内容对学生来说是容易的，哪些是困难的，从而做出相应的调整。

整体来看，恰当性原则在信息化时代的英语词汇教学中起着关键作用。通过合理选择和使用各种信息化技术和资源，教师可以为学生提供更加个性化、有效和有趣的学习体验，从而提高学生的学习动力，增强词汇学习效果。

（三）个性化原则

在信息化时代背景下实施英语词汇的个性化教学，意味着教师需要根据每个学生的独特需求和能力，设计和调整教学策略。这种教学方法不仅关注于学生词汇量的增长，更重视如何使每个学生在其自身的基础上取得最大的进步。第一，个性化教学的核心在于了解每位学生的具体情况。其中包括他们的学习水平、兴趣点、学习风格以及以往的学习经历。例如，一些学生可能对科技类词汇感兴趣，而其他学生则可能对文化或历史类词汇更感兴趣。理解这些差异后，教师可以针对不同学生的兴趣提供相关的词汇资源，如科技新闻的词汇列表或历史故事中的关键词汇，从而提高学生的学习动力。第二，信息化技术在个性化教学中扮演了重要角色。通过利用在线教育平台，教师可以提供定制化的学习体验。这些平台通常具备跟踪学生学习进度的功能，使教师能够根据学生的学习情况调整教学计划。例如，如果某个学生在记忆某类词汇方面表现出困难，系统可以推荐更多练习这类词汇的活动。第三，个性化教学还意味着采用多样的教学方法来适应不同学生的学习风格。对于视觉型学习者，教师可以使用图表、图片和视频来教授新词汇。而对于听觉型学习者,则可以多使用听力练习和口头讲解。此外,通过实际情景模拟和角色扮演等互动活动,学生不仅能够在实际语境中使用新学的词汇,还能够提高学习的趣味性和实用性。第四,个性化教学还应包括对学生学习成果的持续评估和反馈。这不仅能帮助学生认识到自己的进步和不足,还能使教师及时调整教学策略。例如,教师可以定期进行小测试或提供在线自我评估工具,使学生可以及时了解自己的学习状况。

综上所述,个性化教学在信息化时代的英语词汇教学中是一种重要的教学策略。通过深入了解学生的个性化需求,利用信息化技术提供定制化的学习资源,采用多样化的教学方法,并进行持续的评估和反馈,教师可以有效地提高每位学生的学习效率和兴趣,使词汇学习成果最大化。

(四) 互动性原则

互动性原则在信息化技术背景下的英语词汇教学中占有核心地位。这一原则强调通过增加师生、生生之间以及学生与教学内容之间的互动,以提高学习的效率和质量。在信息化时代,这种互动不仅限于传统的面对面交流,还包括通过各种数字工具和平台进行的交互。在信息化环境中,师生互动可以通过多种线上平台实现,如视频会议、在线论坛和即时消息。例如,教师可以通过在线课堂实时解答学生关于词汇学习的疑问,或在课后通过电子邮件或学习管理系统提供反馈和指导。这种及时和便捷的交流方式能显著提高教师对学生学习进程的了解。学生之间的互动同样重要。信息化技术提供了促进生生互动的平台和工具,如在线小组讨论、协作学习软件和社交媒体。通过这些工具,学生可以相互讨论词汇的用法,分享学习经验,甚至可以共同完成词汇学习的项目。例如,学生可以在网络论坛上就某个词汇的不同用法展开讨论,或通过协作工具共同编写包含特定词汇的故事。互动性原则还包括学生与教学内容的深入互动。信息化技术,特别是多媒体和互动软件,能够使词汇学习变得更加生动和实际。例如,虚拟现实技术可以让学生在模拟的真实场景中使用特定的词汇,增强学习体验和记忆。互动式词汇游戏和模拟测试则可以提供即时反馈,帮助学生更好地掌握词汇的使用。教师可以结合各种信息化工具和资源来增强词汇教学的互动性。例如,使用在线词汇练习平台,学生可以接受个性化的练

信息化赋能：英语教学模式及教学优化策略探索

习和测试。教师可以利用这些平台的数据分析功能来监控学生的进步，从而提供更有针对性的指导。此外，教师也可以利用视频和音频材料来提供丰富的语境，帮助学生更好地理解和记忆词汇。

（五）语用原则

在信息化时代背景下的英语词汇教学中，语用原则强调将词汇教学与实际语言使用场景相结合，以提高学生的交际能力和词汇应用效率。首先，语用原则要求教师在词汇教学中创造各种接近真实交际的环境。这意味着学生不仅要学习词汇本身，还要学会如何在具体的交际场景中使用这些词汇。例如，教师可以设计模拟情景，如在餐厅点餐、在机场办理登机手续等，让学生在这些情景中使用相关的词汇。这种教学方式有助于学生理解词汇在实际语境中的运用方式。在信息化时代，教师可以利用各种数字工具和资源来保障语用原则的实施。例如，通过使用在线模拟交际平台或虚拟现实技术，学生可以在模拟的真实场景中进行交际练习。此外，教师还可以利用在线视频、播客、社交媒体等工具，提供丰富的真实语言材料，让学生在更广泛的语境中练习词汇。其次，语用原则还强调将词汇学习与听、说、读、写技能的练习相结合。这意味着词汇教学不仅限于单纯的记忆和拼写，还包括将词汇应用于实际的语言生产和理解中。例如，教师可以设计听力练习，让学生在听到的对话或故事中识别和理解新词汇；或者安排写作任务，要求学生在作文中运用所学词汇。最后，语用原则还要求将词汇教学与学生的个性特点和具体教学需求相结合。教师可以根据学生的兴趣和背景知识选择合适的语境和材料。例如，对于对科技感兴趣的学生，教师可以设计与科技相关的交际场景；对于喜欢旅游的学生，则可选择与旅游相关的情景进行词汇教学。

二、信息化赋能英语词汇教学优化的途径

（一）利用信息技术丰富词汇资源获取渠道

在信息化时代，教师需要充分利用现代化的教学工具和手段，灵活地采用多样的方法来开展教学，从而推动英语词汇教学的改革与发展。第一，可以利用网络资源扩大词汇输入，在信息化的教育环境中，教师应引导学

生利用丰富的在线资源进行词汇学习，使学生能够利用这些信息进行自主交流。网络上有众多网站提供词汇学习和练习的机会，包括词汇测试、阅读理解等，这些都是扩充学生词汇量的有效途径。例如，依据"语义场"理论，学生可以通过拓展自己的语义网络来增加词汇量。使用网站上的互动练习、模拟测试和阅读理解材料，学生不仅可以学习新词汇，还能对已学词汇进行复习和巩固。第二，音视频资料的应用。基于多模态理论的认识论框架，在信息传递和沟通中，语言文字是重要的模态，视觉图像、音频、手势、空间布局等非语言元素也是关键的表意系统。多种模态共同工作，能以更丰富、更有效的方式进行意义的构建和交流，从而加深印象。在英语词汇教学中，多模态理论的应用意味着不仅依赖于传统的文字和口头讲解，还包括使用图片、视频、音频、互动游戏、实物展示等多种手段来教授和学习词汇。这种方法可以增强学生对词汇的理解，因为它提供了更多的上下文信息，激发了学生的多个感官，使学习体验更为全面和深刻。例如，教授单词"ocean"时，除了解释其意义外，教师可以展示海洋的图片和视频，播放海浪的声音，甚至组织相关的游戏或活动，让学生在多种感官体验中学习和记忆新词汇。这种多模态教学方法使词汇学习更加生动有趣，帮助学生建立更深层次的认知联系，从而提高学习效果。信息化的教学环境为多模态词汇教学提供了便捷的途径，众多学习资料配备了音频文件，学生可以下载这些文件来加强对词汇的理解和记忆。通过聆听不同场景下的对话和讲解，学生可以更好地理解词汇的用法和语境，这有助于他们更深入地掌握词汇知识。第三，在线字典与搜索引擎的使用。在线字典和搜索引擎是解决学习中遇到的生词和文化障碍的有效工具。学生可以利用这些工具查询生词的含义、用法、同义词等信息，从而丰富词汇库。除了扩大词汇的输入来源，还要关注词汇知识的掌握程度。教师应密切关注学生对词汇知识的理解程度，观察他们是否能够将所学词汇与具体事物、概念联系起来，并掌握词语的语义网络，如上下义关系、语体风格和感情色彩等。教师可以采用图表和公式进行教学。在教学同义词或词语的不同用法时，教师可以采用图表和公式等形式来展示相关词语的差异和应用。例如，在教授"abolish""cancel"和"repeal"这三个词时，可以通过图表清晰地展示这些词的用法和语境差异，如"abolish"通常用于正式场合，

信息化赋能：英语教学模式及教学优化策略探索

表示彻底废除某种制度或习俗；"cancel"用法较广，多用于取消债务、合同、计划等；而"repeal"通常用于书面语，指撤销立法。第四，结合文本和声音素材。通过提供大量的例句和实际语境，教师可以帮助学生更好地理解和记忆词汇。这些例句可以通过文本形式提供，也可以通过声音文件播放，使学生在不同的感官体验中学习词汇。整体来看，教师应灵活运用多种教学手段，如网络资源、音频资料、图表、例句等，以丰富学生的词汇学习经验和词汇资源获取渠道。通过这种方法，学生不仅能扩大词汇量，还能深入理解词汇的用法和语境，从而有效提升他们的语言运用能力。在信息化时代，这种多元化的教学方式对于提高大学英语词汇教学的效果至关重要。

（二）利用信息技术创设词汇学习情景

在信息化时代的背景下，英语词汇教学应更加注重情景创设，以提高学生对词汇的理解和运用能力。情景教学不仅促进学生的交际能力，还能增强他们对语境中词汇使用的理解。第一，课堂情景创设。在课堂教学中，利用多媒体技术和教学辅助材料创设情景是非常有效的教学方法。例如，教师可以利用图片、视频、实物和教具等，为学生创设一个真实的语言学习环境。如在教授天气变化相关词汇时，教师可以通过多媒体设备展示与天气变化相关的图片和视频，配合相应的音效，让学生在视觉和听觉上都能感受到不同天气的特点。这样的教学方式不仅使词汇学习更加生动有趣，还能加深学生对词汇的印象，帮助他们更好地理解和记忆。此外，教师还可以通过虚拟现实技术或增强现实技术，创造更加沉浸式的学习体验，进一步提高学生的学习效率和兴趣。第二，生活情景模拟。在词汇教学中，将词汇与学生的日常生活相结合，通过创设生活情景来教学，能够更好地帮助学生理解和应用所学词汇。教师可以根据学生的生活经验，模拟商店、餐馆、旅游景点等真实场景，让学生在这些场景中运用所学词汇。例如，在模拟水果店的情景中，学生可以学习各种水果的英文名称，并通过角色扮演的方式进行交流，如问价格、讨论口味等。这种教学方法不仅使词汇学习更加具体和实际，还能激发学生的学习兴趣，增强他们将词汇应用到实际生活中的能力。第三，表演情景应用。为了让学生更深入地理解和应用所学词汇，教师可以通过创设表演情景来促进学生的学习。表演情景可以包括角色扮演、情景对话、歌曲表演、小剧场表演等。这些活动不仅有助于巩固学生所学词汇，还能提高他们的语言表达能力和创造性思维。在表演情景中，学生可以将所学词汇运用于具体的对话或剧情中，这样的实践可以帮助他们更好地理解词汇的含义和用法。例如，通过话剧表演，学生可以在特定的情境中运用词汇，如在餐馆就餐、在机场办理登机手续等场景中。这种互动性和参与性强的学习方式，不仅增强了学生的学习动力，还有助于提升他们的语言实际运用能力。整体来看，信息化时代为英语词汇教学提供了更多创新和多元化的教学途径。通过情景创设策略，教师可以有效地提升词汇教学的效果，帮助学生在真实的语境中学习和运用英语词汇，从而提高他们的语言交际能力。

（三）信息技术赋能词汇的跨文化教学

在信息化时代下，融入文化内容的英语词汇教学对提升学生的跨文化交际能力和词汇掌握效率至关重要。结合文化背景进行词汇教学不仅可以丰富学生的文化知识，还可以加深他们对词汇的理解和记忆，具体有以下几种方法：第一，直接法。直接法是词汇教学中常用的一种方法，特别是在引入文化背景知识和文化内涵词方面。这种方法直接将文化元素融入词汇教学中，帮助学生更深入地理解和记忆词汇。以下是直接法在英语词汇教学中的应用示例，例如，在高等教育阶段讲解关于"文学与艺术"主题的课文时，教师可以先向学生介绍英国文艺复兴时期的背景，然后引入与之相关的单词，如"Bard"（指莎士比亚）、"sonnet"（十四行诗）等。通过介绍莎士比亚的作品和他在英国文学领域的地位，学生可以更好地理解这些词汇的文化内涵和历史背景。为了使学生更直观、深刻地了解和记忆这些词汇的文化含义，教师可以利用多媒体工具，如视频、图片和音频材料。例如，通过展示莎士比亚剧院的图片或播放他的作品选段，学生可以更加生动地感受到那个时代的艺术氛围。这样的多媒体展示不仅能够增强学生对课文的兴趣，还能帮助他们更深入地理解词汇和文化背景之间的联系。此外，直接法还可以用于讲解与特定地理位置或国家相关的词汇。例如，在教授与美国独立战争相关的课文时，教师可以介绍"Minutemen"（民兵）或"Boston Tea Party"（波士顿倾茶事件）等词语。通过介绍这些事件的历史背景和它们在美国历史中的重要性，学生能够更全面地理解这些词汇的意义和文化价值。在信息化时代，这种直接法的应用可以通过网络资源和多媒体技术得到更好的实现。教师可以利用在线资源，如教育网站、历史频道或文化博客，来获取丰富的教学材料。这些资源不仅能够提供更加丰富多彩的文化背景信息，还能帮助学生在课堂之外继续探索和学习。整体来看，直接法在英语词汇教学中的应用，特别是结合文化背景的教学，对于增强学生对词汇的理解和记忆非常有效。通过结合多媒体手段和丰富的网络资源，这种方法能够更好地适应信息化时代的教学需求，使学生在学习英语词汇的同时，也能够深入了解相关的文化背景。第二，文化对比法。文化对比法在英语词汇教学中扮演着重要角色，特别是在强调英汉文化差异的词汇教学中。通过对比不同文化背景下的同一词汇，学生能够更深入地理解词汇的文化内涵及其在不同文化中的不同表达方式。以下是文化对比法在词汇教学中的应用示例，例如，当教授"eagle"（鹰）这个词时，教师可以通过文化对比的方式让学生理解这一词语。在美国文化中，鹰是力量、勇气和自由的象征，被选为国徽的一部分；而在中国文化中，鹰象征着敏捷和犀利，常在文学中用来比喻有胆识和雄才大略的人物。尤其对于文化差异比较大的词，学生不仅可以学习到词汇的基本意义，还能理解不同文化背景下的象征意义。例如，在教授"dragon"（龙）这个词时，教师可以比较中英文化中对龙的不同看法。在中文文化中，龙是吉祥和力量的象征，而在西方文化中，龙通常被视为危险和邪恶的生物。通过这种文化对比，学生不仅能更深入地理解词汇，还能增强对词汇的记忆，使词汇学习更具吸引力。文化对比法不仅限于象征性的词汇，也可以应用于日常生活中的常用词。例如，基础教育阶段教授"home"和"house"时，可以比较西方对家的理解，作为个人空间和私人生活的中心，与东方文化中强调家族、血缘和集体价值观的区别。这种对比不仅能增强学生对词汇的记忆，还能帮助他们理解跨文化交流中的差异和敏感性。整体来看，文化对比法在词汇教学中的应用能够有效地提升学生对词汇文化内涵的理解。通过比较英汉文化中词汇的不同用法和象征意义，教师不仅能够使词汇教学更加生动有趣，还能帮助学生在丰富文化知识的同时，更牢固地掌握词汇。这种教学方法特别适合信息化时代，可以借助网络资源和多媒体工具来提供更丰富的教学内容和更广泛的文化视角。

（四）信息化赋能日常教学监督和多向互动

信息化时代提供了多种交流平台与方式，如电子邮件、社交媒体、在线论坛等，在很大程度上丰富了教学交互的形式和内容。教师可以利用这些平台与学生进行实时沟通和互动，帮助他们解决学习中遇到的问题，并及时收集学生的反馈。这种双向互动既有助于教师调整教学策略，又能增强学生的学习动力。学生之间可以通过这些平台进行交流和讨论，共同探索词汇学习的有效方法，营造积极的学习氛围。教师可以通过网络资源向学生提供丰富的学习材料（如视频、音频、互动游戏等），发布学习任务，加强学习监督和交流，以加深学生对词汇的理解。此外，当前学生群体熟悉网络技术，善于使用智能移动设备，并且追求个性化学习，教师可以尝试采用更加灵活和多样化的教学方式。在明确课堂重点词汇后，教师可以鼓励学生根据自己的学习习惯和兴趣，选择或设计个性化的学习任务。例如，学生可以通过创建视频、博客文章或音频内容来展示他们对词汇的理解和应用。这种方法不仅有助于培养学生的创造力和自主学习能力，还使词汇学习更加贴近学生的生活和兴趣。随着智能手机和平板电脑等移动设备的普及，移动学习应用成为词汇学习的重要工具。这些应用程序提供了灵活的学习时间和地点，使学生能够在任何时间地点进行学习。许多应用还具备个性化学习路径、智能复习提醒等功能，能够根据学生的学习进度和遗忘曲线提供定制化的学习计划。教师可以指导学生合理利用这些应用，制订个性化的学习计划，从而提高学习效率。此外，教师可以在课堂上结合这些应用进行教学，如通过应用程序进行词汇测试、小组竞赛等活动，增加课堂的互动性和趣味性。结合课堂教学和移动学习是信息化时代词汇教学的有效策略，教师可以在课堂上讲解重点单词，然后利用移动学习应用进行复习和巩固。这种结合方式不仅使学生能够在轻松的环境中学习，还能更有效地将学习融入日常生活中。例如，教师可以引导学生使用移动学习应用进行词汇游戏、挑战和测试，让词汇学习变得更加生动和具有互动性。

整体来看，信息化赋能下的英语词汇教学要求教师利用现代信息技术和网络资源，采用多样化、互动性强、个性化的教学方法。这些方法能够有效激发学生的学习兴趣,提高学习效率,使词汇学习变得更加丰富、生动和有效,为学生的语言学习提供坚实的基础。

第二节 信息化赋能英语语法教学优化

一、信息技术应用于英语语法教学优化的原则

将信息技术应用于英语语法教学优化的过程中,应遵循以下几项原则(图 5-2):

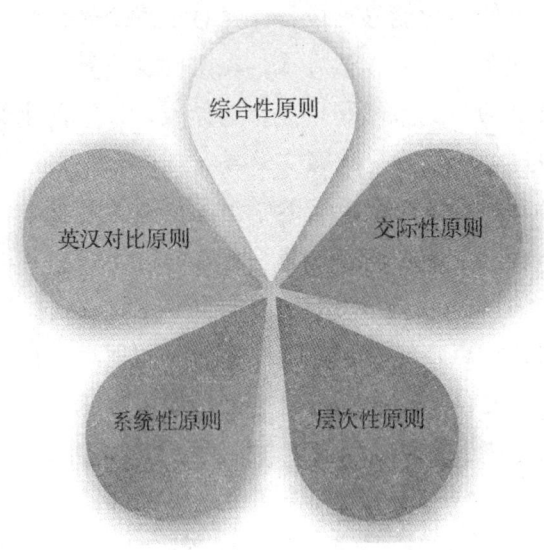

图 5-2 信息技术应用于英语语法教学优化的原则

(一)英汉对比原则

在信息化背景下的英语教学中,英汉对比原则是一项重要的教学原则。考虑到中国学生的母语背景,英语教学应重视英汉两种语言在语法结构、语义表达等方面的差异,并利用这些差异来优化英语语法的教学和学习。第一,英汉对比原则强调了对英汉语言结构差异的认识和理解。由于英汉两种语言在句子结构、语法规则和语义表达方式上存在本质的差异,这些差异在语法教学中尤为显著。例如,英语中的句子结构通常更加严谨

和固定，而汉语则更加灵活和依赖于语境。教师在教学中应突出这些差异，帮助学生理解英语语法的特点，从而使学生更好地掌握和运用。第二，英汉对比原则还强调利用母语汉语对英语学习的正迁移作用。在一些情况下，汉语和英语在语法上存在相似之处，教师可以利用这些相似性来帮助学生更好地理解英语语法。同时，通过指出两种语言在语法上的不同之处，教师可以帮助学生避免将汉语的语法习惯应用到英语中。第三，英汉对比原则还要求教师培养学生对英汉语法差异的敏感性。通过对比分析，学生不仅可以更深入地理解英语语法的特点，还可以提高自己对语言差异的认识和适应能力。例如，教师可以通过比较英汉两种语言中的句子结构和语法形式，让学生了解如何正确地构建英语句子，从而避免直接将汉语句式翻译成英语。整体来看，英汉对比原则在信息化背景下的英语语法教学中具有重要意义。通过有效地利用英汉两种语言的差异，教师不仅可以提高学生的语法学习效率，还可以帮助他们更好地理解和掌握英语语法知识，为提升语言运用能力打下坚实的基础。

（二）系统性原则

在信息化背景下的英语语法教学中，系统性原则扮演着关键角色。这一原则强调，为了有效地掌握语法知识，教学内容需要呈现出清晰的结构和逻辑，使学生能够理解语法规则之间的内在联系，并在此基础上构建完整的语法体系。当前英语语法教学中普遍存在的问题之一是缺乏系统性，教学内容相对零散、缺乏组织，导致学生对相似概念的理解模糊，无法形成清晰的知识体系。如果学生不能系统地掌握语法知识，他们则很难对语法规则进行有效的记忆和应用，更无法灵活地使用这些规则进行实际的语言运用。系统性原则要求教师在教学设计中注意知识的逻辑结构和层次安排。这意味着教师需要规划好语法知识的教学顺序，使之形成一个有机的整体。例如，教师可以先从基础的语法概念开始教学，逐步过渡到更复杂的语法结构，确保学生能够在扎实的基础上逐步提升。此外，系统性原则还强调对新旧知识之间关系的重视。在教学过程中，教师应当适时归纳和总结已学的知识，帮助学生在新旧知识之间建立联系。通过这种方式，学生可以在已有知识的基础上更好地理解和吸收新知识，从而形成完整的语法知识体系。在信息化时代，教师可以利用多种数字工具和资源来加强语法教学的系统性。通过在线学习平台和教学软件,教师可以提供结构化的教学内容和互动练习,帮助学生更好地理解和掌握语法知识。同时,这些工具也为教师提供了有效的手段来监测学生的学习进度,确保教学内容的系统性和连贯性。

综上所述,系统性原则在英语语法教学中至关重要。通过有组织、有层次的教学设计,教师可以帮助学生构建完整的语法知识。这一原则基于语言的根本功能——交际,强调语法知识的学习和语法能力的提高应服务于有效的交际。

(三)层次性原则

层次性原则在英语语法教学中发挥着至关重要的作用。这一原则基于认识论的基本规律,即对事物的认识和理解是一个逐步深化的过程。对于学生而言,语法知识的学习也遵循这一规律,需要通过多个阶段的学习、巩固和完善才能真正掌握。第一,循序渐进、有层次的教学方法强调按照由浅入深、由易到难的顺序来组织语法教学内容。这意味着教师在设计课程和教学活动时,应该考虑学生当前的语法水平,并根据这一水平逐步引入新的语法概念和规则。例如,教师可以先从最基本的语法结构开始,如时态、语态等,然后逐渐过渡到更复杂的语法现象,如从句、虚拟语气等。第二,层次性原则还要求教师在教学过程中不断循环往复,但这种循环并非简单重复,而是需要根据学生的学习进度和理解程度进行适当的调整和变化。这种教学策略有助于巩固学生对语法知识的理解和记忆,也使他们将新知识与已有知识联系起来。第三,层次性原则还强调在语法教学中注意主次分明、由一般到特殊的原则。这意味着教师应当首先教授最基本、最普遍的语法规则,然后再逐渐引入更具体、更复杂的变体。这样的教学方法有助于学生先建立起对语法基础知识的整体理解,然后再逐步深入更具挑战性的内容。

可以看到,层次性原则在英语语法教学中至关重要。通过遵循这一原则,教师可以更有效地组织教学内容,使学生能够在逐步深化的学习过程中稳固和拓展他们的语法知识。这种教学方式不仅有助于提高学生的语法学习效率,还能使他们更好地理解和应用语法知识,为他们语言能力的全面发展打下坚实的基础。

（四）交际性原则

传统的语法教学，常常过分强调规则的记忆和概念的理解，而忽视了语法在实际交际中的应用。单纯阅读语法书籍并不能完全掌握语法概念，真正的理解需要在实践中不断应用所学知识。第一，语法教学应超越单纯的知识传授，转向语法的实际应用。这意味着教学内容不应局限于语法规则的讲解和练习，还应包括将这些规则应用于实际语言使用的场景。这种方法能够帮助学生更好地理解语法规则的实际意义和应用方式，提升他们的语言运用能力。第二，教师在语法教学中应注重培养学生的交际能力。这包括教授学生如何在不同的交际场景中恰当地使用语法知识，如何根据语境选择合适的语法结构，以及如何理解和运用语法知识进行有效的沟通。例如，教师可以通过模拟对话、角色扮演和团队讨论等活动，让学生在具体的交际情境中练习和应用语法规则。第三，交际性原则还要求教师将语法教学与语言的实际使用紧密结合。这意味着教师应提供真实的语言材料和实际的交际任务，使学生能够在实际语言环境中学习和应用语法知识。例如，教师可以使用真实的英语对话、新闻报道或文学作品作为教学材料，让学生分析和模仿其中的语法结构。

综上所述，交际性原则要求英语语法教学不仅要关注语法知识的传授，更要重视语法知识在实际交际中的应用。通过这种教学方法，学生不仅能够更好地理解和掌握语法规则，还能提升他们的语言交际能力。这种以交际为导向的教学模式能够使语法学习更加贴近实际，更有助于学生语言能力的全面发展。

（五）综合性原则

综合性原则强调在教学过程中应避免单一化，而应实现教学方法、内容和技能的全面整合。这意味着教师需要在语法教学中融合多种教学方法和技巧，将语法知识与实际的语言使用活动相结合，从而有效提升学生的语法能力和综合语言运用能力。第一，归纳法与演绎法在语法教学中各有优势，应当被有机地结合使用。归纳法侧重于从具体语言事实出发，引导学生自行发现语法规则，这有助于培养学生的观察和分析能力；演绎法则从已有的语法规则出发，让学生通过具体例子理解和应用这些规则，有助

信息化赋能：英语教学模式及教学优化策略探索

于加深学生对语法知识的理解。在实际教学中，教师应根据教学内容和学生的具体情况灵活运用这两种方法，以归纳法为主，演绎法为辅，以达到最佳的教学效果。第二，语言学习是隐性教学和显性教学的综合过程，语法教学也应遵循这一学习规律。隐性教学侧重于在真实语境中的语言实践，让学生在不自觉中吸收语法知识；显性教学则更强调语法规则的直接讲授和学习。在语法教学中，教师应结合这两种教学方式，通过隐性教学培养学生的语言使用能力，同时通过显性教学加强学生对语法规则的认识。第三，语法知识的学习应服务于听、说、读、写等语言技能的提升。教师在教学中应将语法知识与各种语言活动相结合，确保学生能够将所学的语法知识运用于实际的交际中。这可以通过设计包含语法元素的听力练习、口语交流活动、阅读理解和写作任务来实现。通过这种方式，学生不仅能够更好地掌握语法知识，还能提高其在实际语言运用中的能力。

可以看到，综合性原则要求教师在语法教学中实现教学方法、内容和技能的全面整合。通过灵活运用不同的教学方法，将语法知识与实际语言活动相结合，教师可以更有效地提升学生的语法水平，帮助他们在实际交际中更好地运用所学知识。

二、信息化赋能英语语法教学优化的途径

（一）数字化学习资源赋能语法教学优化

在当今的信息化教育环境中，数字化教学资源的使用已成为优化英语语法教学的关键途径之一。通过这些资源，教学方式变得更加灵活、互动性更强，在很大程度上促进了学生对英语语法的学习和掌握。数字化教学资源提供了大量的在线教学内容，包括视频讲座、互动教程、电子书籍和模拟测试。这些内容涵盖了从基础语法到高级语法的各个方面，使学生能够根据自己的学习需求和水平选择合适的学习材料。例如，学生可以观看关于复杂句型构造的视频讲解，通过视觉和听觉的双重刺激加深对语法结构的理解。数字化教学资源通常具有较强的交互性，使学生能够积极参与学习过程。例如，通过完成在线练习和模拟测试，学生可以立即得到反馈，及时了解自己的学习进度和掌握情况。这种即时反馈机制有助于学生更快地识别和纠正自己的错误，提高学习效率。许多数字化教学资源都提供个

性化的学习路径。学生可以根据自己的进度和理解能力来调整学习内容和节奏。这种个性化学习方式尤其适合英语语法学习，因为不同学生对语法的掌握程度差异较大。例如，学生可以在互动平台上选择专注于时态、语态或其他具体语法点的模块，按照自己的节奏进行学习。数字化教学资源的另一大优势是多媒体内容的丰富性。视频、音频、动画和图表等多媒体元素使语法学习更加直观和生动。例如，动画可以用来展示复杂的语法结构，帮助学生更直观地理解抽象的语法概念。数字化教学资源可以随时随地通过各种设备访问，大幅提高了学习的便捷性。学生不再受限于传统的课堂环境，可以在任何地方利用碎片时间进行语法学习。数字化教学资源鼓励学生进行自主学习，学生可以根据自己的兴趣和需求选择学习内容，这种自主性不仅提高了学习的动力，还有助于培养学生的自学能力和责任感。许多数字化教学平台还提供了互动和合作学习的功能。学生可以在论坛上讨论语法问题，或在群组中共同完成语法学习任务。这种合作学习方式不仅增加了学习的趣味性，还有助于学生在交流中深化对语法知识的理解。

可以看到，信息化技术的发展为英语语法教学带来了革命性的变化。数字化教学资源通过提供丰富的学习内容、交互式学习体验和个性化学习路径，提升了语法学习的效率和效果。这些资源不仅让学生能够更加灵活地学习语法，还有助于提高他们的自主学习能力和实际运用能力，是优化英语语法教学的重要途径。

（二）信息技术赋能全域情境互动式教学

在英语语法教学中，师生互动作为互动式教学的重要组成部分，对于提高学生的语法学习效果至关重要。师生互动不仅增强了课堂的活跃度，还促进了学生对语法知识的深入理解和应用。第一，师生互动的过程中，教师的角色不再局限于传统的知识讲授者，而是转变为课堂活动的引导者和参与者。这种角色的转变使得教学过程更加灵活和生动，有助于激发学生的学习兴趣。教师可以通过提出开放式的问题，引导学生主动思考并探索语法规则的应用。例如，在教授被动语态时，教师可能问："Why do we often use passive voice in news reports?"这样的问题促使学生自主分析和讨论，深化对语法知识的理解。第二，师生互动中的"问答"环节是促进学生主动学习的关键。高质量的提问能有效激发学生的思考，促进学生积极参与课堂讨论。教师的问题应具有挑战性，同时又能够与学生的实际水平相适应，确保每位学生都能参与到互动中。例如，在教授条件句时，教师可以设置情景，如"If you had the ability to travel in time, what period would you choose to visit and why?"这样的问题不仅能引导学生练习特定的语法结构，还鼓励他们发挥想象，提高学习的趣味性。第三，师生互动也包括教师对学生语法练习的及时反馈。通过反馈，教师可以帮助学生纠正错误，加深对语法规则的理解。教师的反馈应具体且具有建设性，能够指导学生如何改进。例如，在学生进行口语练习时，教师可以指出他们的语法错误，并提供正确的表达方式，帮助学生提升语法水平。可以看到，师生互动在英语语法教学中发挥着至关重要的作用。通过有效的互动，教师不仅能提升学生的学习兴趣和参与度，还能促进学生对语法知识的深入理解和运用。这种互动式教学方式使语法学习变得更加生动和有效，为学生的语法能力提升打下了坚实的基础。

　　生生互动在英语语法教学中同样占据着重要地位，它通过促进学生之间的交流和合作，提高了语法学习的实用性和互动性。这种互动方式不仅增加了课堂的活跃氛围，还有效促进了学生对语法知识的深入理解和应用。第一，生生互动能够提供一个实际的语言使用环境，让学生在真实或模拟的交际场景中练习和运用语法知识。通过这种方式，学生不仅能够在实际语境中应用语法规则，还能通过与同伴的交流获得即时的反馈和建议。例如，为了学习虚拟语气，教师可以设计一项任务，要求学生在小组内讨论一个特定的话题，如"如果你能改变世界的一个方面，你会做些什么？"这样的活动不仅鼓励学生使用条件句等语法结构，还提高了他们在真实情境中运用语法的能力。第二，生生互动鼓励学生之间的合作学习。在这种互动模式下，学生可以共同完成语言任务，相互帮助和激励。这种合作不仅提升了学生的参与度，还有助于培养他们的团队合作能力和沟通技巧。例如，在学习报告语的语法时，学生可以分组进行角色扮演，模拟新闻采访，练习如何正确使用报告语结构。第三，生生互动还能促进学生批判性思维的发展。在互动过程中，学生被鼓励提出问题、提供不同的观点并对同伴的言论进行评价。这种批判性的交流不仅加深了学生对语法知识的理解，还锻炼了他们的分析和评价能力。例如，在练习间接疑问句时，学生可以相互提问并探讨不同的提问方式及其效果。总的来说，生生互动作为英语语法教学的重要组成部分，通过促进学生之间的交流和合作，提高了语法学习的效果。这种互动方式不仅使语法学习更加生动和实用，还有助于学生综合能力的提升，为他们未来的学术和职业生涯奠定了坚实的基础。

需要注意的是，在信息化时代背景下，人机互动成为英语语法教学中一种重要的教学方式。人机互动指的是在语法教学过程中，利用多媒体教室和网络通信技术的交互功能，实现学生与教学软件、在线平台或课件之间的互动。这种教学方式不仅丰富了传统的师生互动和生生互动，还为学生提供了更为广阔的自主学习空间。第一，多媒体课件和教学软件的使用使得语法学习更加生动和更具互动性。通过这些工具，学生可以与课件中的内容进行直接互动，例如完成互动练习、参与模拟测试或探索语法规则的应用。这种互动不仅使学生的学习体验更加丰富，还提高了他们对语法知识的理解和记忆。例如，教师可以利用多媒体课件展示不同的语法结构，学生则通过点击、拖动等操作进行互动，从而更深入地理解这些结构的用法和功能。第二，人机互动为学生提供了更多自主学习的机会。在这种互动中，学生不是被动地接收知识，而是能够主动地探索和学习。例如，学生可以在在线平台上自行选择学习模块，按照自己的节奏进行学习。这种自主性提升了学习的灵活性和个性化，有助于培养学生的自学兴趣和习惯。第三，人机互动还能提供多维刺激，使语法学习更具吸引力。通过视觉、听觉等多种感官的刺激，学生的学习体验更为全面，这有助于减少语法学习的枯燥感，提高学习效率。例如，教师可以利用交互式视频和游戏化学习工具，让学生在完成任务的同时学习语法知识，增强学习的趣味性和实用性，从而有效地提升语法教学的效果和效率。

（三）信息技术赋能任务型教学法在语法教学中的应用

信息化技术的融入给任务型教学法在语法教学中的应用带来了创新，使得这种以学生为中心的教学方法更加高效。第一，在任务前阶段，信息化技术可以用来丰富任务的介绍和准备工作。教师可以利用多媒体课件或在线资源来展示与任务相关的背景信息，如视频、图片或相关文章，以激发学生的兴趣和好奇心。例如，在准备一般将来时的语法任务时，教师可以通过展示关于未来科技或旅行的视频，激发学生对"未来"的想象，从而自然引入一般将来时的用法。此外，教师可以通过在线平台提供预习材料，如相关语法点的解释视频和互动练习，以帮助学生更好地准备即将到来的任务。第二，在任务中阶段，信息化技术的应用使学生能够更加灵活地表达思想和分享成果。学生可以通过在线协作工具进行小组讨论，共同完成任务。例如，在"My Dream"主题的书面表达中，学生可以在线共同编辑文档，分享想法，并实时提供反馈。在策划和报告环节，学生可以利用PPT或其他演示软件来展示他们的工作成果，教师和同学们可以通过在线平台发表实时的评论和建议。第三，在任务后阶段，信息化技术可以帮助教师更有效地进行语法点的分析和练习。教师可以利用互动白板或在线测试工具来分析学生在任务中的语法使用情况，指出常见错误并提供改进的建议。在练习阶段，教师可以设计各种基于计算机的练习活动，如在线语法填空题、交互式模拟对话等，使学生能够在有趣的环境中巩固所学的语法内容。可以看到，信息化技术的应用使得任务型语法教学更加多元和互动。通过在线资源的丰富性和互动工具的便利性，学生在完成任务的过程中不仅能够更好地理解和运用语法知识，还能提高他们的信息技术能力和团队合作能力。此外，这种教学方式也使得学生能够在更广阔的环境中进行语言实践，从而更全面地提升他们的语法水平和综合语言运用能力。

（四）信息化赋能对比和分析法在语法教学中的应用

信息化技术，如计算机、互联网和多媒体工具，在运用对比和分析法进行的语法教学中发挥着重要作用。这些技术通过其高效的数据处理、存储和检索能力，以及网络交流的便捷性，丰富和优化了语法教学的过程。第一，信息化技术能够提供丰富的教学资源和多样化的教学手段。例如，教师可以利用多媒体课件展示不同语言结构的对比，通过视觉和听觉的双重刺激帮助学生更好地理解和记忆语法规则。专业的语法教学软件能够将容易混淆的语法知识点进行有效对比，展示不同语言或同一语言中不同语法结构的对比，如英语的时态对比、主动语态与被动语态的区别等。这些软件通常包含大量的实例和练习题，能够帮助学生在实际语境中理解和应用这些语法规则。网络资源的丰富性使得教师能够轻松获取到各种语言例句，通过交互式的界面，学生也可以直接看到不同语法结构的应用效果，从而加深理解。第二，信息化技术在语法分析教学中也发挥着重要作用。许多在线平台和软件提供了语法检测功能，学生可以通过这些工具检查自己的作文或练习，及时发现和纠正语法错误。这些工具通常包括详细的错误分析和改进建议，有助于学生深入理解语法规则并提高写作能力。此外，一些高级工具甚至能够进行深层次的语法分析，帮助学生理解更复杂的语法结构。第三，信息化技术在评估和反馈方面的应用也不容忽视。通过在线讨论平台、虚拟课堂等，学生可以即时地与教师和同学交流思想，对比和分析不同的语法结构。在线测试和自动评分系统可以快速提供学生的学习成果反馈，帮助教师及时调整教学策略，更有效地指导学生在对比和分析中掌握语法知识。在线测试和评估工具可以即时提供学生的学习成果反馈。这些工具不仅可以评估学生的语法知识掌握程度，还可以分析他们的错误类型和频率，为教师和学生提供有价值的反馈，帮助他们更有针对性地进行学习和教学。可以看到，信息化技术在语法对比教学中发挥了多方面的功能。从直观的对比展示到深入的语法分析，这些技术不断推动着语法教学的发展，使其更加高效、有效和有趣。随着信息技术的进一步发展，其在语法教学中的应用将更加广泛和深入。

（五）信息化赋能语篇教学法

信息化技术在语篇教学法中的应用为英语语法教学带来了深刻的变革。在语篇教学法中，教师可以利用丰富的数字化教学资源来提供多样化的语篇材料。这些资源包括电子教科书、在线文章库、互动课件等，涵盖了广泛的主题和内容，从而使学生能够在不同的语境中学习和分析语法结构。例如，教师可以选取一篇关于环保的新闻报道，利用多媒体课件展示相关的背景信息，如视频片段、图表和图像，以增强学生对文章主题的理解。同时，通过这些多媒体元素，学生能够更加准确地把握文章的结构和重点，从而在分析语篇时更加关注语法结构在实际语言使用中的功能和意义。在线讨论平台为学生提供了一个方便的交流和讨论环境，使得他们能够就语篇中的语法点进行深入的探讨和分析。教师可以组织学生在平台上针对特定的语法结构展开讨论，例如探讨被动语态在新闻报道中的使用目的和效果。学生可以通过论坛发表自己的见解，对同伴的观点提出问题或提供反馈。这种在线互动不仅加深了学生对语法知识的理解，还培养了他们的批判性思维和协作能力。此外，教师还可以在讨论平台上发布与语篇相关的互动练习和小测试，帮助学生巩固所学的语法点。利用虚拟课堂和协作工具，教师能够在语篇教学中创造互动和协作的学习环境。例如，通过使用在线协作工具，学生可以共同编辑和分析文章，实时标注和讨论文章中的关键语法结构。教师可以指导学生关注文章的某个段落或句子，讨论其语法功能和表达效果，使学生能够在实际的语篇环境中深入理解语法知识。

第六章 信息化赋能英语技能教学优化

第一节 信息化赋能英语听力教学优化

一、影响英语听力教学的因素

影响英语听力教学的因素主要有以下几点（图6-1）：

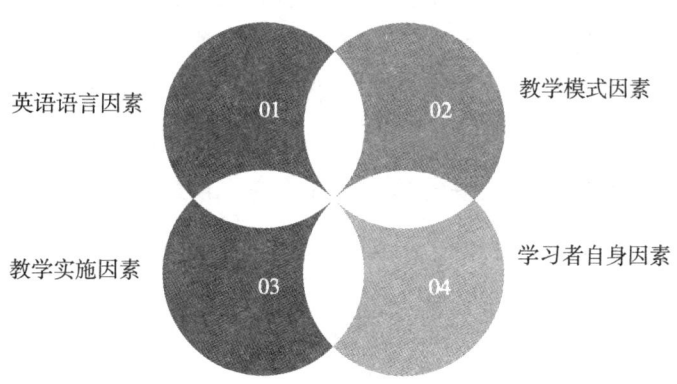

图6-1 影响英语听力教学的因素

（一）英语语言因素

听力理解是一个复杂的认知过程，它不仅涉及对语言基础知识的掌握，还包括应用各种听力技能和背景知识来解析所听信息。对于学习英语的学生来说，语言基础知识的掌握程度直接影响他们对听力材料的理解速度和准确性。[1] 这种影响主要体现在以下几个方面：第一，语音障碍。很多学生在语法和词汇方面可能已经打下了坚实的基础，但仍然难以理解听力材料。[2] 这通常是因为他们缺乏足够的语音辨别能力。语音障碍的根源是学生受到母语和方言的影响，在发音上不够准确，从而无法正确理解听力内容。例如，如果学生习惯了用错误的方式发音，当他们听到正确的发音时可能无法识别出相同的单词。此外，英语中的略读、弱化和连读现象对于非英语母语者来说也是一大挑战。第二，语速障碍。如果学生平时接触的英语材料（如教学磁带或教师授课）的语速比较慢，他们可能会逐渐形成较慢的听力习惯，这导致学生在面对正常甚至较快的语速时会显得不适应。以大学英语教学为例，标准听力材料的语速通常为每分钟150至180词，而日常会话可能会达到每分钟210词以上。这种快速的语言对于习惯了慢速语言的学生来说无疑是一个巨大的挑战。第三，语调障碍。在英语中，语调是表达情感和意图的重要手段。不同的升降调结合句子重音可以表达疑问、反问、怀疑、反驳等多种情感。然而，许多中国学生习惯于用单一的语调说英语，这使得他们在理解说话人的意图和情感时可能会产生误解。正确地理解和运用英语的语调对于有效的听力理解至关重要。第四，词汇障碍。对于一些学生而言，听力理解的难点并不在于词汇量的不足，而在于他们对英语词汇的听觉识别能力不强。这是因为学生在学习过程中使用视觉接触英语词汇的机会远多于听觉接触，导致他们在阅读时能够理解这些词汇，但在听力情境中则反应不够迅速。因此，即便是基础词汇，如果学生的听力练习不足，他们也可能无法迅速抓住词汇的含义。第五，语法障碍。虽然许多学生在中学阶段对英语语法已有清晰的理解，并熟悉了书面语的句子结构和句型分析，但在听力理解中，这些知识的应用又是另一番景象。对听力材料中的句式、信息词的快速识别对于理解说话人的意图至关重要。如果学生对英语的虚拟语气、附加疑问句、比较结构、倒装句以及复杂句型等语法结构掌握不牢固，他们在处理听力材料时就会遇到困难。

---

[1] 刘冬慧.浅谈大学英语听力理解障碍因素[J].科教文汇（上旬刊），2008（22）：126.
[2] 王庆军.大学公共英语听力理解障碍研究[D].山东师范大学，2006.

（二）教学模式因素

目前英语听力教学所面临的挑战并非仅限于语言本身的难度，也涉及教学过程中的多个方面。其中包括教师的教学准备、教学目标、教学内容、教学方法、教学资源、教学环境、师生之间的互动角色、教学进度安排以及教学评估等多方面，无论是在基础教育阶段还是在高等教育阶段，都面临着诸多挑战。这些因素共同影响着学生的英语听力的发展和提高，是高等教育中不可忽视的关键因素。

第一，教师课前准备不足。在英语教学中，教师扮演着关键角色。理想的情况是教师应充分准备，对授课内容有深刻理解，特别是在听力教学中。然而，在实际教学过程中，部分教师可能没有对听力材料进行充分的预习，导致教师在课堂上无法有效预测和解决学生可能遇到的问题，进而影响学生的听力理解和学习效果。

第二，过于技能化的教学目标。英语教学，特别是高等教育中的听力教学，不应仅仅局限于传授知识或提高技能。教学目标应更广泛地包括培养学生的综合英语应用能力，尤其是听说能力，以便学生在未来的学习、工作和社会交往中有效使用英语。然而，实际情况是由于教师和学生都受到英语考试的影响，过分关注于听力技巧的训练，忽视了语言应用能力的培养。

第三，教学内容选取不当。教学内容的选择不当可能导致学生的听力障碍。为了改善这一情况，教育机构和教师需要更加关注多样性、实际应用、文化内涵、时效性。多样性意味着教材应该涵盖不同口音、方言和语言风格，以便学生适应各种语言交流环境。实际应用则强调教材内容应反映日常生活和工作中的真实情境，使学生能够将所学应用到实际中。然而，许多英语教材都存在一个问题，即它们更注重语言形式而忽视了语言的实际使用。这种情况可能会导致学生在学习中过于注重语法和词汇，而忽略了如何在真实情境中进行有效交流。教材中的对话及其内容过于刻板和不真实，无法反映出真实的交际需求。这使得学生在实际交流中感到困惑，因为他们没有获得足够的实际应用经验。教学内容选择的另一个关键因素是文化内涵。英语作为一门全球性语言，承载着各种文化的信息和价值观。因此，在教学内容中融入文化元素非常重要，这有助于学生更好地理解英语的语境和文化背景。然而,一些教材在文化内涵方面存在不足。它们可能只侧重于语言形式,而忽略了文化差异,学生缺乏对不同文化背景的理解,这样的教材无法帮助学生建立与英语使用者的跨文化交流能力。在全球化时代,跨文化交流能力变得至关重要,因此教材应该更多地融入文化元素,帮助学生更好地理解和尊重不同文化。教材内容的时效性也是一个重要考虑因素。有些教材可能编写时间较早,经过多年的使用,其中的内容已经过时。时代在不断变化,语言也在发展,因此教材需要定期更新以反映最新的语言使用趋势。综上所述,只有通过合理的教学内容选择,学生才能更好地掌握英语听力技能,适应不同语境的交流,并在现实生活中有效运用所学知识。

第四,教学方法陈旧。受到传统的英语听说教学法的影响,许多高校英语教师仍然坚持认为学生只需通过多听多练就能够提高听力。因此,在课堂上,教师通常会在教授听力材料时先介绍新单词,接着播放录音,学生则被要求直接进行听力练习,这些练习常以多项选择和判断正误的形式呈现。最后,教师提供答案并纠正错误答案。① 然而,这种教学方式实际上并没有真正教授学生听力,只是在测试学生的听力理解能力。② 这种陈旧的教学方法使得学生被动地接收听力材料,被动地理解每个单词。一旦遇到个别单词或句子无法理解,就会阻碍学生对更多信息的理解。换句话说,这种教学方法忽视了学生已有知识对听力理解的潜在帮助,无法充分激发学生的主观能动性。因此,即使学生能够理解每个单词,也不能保证他们能完全理解听力材料,因为积极调动和利用大脑中已有的相关知识对于完全理解听力材料至关重要。

第五,资源来源比较单一。在信息化时代,英语听力教学不能仅依赖传统教材,网络资源和素材的广泛可用性为英语听力教学提出了更高的要求。教师需要收集、甄别、取舍和再加工基于课程的复杂网络内容。然而,许多教师在信息素养方面存在不足,他们可能在前期准备方面不够充分,

---

① 张宇超. 大学英语听力教学的反思及探索 [J]. 疯狂英语(教师版),2014(1):42-43,47.

② 刘冬慧. 浅谈大学英语听力理解障碍因素 [J]. 科教文汇(上旬刊),2008(22):126.

导致未能充分收集、筛选整合和加工教学内容。结果，听力课程仍然主要依赖于传统教材，听力来源比较单一。在课前准备方面，教师需要意识到没有一种教材是完美无缺的。他们应该根据实际情况、语言运用的特点以及学习者的需求，对教材进行删减或补充，以确保学习者能够接触到多样化的真实材料，例如外国影视、新闻报道，以及在真实环境中使用的外语素材。教材的内容和形式应该丰富多变，这样学习者在听这些与他们有实际关联的材料时，才能真正感受到使用外语的体验，同时激发和发挥外语学习的潜力。①

第六，教学环境比较单一。目前，许多学校都建立了专用的语言实验室，为英语听力课程提供了硬件设备支持。然而，这种设施的存在也限制了师生的认知，使他们认为只有在听力教室内才能进行正式且系统的听力练习。实际上，每周仅有2个学时的听力练习远远不足以满足学生的需求。随着信息技术和新媒体的发展，学生可以利用网络自主学习平台、在线课堂，以及手机等移动设备，在任何时间和地点进行听力练习，并及时获得教师的反馈。因此，教学环境不应局限于传统的语言实验室。学校和教师应积极采用现代技术和在线资源，为学生提供更灵活的听力学习环境。这将有助于学生更好地提高他们的听力技能，也能更好地适应信息化时代的教育方式。

第七，教学进度单一化。为了便于教学管理，很多高校英语听力教学强调采用整齐划一的教学内容，要求统一教学进度，并采用统一的评价标准。在班级授课制下，这种做法无疑是高效和可行的。然而，从学生个性化发展的角度来看，这些做法存在缺陷。它们不仅限制了教师的教学个性和自主性，还忽视了学生的个性化学习特点。

第八，教学评价单一。在课堂教学中，评估是至关重要的组成部分，它可以促进学生的主动学习，并提供有效的反馈。教师采用多样、灵活、生动、丰富、多维和科学的评估方法，可以增强学生的信心和学习动力，使课堂充满活力。现代教育需要教师拥有智慧的评估语言、多样化的评估方法，并在评估过程中展现出人文关怀。然而，目前我国高校普遍存在的评价体系主要以教师为中心，侧重于考勤、课堂表现、平时作业和笔试等

---

① 王庆军. 大学公共英语听力理解障碍研究 [D]. 济南：山东师范大学，2006.

结果性评估。这对英语听力课程产生了不利影响。一些过程性评估方法，如网络学习记录、学生自我评估和同学互评，能够更全面、客观地反映学生的学习效果。只侧重于结果性评估会导致教师难以了解学生真实的学习状况，同时也会使学生对教学活动失去兴趣，最终导致教学质量下降，形成恶性循环。因此，需要改进教学评价体系，使其更符合现代教育的需求。

（三）教学实施因素

在教学中，任务设计和教学环节的安排对于听力学习成效至关重要。[①]因此，不合理的教学任务设计是影响听力学习的一个重要因素。吴祯福指出，英语学习者在听力理解方面通常会经历5个阶段。[②]第一阶段，学生只能听到一连串的声音，但对内容无法理解。此时，教师应鼓励学生多听英语，培养对语音和语调的感知，这不仅有助于发音，还能帮助学生逐渐适应英语的正常语速。第二阶段，学生能从声音中辨识出一些孤立的、相关的单词。此阶段的关键在于培养良好的听力习惯，如教师应引导学生在遇到生词时保持冷静，学会从上下文中猜测意思。第三阶段，学生能在听力材料中识别短语或句型，并对日常生活中的基本对话有大致理解。此时，教师应重点培养学生把握整体句意的能力。第四阶段，学生能识别句子并理解其含义，对话题有基本了解。在这一阶段，学生通常面临词汇量不足的问题，教师应通过反复听不同的录音，帮助学生在上下文中猜测新词意义，从而扩大词汇量。第五阶段，学生能完整理解听到的内容。尽管达到了第五阶段，学生在面对不同话题和内容时，仍可能退回第三或第四阶段。因此，教师需要持续帮助学生学习新词汇和知识。

另一个影响听力理解的因素是文化背景知识和思维方式的差异。许多学生在提高英语听力方面遇到困难，即使投入了大量时间去练习，效果仍不理想。尤其是当遇到新颖题材的短文时，理解起来更加困难。一方面，这可能与学生的英语基础较差有关，如词汇量有限、对单词掌握不牢固、语法概念不清晰、发音不准确等。[③]但另一方面，一个重要的原因是学生对

---

① 曾屹君.自主学习策略导向下的英语教学法研究[M].北京：中国书籍出版社，2022：76.

② 吴祯福.英语的听与说[M].北京：外语教学与研究出版社，1991：10.

③ 王庆军.大学公共英语听力理解障碍研究[D].济南：山东师范大学，2006.

英美国家的文化背景知识缺乏，对于英美文化、政治、经济等方面不够熟悉。语言是文化的载体，只有深入理解目标语言国家的文化背景，听力理解的障碍才能逐步消除。[①] 在教学实践中可以发现，如果听力材料的内容属于学生所熟悉的知识范围，他们的理解能力会更好。而对于那些内容陌生，尤其是缺乏英美社会文化背景知识相关的材料，学生可能即便能听写出句子，也难以理解材料中的某些问题。因此，要想听懂一种负载文化信息的语言，就意味着要了解该语言所承载的文化。文化知识的缺乏是导致听力障碍的另一重要原因。此外，中西方思维方式的差异也对学生的听力理解造成了一定的障碍。中国的语言表达倾向于意合、使用主动语态、少用连词和副词、追求文章的全面性和平衡对称。而西方的语言表达则更侧重于形合、使用非人称主语、频繁使用连词和介词等。东方人在思维上重视在"异"中寻求"同"，而西方人则在"同"中探求"异"。如果在听力教学中未能让学生培养英语思维的习惯，而仍然用母语来过滤英语信息，那么这种差异将成为听力理解的一个障碍。要提高听力理解能力，不仅需要语言训练，还需要文化和思维方式的适应与转变。第三个因素是听力技能应用不充分。根据吴祯福观点，学生在掌握基本的辨别音位能力后，应立即开始对听到的内容进行选择和分析，以便捕捉主要信息。[②] 理解一个语篇并不等同于听懂每个单词或句子。在教学过程中，教师需要培养学生分辨核心信息与次要信息的能力，同时引导学生从宏观角度理解听力材料的主旨。这要求学生掌握并运用一系列听力技能，如根据上下文猜测词义的能力。如果这些技能没有在教师的指导下得到适当且充分的练习，学生很可能无法有效地运用这些技能，导致他们的潜力未能充分发挥。因此，为了提高听力水平，不仅要学习语言本身，还要加强对这些关键听力技能的训练和应用。

（四）学习者自身因素

第一，信息处理方式。认知心理学中，信息在大脑中的处理被划分为两种模式：一种是"自上而下"（top-down processing），另一种是"自下

[①] 王庆军. 大学公共英语听力理解障碍研究 [D]. 济南：山东师范大学，2006.
[②] 吴祯福. 英语的听与说 [M]. 北京：外语教学与研究出版社，1991：10.

而上"(bottom-up processing)。① 在"自上而下"的处理中,人们利用更高级的框架和上下文知识来分析接收到的信息,其中包括内容框架和结构框架;而"自下而上"的处理则侧重于利用基础的语音、词汇和句子结构,以及对语言要素的分析来理解听到的内容。在前者中,听者的现有知识、经验、预设和认知框架在理解过程中起着重要作用,而后者则较少考虑背景知识的影响。有效的学习者通常采用"自上而下"的方式,只在缺乏特定知识时转向"自下而上"的方法。无论采用哪种方式,扎实的语言基础知识都是关键。语言知识是听力理解的基石,主要涉及语音、语法和词汇等方面。特别是语音知识中的辨音能力,对听力理解至关重要。听力理解始于声音符号,如果不熟悉语句中的连读、省略、失去爆破、近似音、弱读和同化等现象,或对不同语调的意义理解不足,就无法进一步理解。显然,词汇和语法是构成语言的基本元素。如果学习者缺乏足够的词汇量,不理解常用词组和习语,对时态、语态、语气、句子结构和深层语义的掌握不足,都会影响听力理解。第二,学习动机是影响学习效果的另一个关键个体因素,它分为内在动机和外在动机。内在动机源于个人的兴趣、成就感和满足感,而外在动机则源于获得物质奖励、成绩优异或获得好工作等外部因素的驱动。研究表明,这两种动机都对学习有益。通常,外在动机与短期目标的实现有关,而内在动机则与长期成功紧密相关,对学习的促进作用更大。例如,在中国,大多数大学生学习英语主要是为了通过考试和获得英语等级证书,这是一种成绩动机。然而,少数学生练习听力是出于内在动机,如了解英美文化、提高个人素质等,他们往往能持续并专注于练习。第三,练习听力时,许多学生感到信息量过大,难以完全记忆,这与短时记忆的特性有关。短时记忆或工作记忆是信息处理系统的核心,存储正在使用的信息。它的容量有限,通常是"7±2"个信息单位。因此,增强短时记忆的能力对提高听力理解至关重要。第四,心理因素,如情感、注意力、意志等,这些因素虽然不直接参与认知过程,却对学习起到激发和调节作用。例如,学生的学习情绪和态度对听力理解有显著影响。自信、积极的心态有助于提高听力理解效果。相反,急躁、焦虑等负面情绪可能导

---

① 宋玉萍,林丹卉,陈宏.图式理论指导下的大学英语教学研究[M].北京:知识产权出版社,2019:153.

致注意力分散，影响听力效果。第五，广阔的知识面对听力理解也非常重要。广泛的知识能帮助学习者更好地理解听力材料的内容和深层含义。缺乏相关背景知识的学习者即使对单词熟悉，也可能无法准确理解材料的真正意图。因此，积极拓宽知识面，增加信息量是提高听力理解能力的关键。

二、信息化赋能英语听力教学优化的途径

信息化技术在英语听力教学中的应用有效地克服了传统教学模式的局限性，可减轻不利因素对于英语听力教学的影响。信息化教学模式以高质量的实际语言作为学习材料，依托于可理解性和形象性，创建丰富、信息量大的情景化学习环境，通过由浅入深、循序渐进的教学方法，可有效提高听力教学效果。并且多媒体计算机和基于互联网的通信技术作为建构主义学习环境下的理想工具，有效促进了学生的认知发展，这种技术将文本、图像、音频等信息综合在一起，为学生创造了一个从感性认知到情感体验的教学情境，不仅提高了学生的学习自主性和兴趣，还使他们在学习过程中有更多机会接触英语及其相关知识，同时建立了教师、学生以及媒体信息之间的合作与互动关系，促进了教学双方的互动和共同成长。具体优化途径如下（表6-1）：

表6-1 信息化赋能英语听力教学优化的途径

分类	具体实施
针对英语语言因素采取的策略	信息技术赋能语音训练
	信息技术赋能听力词汇训练
	信息技术赋能语法训练
	信息技术赋能语篇训练
针对非英语语言因素采取的策略	优化传统教学模式
	调整角色，充分发挥教师的指导和引领作用
	听力材料获取方式和教授方法多样化
	有针对性地进行听力策略和听力技巧训练
	信息技术赋能培养跨文化意识

（一）信息化背景下针对英语语言因素采取的策略

信息化背景下针对英语语言因素可以采取以下策略（图 6-2）：

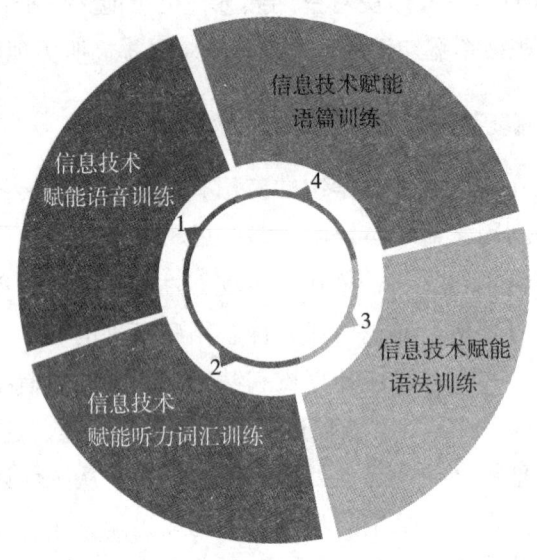

图 6-2　信息化背景下针对英语语言因素采取的策略

1. 信息技术赋能语音训练

语音训练是提高听力的基础步骤。正确的语音发音对于理解信息至关重要。因此，熟悉不同的语音和语调，全面掌握语音知识是提高听力的首要任务。在这一过程中，信息化技术的应用显得尤为重要。第一，由于听音过程的独特性——时间和次数的限制、无法进行长时间反复推敲和思考——要求学生对听到的内容做出迅速反应。学生可以利用多样化的网络资源和智能软件来强化基础语音训练，如通过各类手机应用程序和在线网页，这些有针对性的工具提供了专项的集中练习训练题目，可以帮助学生练习辨别不同的语音和语调，掌握单词中的长短元音、辅音、辅音连缀，以及理解英语语流中的重读、弱读、连读、失音和语调。第二，信息化技术还鼓励学生进行个性化和自主化的学习。例如，学生可以根据自身具体需要利用智能软件进行定制化的训练，如针对特定的语音难点进行反复练习，根据遗忘曲线制订复习计划和学习计划，时时提醒用户等。学生还可以通过这些工具记录和分析自己的发音，从而对语音进行更精准的纠正和提高。

第三，网络条件下的语音训练摆脱了传统课堂的局限，为学生提供了更加灵活和广泛的学习资源。这种多媒体和交互式的学习方式不仅使学生更加深入地理解和模仿标准发音，还能激发他们的学习兴趣和动力。在英语听力教学中，培养学生的模仿能力是一项重要的任务。针对听力材料的难易程度，教师可以根据需要增加多样化的听力内容。如果材料的语速适宜，可以鼓励学生跟读并模仿，这样的练习不仅能提高他们的理解能力，还有助于他们掌握正确的发音和语调。科学研究表明，通过发声器官的运动来存储信息，比单纯通过视觉存储的信息更加牢固。[1] 因此，仅仅听而不开口跟读，学生就很难感受到不同音素之间的差异以及语音变化和不同语调的含义。通过模仿练习，学生不仅能够在轻松愉快的氛围中学习知识，还能有效提升他们的英语应用能力，从而实现正确使用英语的目的。可以看到，信息化技术在语音训练中的应用，为学生提供了更加丰富、灵活和有效的学习途径，有助于他们更好地掌握语音知识，从而为提高听力水平打下坚实的基础。

2.信息技术赋能听力词汇训练

在英语听力学习中，掌握充足的词汇量是基础，尤其是熟悉各种短语、句型和固定搭配。要实现有效的听力理解，学生需要掌握大量的视觉型词汇（用于阅读）和听觉型词汇（用于听力）。许多学生尽管已经掌握了大量视觉型词汇，但在听力理解上仍会遇到困难，这是因为他们缺乏对听觉型词汇的熟悉。

信息化技术在听力词汇训练中的应用可以大幅提升学习效率和效果。首先，通过网络和移动应用（如词汇随本录音、"百词斩"app等），学生可以学习词汇的发音、词源、构词法，并将这些与视觉图像和实际应用场景结合起来。这样的练习不仅提高了学生的记忆效率，还加强了词汇的听觉性质，帮助学生直接建立起从听觉信号到理解和应用的直接联系，可以有效减少对母语的依赖和负面迁移。其次，信息化技术还能提供丰富的语境和实例，帮助学生在具体上下文中理解和应用不同词汇。例如，通过在线听力练习平台，学生可以在实际的对话或讲座中听到并练习这些词汇，从而更好地理解其意义和用法。最后，信息化技术也使得词汇教学更加个性

---

[1] 王庆军.大学公共英语听力理解障碍研究[D].济南：山东师范大学，2006.

信息化赋能：英语教学模式及教学优化策略探索

化和灵活。学生可以根据自己的学习进度和需要，选择适合的材料和练习方式。通过智能算法，这些应用程序还可以根据学生的学习历史记录和效果，提供定制化的学习建议和资源。可以看到，信息化技术在听力词汇训练中的应用，为学生提供了一个更加有效、直观和互动的学习环境，有助于他们更快速、更准确地掌握和应用英语听力词汇。

3.信息技术赋能语法训练

对于基础教育阶段而言，鉴于基础教育阶段学生的好奇心和对新鲜事物的兴趣，信息化技术在语法教学中应增加互动性和趣味性。例如，可以使用游戏化学习平台，通过有趣的小游戏设计和挑战来教授语法规则，例如语法打地鼠等游戏。这种方法不仅吸引学生的注意力，还能通过游戏中的即时反馈和奖励系统增强学生的学习动力。此外，基础教育阶段的学生往往对视觉和音频材料更加敏感，因此在语法教学中，可以利用信息化技术制作图表、视频和音频等多媒体内容。动画视频和教学图表可以将抽象的语法规则具体化，帮助学生更好地理解和记忆。

在英语学习中，语法是理解句子含义的关键。对于高等教育阶段的语法训练而言，大多数学生在进入大学之前，已经在中学阶段通过传统教学方法建立了扎实的语法基础。因此，大学阶段的语法教学应集中在那些对听力理解尤为重要的语法点，如虚拟语气和情态动词的使用，以及对复杂句式如关系从句的理解。这些语法晦涩难懂，而且学起来比较枯燥，在语法训练中应用信息化技术可以显著提高学习效率和个性化程度。例如，大学生英语自主学习平台可以针对学生的具体语法漏洞进行个性化指导。这些平台利用智能算法分析学生的学习情况，根据识记的遗忘规律，有针对性地提供强化练习，从而有效地补充和巩固学生的语法知识。信息化技术的另一大优势是提供丰富、多样化的语法学习材料。通过互动式练习、视频讲解、模拟测试等方式，学生可以在多种真实语境中学习和应用语法规则，从而加深理解和记忆。此外，这些技术还能够提供实时反馈和纠错，帮助学生及时发现并改正错误。整体来看，信息化技术使得语法训练更加灵活、有效，能够满足不同学生的个性化学习需求。这不仅提高了学习的效率，还增强了学习的趣味性和参与度，从而有效地促进了学生语法能力的提升。

4. 信息技术赋能语篇训练

在英语听力训练中，语篇理解是核心和难点。为了有效提升学生的听语篇能力，结合精听和泛听的方法至关重要。信息化技术在这方面体现出显著的优势和便利。第一，互联网提供了丰富多样的听力材料，覆盖不同主题和难度级别，且同主题的不同材料数量众多，使得学生可以根据自己的听力水平有选择性地进行精听和泛听。例如，通过在线平台如 TED Talks、BBC Learning English、VOA Learning English 等，学生可以接触到真实、高质量的语篇材料。这些材料不仅有助于学生了解不同的语言表达和文化背景，还能够提高他们对英语语流变化的适应能力。第二，信息化技术支持的个性化学习路径也是其重要优势。学生可以根据自己的进度和需求，在线选择适合的听力练习，并通过智能反馈系统来跟踪自己的进展和提升点。此外，一些应用程序还能够根据学生的学习历史推荐适合的听力材料和练习，从而使学习更加高效。第三，信息化技术使得重复听力练习成为可能。在传统课堂设置中，教师往往难以针对每个学生的需要反复播放材料。而通过网络平台，学生可以根据需要反复播放听力材料，直到完全理解。这种反复的练习有助于学生深入理解语篇内容，提高他们的听力细节理解和技巧运用能力。第四，互联网还提供了与同伴进行互动学习的机会。学生可以通过在线论坛、学习小组等方式与其他学习者交流听力理解的心得和策略，从而进一步提升听力技巧和语篇理解能力。

（二）信息化背景下针对非英语语言因素采取的策略

1. 优化教学模式

在信息化时代背景下，英语教学方法的改革已成为教育领域的一个重要议题。随着社会的发展和科技的进步，如今的社会已经成为一个多元文化共存的环境。在这样的环境中，教育，尤其是外语教育，需要适应这一变化，摒弃传统的、教师主导的教学模式，转向一种更为动态和互动的学习方式。第一，教师必须打破传统课堂上的二元对立思维，从教师对课堂的绝对统治地位转向师生共建课堂的方向。[①] 在这个过程中，学生的主动性和创造性被充分激发，他们不再是被动的知识接收者，而是积极参与到学

---

① 王庆军. 大学公共英语听力理解障碍研究[D]. 济南：山东师范大学，2006.

习过程中来。第二，要改革传统的英语教学，教师需从以下几个方面着手：一是情境化的语言空间。外语学习是在具体的语言情境中进行的。英语教学应重视语言环境的营造，应面对不同语言情境的交流和理解的需求。这包括在课堂上创设真实或模拟的交流场景，让学生在类似真实环境中学习和使用英语。例如，可以通过角色扮演、情景对话等方式，让学生在特定情境下运用语言。二是互动性的教学过程。外语学习是一个与语言环境互动的过程，其教学需要以学习活动为中心，形成一个学习共同体，其中学生是活动的主体。这意味着教师应设计各种活动和任务，促使学生参与到课堂互动中，如小组讨论、项目工作等。三是多元化的教学策略。外语教学的方法是多元的，教师应根据科学的认知和记忆规律，为学生提供多样化的学习方法。这包括采用多媒体工具、游戏化学习、在线资源等，以满足不同学习风格的学生。四是个性化的学习方案。每个学生的学习方式和方法都是独特的，这取决于他们的知识背景、智力特点和心理特征。因此，教师应致力为每个学生设计个性化的学习方案，以满足他们的个性化需求。在"互联网+"的高校英语课堂上，学生始终是学习的主角。教师应利用录像、多媒体、游戏等形式，创设各种交际情境，鼓励学生与语言环境积极互动。通过这些活动，学生可以摆脱传统学习的束缚，更自由地表达和使用英语。例如，通过在线模拟交流平台，学生可以与世界各地的英语使用者进行实时交流，从而提升学生的交际能力。

2.调整角色，充分发挥教师的指导和引领作用

在信息化时代的背景下，英语听力教学的重要性日益显著，教师在这一过程中扮演着不可或缺的角色。想要上好听力课，教师必须发挥自己的主导作用，同时充分考虑学生的个性差异和学习需求。通过创新和多样化的教学方法，教师可以更有效地提高学生的听力水平，培养他们对英语学习的兴趣和热情，增强他们提高英语听力的自信心。在英语听力教学中，教师对学生进行有效的指导工作是至关重要的。其中核心的一环是培养学生良好的心理素质。英语学习过程中会不可避免地遇到各种困难、干扰和挫折，这些挑战可能导致学生情绪波动，因此，认识和调控消极情绪，将其转化为积极态度，是听力提高的一个关键因素。拥有良好的心理素质意味着具备坚定的自信心、面对挫折时的坚韧性以及持之以恒的耐心。此外，

学生还应培养良好的学习习惯，例如多听、多练、集中注意力，这些习惯有助于在听力练习中保持高效率，逐渐培养出面对挑战时不慌乱的强大心理素质。[1]教师在帮助学生培养良好的听力心理方面扮演着关键角色。学生在听力学习过程中经常感到紧张，这种情绪往往与教学材料和教学目标紧密相关。大多数听力材料都要求学生专注于寻找答案，这种对单一答案的追求会导致学生过度紧张，从而无法有效地集中注意力和理解所听内容。为了减轻学生的紧张情绪，教师应适时调整教学目标和选择合适的教学材料。[2]在教学过程中，对学生回答问题的反馈也十分重要。积极肯定的反馈可以增加学生的自信心，提高他们的学习兴趣。[3]相反，消极的反馈则可能使学生感到羞愧，影响他们的听课情绪，甚至使他们不再勇于回答问题，从而影响整个课堂的教学效果。[4]因此，教师对于学生的正确回答应给予表扬，对于不完整或错误的回答，也应采用鼓励性的口吻进行评价，以避免学生因害怕提问而失去上课的兴趣。在准备课程时，教师应深入掌握教材作者设定的每个课程和习题背后的目标。他们需要根据学生具体状况灵活应用这些教材，确保学生准确完成简单的听力任务；对于更有挑战性的任务，教师应考虑学生的能力，对练习进行适当调整或重构，以步骤性地帮助和引导学生成功地完成任务。此外，教师还需考虑检查的方式和对象，预测学生在练习中可能遇到的问题和难点，并进行分层教学。可以让水平较高、理解较快的学生向其他学生解释某些练习，既可以发挥这部分学生的积极性，又可以引导其他学生进行联想、预测、推断等。在听力教学中，教师还应营造一个轻松的学习氛围，多鼓励学生，消除他们的紧张情绪。例如，在听力课上可以穿插播放一些学生喜爱的英文歌曲和轻音乐，以此来提高他们的学习兴趣。与此同时，教师应采用有效的教学策略，如基于任务的教学策略、互动式的教学策略、情感激励的教学策略等，这些都是有效提升教学效果的方法。

---

[1] 王庆军.提高大学生英语听力理解能力的策略[J].泰山乡镇企业职工大学学报，2009，16（1）：35-36.
[2] 王庆军.大学公共英语听力理解障碍研究[D].济南：山东师范大学，2006.
[3] 胡佳.大学生英语听力障碍及对策探析[J].文教资料，2006（7）：130-131.
[4] 张子一.高职学生英语听力障碍及对策探析[J].中国科技信息，2005（13）：238，235.

3. 听力材料获取方式和教授方法多样化

为了提高英语听力课的效果，教师需要努力使听力教材内容和教学手段多样化。这要求教师在教学活动中打破常规，避免形式单调、墨守成规的教学方式，而应使教学内容丰富多彩，并采用现代化的教学手段，使课堂教学生动有趣。这不仅涉及教材的选择，还包括教学方法的创新。教师应组织学生充分利用网络资源，欣赏英文诗歌、名人演讲、电影对白、英文金曲、英语新闻等，以此来扩大他们的知识面。这种方法不仅可以提高学生的听力理解水平，还能增加他们对英语学习的兴趣。此外，教师在完成规定的教学任务之余，还应注意繁简有序、循序渐进的原则，多角度全方位地培养和提高学生的听力理解能力。目的是让学生能够听懂英语中各种各样的自然表达方式，从而提高他们的实际听力水平。第一，教师应该采用多样化的听力材料。听力课程不应局限于教科书中的内容，而应包括各种实际生活中的语言材料。这些材料可以包括不同性别、年龄、职业和文化背景的人们的对话和讲话，以帮助学生适应和理解各种不同的英语表达方式。教师可以播放真实场景中的对话录音，如在咖啡馆、商店或公共交通工具上的自然对话，这些都是学生在实际生活中可能遇到的场景。第二，教师可以在听力材料中增加各种背景声音，以增强学生在复杂环境中准确理解语言信息的能力。在现实生活中，人们在交流时常常会有各种背景噪声，如街道噪声、人群谈话声等，学生需要学会在这些噪声中准确捕捉和理解英语信息。随着科技的发展，教学手段也逐渐高科技化，许多学校装备有多媒体教室、多功能视听室、英语卫星和有线广播电台等现代化教学设施。教师可以利用这些设施安排学生在课余时间观看英语教学节目、原版电影，收听英语有线广播等。这些活动不仅可以提供丰富的语言材料，还可以让学生在轻松愉快的环境中学习。另外，学生可以在课外时间通过录音磁带、VOA、BBC等英文广播电台练习听力。这些广播提供了大量标准、地道的英语听力材料，对学生理解和使用自然语言有很大帮助。第三，营造一个真实的课堂语境对于唤醒学生学习的热情是十分重要的。兴趣是最好的老师，努力打造一个接近现实的英语使用环境，能有效促进学生的积极参与和提高其听力兴趣。为了让学生更好地融入英语氛围，减少母语使用的影响，教师应使用流畅而易懂的英语授课。例如，在介绍新课内容时，可以使用英语进行场景设置和情境建构，利用描述、提问、对话示例或链接已知知识引入新概念，以此帮助学生掌握新的语言元素。第四，教师还可以结合教学内容，利用网络资源中的图片、实物、模型或幻灯等视觉教学工具，并辅以表情和肢体语言，打造一个充满活力的外语学习环境，吸引学生注意，有效激发他们的学习热情。通过这些方法，教师可以有效地促进学生在听力方面的学习，提高他们的英语听力水平。总而言之，为了提高英语听力教学的效果，教师需要不断创新教学内容和手段。通过使用多样化的教材和现代化的教学工具，教师可以提供更加丰富和真实的听力材料，从而有效提升学生的听力水平。这样的听力训练不仅有助于提高学生的语言理解能力，还能增强他们在实际交流中运用英语的自信心和能力。

4.有针对性地进行听力策略和听力技巧训练

听力根据材料的性质和听力的目的分为4种主要类型：第一，随意性听力。在教学中，这种听法可以用于轻松的语言学习环境，如播放英语歌曲作为背景音乐。这种方法适用于初级学习者，帮助他们逐渐适应英语语音和语调，增强对英语的自然感知能力。虽然有些学生可能不会全神贯注，但长期来看，这种暴露于语言环境中的方式有助于他们对语音的自然吸收。第二，休闲性听力。在课堂上，休闲性听力可以通过播放英语电影、短剧或有趣的对话来实现。教师可以让学生在放松的氛围中听英语材料，旨在增强他们的兴趣。这种听力练习不仅有助于提高学生对英语的兴趣，还能增强他们对语言的整体理解。第三，目的性听力。这种听法在教学中非常普遍，尤其是在进行具体信息获取的练习时，如听力理解练习、信息检索任务等。通过这种方式，学生学习如何专注于特定的信息，如日期、地点、人名等。这种技能对于考试以及实际生活中的英语应用都至关重要。第四，分析性和批判性听力。这种听力技巧通常用于更高级的语言学习阶段。它涉及对讲话内容进行深入分析和批判性思考，如在听新闻报道、学术讲座或辩论时。这种听法要求学生既要理解信息，又要能评估信息的可靠性和有效性，从而培养他们的批判性思维能力。在教学中综合运用这4种听力，可以帮助学生全面提高理解能力，从而在不同场合和不同目的下更有效地运用英语。

信息化赋能：英语教学模式及教学优化策略探索

针对基础教育阶段和高等教育阶段的听力，可以着重训练学生掌握以下听力技巧：第一，先看题目后听录音，同时边听边看题目。这意味着在听力练习开始之前，应利用播放说明的时间和题目之间的短暂间隙阅读选项，以预测对话或短文的主题和可能的问题。同时，在听录音时应注意阅读选项并做适当的笔记，尤其对于涉及数字和时间的内容，这种方法尤为有效。第二，注重听取整体大意。在听段落、新闻、故事或演讲时，不应试图理解每个单词或每句话，而应集中注意力抓住主要信息，从整体上理解和分析整篇内容的大意。第三，学会聆听重点内容和关键词。这包括识别语篇中的关键信息和重要内容，如在对话中抓住主题转换的关键词，忽略不相关的细节。第四，发展推理和猜测能力。这涉及使用上下文、生活常识或录音中的附加信息（如语调、语气和背景音乐）来对听不懂的部分进行合理的推测。对于生词，可以通过构词法、例子或对比来推断词义。第五，识别和应用语调与重音的技能。例如，英语中的降调通常表示肯定，而升调表示疑问。理解同一词汇在不同语调下的不同含义，以及根据句子的重音来理解说话者的意图。第六，提高记忆和笔记技巧。这包括将听到的词语、短语或句子迅速记忆并转化为意义群的能力，以及在听力过程中正确区分信息的主次，提高快速记忆和反应速度。在现代社会，随着信息传播方式的多样化，掌握这些不同的听力技巧变得尤为重要。这些不同的听力方法适用于不同的场合和目的，有效地运用这些技巧可以提高听力效率和理解能力。

5.培养学生跨文化意识

提升英语听力水平不仅仅依赖于听力训练本身，还需要通过大量的阅读来积累英语国家的背景知识，增加对于听力的理解。听力材料中会涉及一些欧美国家的基本知识，如历史、地理和文化风俗等，如果对于这些信息有一定的了解，那听力就会变得相对容易。对于英语学习者来说，可以通过阅读课外书籍等途径，增加英语背景知识。但由于在学习时间上的局限性，学生往往没有大量的时间去搜集和学习这些内容和文化，加之听力材料的主题非常广泛，涵盖了计算机科学、生物学、医学、地理、历史、音乐、能源危机、环境保护等多个领域。学生不仅需要了解英语国家的习俗、历史、文化背景，还要对社会问题，如环境保护、污染控制、社会福利等有一定的思考和涉足，这时信息技术便成了辅助阅读的最佳工具和帮手。互联网为学生提供了海量的听力资源，这些资源不仅涵盖了各种主题，还包括了不同国家和地区的文化元素，使学生能够接触到更加多元化的语言环境。信息技术还便于学生根据个人兴趣和学习需求来定制学习计划。例如，学生可以通过特定软件或应用程序选择专注于某一特定领域的材料，从而更有效地整合语言学习与内容学习。互动式学习工具，例如语言学习应用、在线课程和模拟环境，可以提供实时反馈和互动式学习体验。这些工具不仅能帮助学生提高语言技能，还能让他们更深入地了解文化背景和实际语言使用情况。视频、音频和互动游戏等多媒体资源可以提升学习的趣味性和实用性。通过观看不同文化背景的影视作品，学生可以更生动地理解语言在实际情境中的运用。这些视听材料不仅提供了丰富的文化内容，而且还包括了大量的口语化表达，有助于提高学生对英语听力和文化的理解。信息技术还促进了全球范围内的交流与合作，学生可以通过网络与不同国家的人进行交流，这不仅是练习语言的好机会，还是了解不同文化的窗口。

第二节　信息化赋能英语口语教学优化

一、影视教学法

随着网络技术的不断发展，在英语口语教学中应用影视教学法成了一种新的趋势。英语原版影视作品不仅具有强烈的视觉冲击力和丰富的文化内涵，还具有鲜明的故事性。这些特点使得影视教学法能有效降低学生的学习焦虑，同时在视觉、听觉和口语表达等方面激发学生的积极性，集中其注意力，从而提高他们的认知能力和理解力。在英语口语教学中，采用影视教学法的实施可以从以下几个步骤进行：第一，教师在选择影视资料时，应以教学目标、学生的英语水平及影视资料的难度为主要依据。选取的影视资料应符合既定的教学目标，与学生的英语水平相适应，既不能过于简单，也不能难度过大。此外，影视资料应体现英语国家的文化特征，以便帮助学生拓宽视野和思维。第二，教师在课前应对影视资料进行适当剪辑，并据此设计口语练习活动。例如，选用电影《国王的演讲》中的"演讲练习"场景作为教学材料时，可以剪辑出国王和老师辩论的场景片段，并对剪辑视频进行简短的任务介绍，包括背景、人物和情节，将其制作成视频，加入原电影视频片段中。

在口语练习活动过程中，首先，向学生介绍影视资料的主题和主要情景。然后，为学生介绍活动中可能用到的动词，并将学生分成小组进行角色扮演。接下来，教师可以安排学生分成两人一组，一人担任观看者，另一人担任倾听者。观看者只负责观看，记下与所看到动作相对应的动词，并对面部表情、手势、体势等非言语交际和情景给予特别关注。倾听者则需背对屏幕，只靠听觉来捕捉信息，并记录下关键词。之后，播放影视资料，并让学生多次观看以确保他们能尽可能多地获取信息。在学生完成观看和倾听任务后，教师可安排他们在小组内交流所获得的信息。这一步骤不仅有助于学生之间的信息共享，还能增强他们的口语表达能力。最后，各组可以轮流为全班同学表演自己的理解和表达。此外，教师还可以在课堂上重播影视资料，并允许学生同时听和看，以便他们能更好地理解内容和语境。在此基础上，教师再对影视资料进行讲解，并对学生的表现进行点评、分析与指导，帮助他们更好地理解和吸收所学内容。为了提高教学效果，教师可以在课前将一些准备工作交给有能力的学生，如安排他们辨别语音语调，查找、核对影视资料中的生词和熟语，甚至参与编辑视频资料。这样不仅能有效调动学生的学习热情，还能让他们的特长得到充分的发挥。通过这些教学步骤，影视教学法可以充分发挥提高学生英语口语能力方面的作用。学生通过观看原版英语影视作品，能更直观地感受到语言的魅力和文化的多样性。同时，通过与影视内容相关的口语练习，学生能在轻松愉快的氛围中提升自己的英语口语水平，实现寓教于乐、陶冶情操、拓展思维的教学目标。

二、口语配音法

在信息化时代，利用软件和技术进行配音教学已经成为英语教育中的一个创新方法。这种教学方式不仅能提升学生的听力和口语能力，还能增强他们对语言的感知和模仿能力。教师需要先选择适合进行配音教学的软件，这些软件应具备录音、剪辑和播放功能。同时，根据学生的英语水平挑选适合的英语影视片段，这些材料应具有清晰的对话、丰富的情感表达和文化背景。在教学过程中，教师首先向学生介绍配音的基本概念和目的，并展示所选软件的基本操作方法。接着，全班观看选定的影视片段，教师引导学生分析片段中的对话、语音语调、情感表达等。之后，学生分组进行练习，每组分配不同的角色，如配音员、录音师等。练习配音时，可以先尝试模仿原声，然后逐渐加入自己的理解和情感。进入录制和编辑阶段，学生使用选定的软件录制自己的配音，然后进行基本的剪辑和调整。每个小组展示他们的配音作品，教师和同学们提供反馈，包括发音、语调、情感表达等方面的建议。教师根据学生的表现提供个性化指导，帮助他们改进发音和表达，学生根据反馈进行修正，并再次练习配音。教师应在配音教学过程中总结学生所学的语言技能，如准确发音、语调控制、情感表达等，并进一步深化学习内容，如讨论影视片段的文化背景、角色心理等，以增强学生的语言文化理解。教师可以布置家庭作业，要求学生独立完成一个短片段的配音，以巩固课堂所学。通过这种配音教学的方式，既能使学生在有趣的活动中提高英语听力和口语能力，又能深入理解语言的情感和文化内涵。此外，学生通过使用信息化软件和技术，还能学习到录音和音频编辑等实用技能，这在数字化时代具有重要价值。

三、情景演绎法

在当今信息化时代，运用软件和技术进行情景演绎的口语教学，尤其是通过重现影视名场面或作品情景，已经成为提高英语教学效果的重要方法。这种教学模式不仅能激发学生的学习兴趣，还增强了他们对实际语言运用环境的感知和适应能力。第一，教师需要挑选适合学生水平和教学目的的影视作品。这些作品应该包含丰富的对话、鲜明的情感和文化背景，以便于学生更好地理解和模仿。第二，运用多媒体教学工具如投影仪、电脑和智能板，教师展示选定的影视片段。在此基础上，教师可以利用数字编辑软件对片段进行适当剪辑，以便于在课堂上有效使用。第三，教学过程中，教师需要先向学生全面介绍影视片段的背景、人物关系和情节发展，帮助学生构建起完整的语境理解。然后，学生被引导分析片段中的语言表达和非语言元素,如肢体语言、面部表情和语调变化。这一步骤对于学生理解对话的情感色彩和文化内涵至关重要。第四,学生分为小组,每组选择片段中的一个或多个角色进行模仿和演绎。在此过程中,教师可提供必要的语言支持,如解释难懂的词汇和短语,指导正确的发音和语调。小组成员之间相互合作,一方面模仿原片段的对话和行为,另一方面也可以根据自己的理解进行适当的创造性改编。第五,在模仿练习后,各组进行表演,其他同学和教师则担任观众和评价者。通过这种方式,学生不仅能够在实际的语言环境中运用英语,还能在模仿中学习如何在不同的情境下表达和交流。表演后,教师和同学们提供反馈,既肯定学生的表现,又指出需要改进的地方。除了模仿和表演,教师还可以利用技术手段增强教学效果。例如,使用互动软件进行即时投票,让学生评选出最佳表演,或者运用网络资源进行角色背景的深入研究。此外,教师还可以指导学生利用视频编辑软件制作自己的表演视频,这不仅锻炼了他们的语言能力,还提高了他们的数字媒体素养。通过整个教学过程,学生在重现影视场景的同时,不仅提高了英语口语能力,还深入理解了语言背后的文化和情感内涵。此外,学生通过与技术的互动,增强了自己的信息技术能力,这对于他们在数字化时代的全面发展具有重要意义。这种情景演绎的教学方法将语言学习与文化理解、技术运用和团队合作紧密结合,为学生提供了一个全面而富有挑战的学习环境。

四、移动技术教学法

移动通信技术已经成为人们获取信息、进行交流的重要手段,它提供了一种多样化、生动活泼的交流方式,打破了时间和空间的限制。在语言学习领域,移动通信技术以其提高学习效率、增强学习互动性、延伸学习时间等优势日益受到重视。特别是在英语口语教学中,"如何将移动技术与教学过程有效结合"成为学术界关注的焦点。众多学者对这一新型教学模式进行了研究和定义,其中黄荣怀教授提出了"移动学习"这一概念,将其定义为"在非固定和非预定位置进行的学习活动,或者是有效利用移动技术进行的学习"[①]。将移动技术应用于英语口语教学,能够为学生提供全面

---

① 黄荣怀.移动学习:理论·现状·趋势[M]北京:科学出版社,2008:8-10.

的口语练习支持，增加他们接触和使用英语的机会。这种教学法不仅丰富了课堂内的学习内容，还实现了课堂与日常生活的无缝连接，使学生能够在真实环境中更自然地运用英语进行交流。通过移动通信技术，学生可以随时随地接触英语材料，进行口语练习，从而在日常生活中有效地提升自己的语言能力。

移动技术教学法可以分为4个步骤，分别是课前自学、教师讲解、课堂互动、课后移动式合作学习（图6-3）。第一，在课前自学阶段，教师会根据本单元的文化背景和关键知识点，精心制作一段合适长度的音频或视频材料，并通过播客形式分发给学生。学生利用移动设备接收这些材料，并可以根据个人的时间和地点安排进行自学。在自学的过程中，学生需要完成一些选择题或进行口语录音作答，这有助于教师掌握学生的学习进度和理解程度。这一阶段的学习旨在引导学生激活先前的知识，同时通过充分的口语练习减少学习中的焦虑和不安感。第二，教师讲解阶段，由于学生已通过课前自学对内容有了初步的了解，教师的讲解可以更加专注于关键词汇、句型和语法等重要知识点。这一阶段的讲解通常比较生动，教师在讲解时可以重播音频或视频资料，帮助学生将讲授的知识与实际的语言材料相结合。教师通常会采用3个步骤：首先，教师讲解，学生随后实践；其次，教师做示范，学生跟着理解；最后，教师提出问题，学生进行回答。通过这些步骤，学生能够参与大量的口语练习，加深对学习材料的理解。第三，在课堂互动阶段，教师通过设计各种形式的互动活动，如学生之间的互动和师生之间的互动，来促进学生在实际语言环境中灵活运用所学知识。在设计这些互动活动时，教师遵循由简到难、由表层到深层的原则，结合机械性练习与灵活性练习，以及创造性练习与半机械性练习，同时平衡高难度练习与易于接受的练习。这样的课堂互动能够创造一个愉悦、轻松的学习氛围，鼓励所有学生积极参与，特别是那些平时在大班课堂上较为害羞的学生也能够大胆进行英语交流。值得一提的是，学生在互动过程中可以随时利用移动设备查询相关信息，使移动技术成为口语教学的有效辅助工具。第四，课后的移动式合作学习环节则是在课堂教学的基础上的延伸。由于课堂时间的限制，通常只能让学生对新知识进行基础的认识和练习。为了在更加真实的语境中深入运用所学语言，教师可以根据课程的主要内容和知识点，安排一些开放式的实际任务。通过这些任务，学生可以在合作中进行口语交流，不仅拓展了对新知识的理解，还能在发现问题、分析问题和解决问题的过程中培养创新思维。为确保每个学生都能顺利完成任务并在过程中有所收获，教师可根据学生在课堂上的表现进行分组，并通知学生分组情况和具体任务。在完成任务的过程中，学生可以充分利用移动技术进行沟通，保持学生之间以及师生之间信息的畅通。完成的任务可以上传给教师，教师在阅览后及时回复并给出建议，进一步促进学生的学习进步。

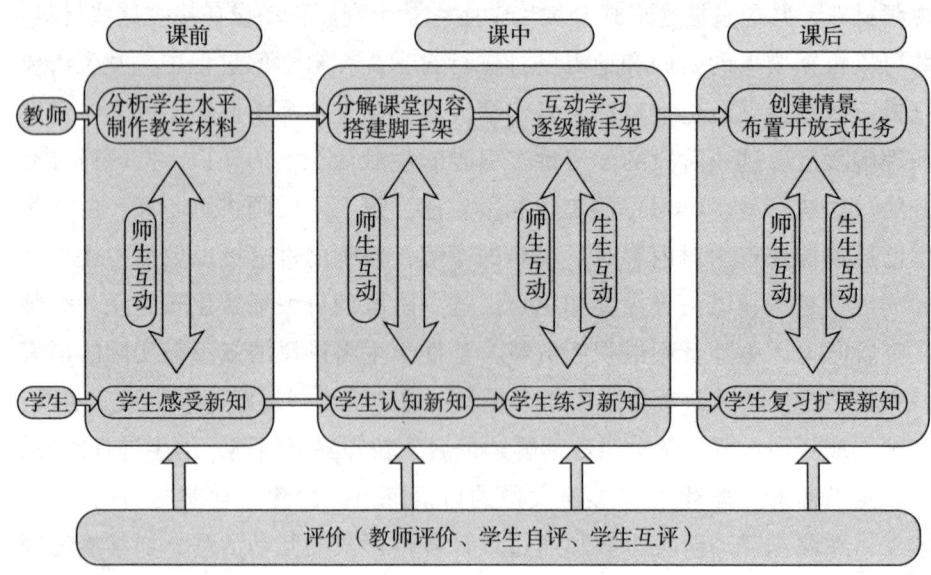

图 6-3　移动技术教学法教学流程

五、慕课教学法

慕课，即开放式网络课程。在数字化时代背景下，采用慕课作为英语口语的教学平台，可以提升教学的创新度与教学效率。此方法允许教师依据课程需求和学生的口语实际水平精选英语视频资料，并围绕这些视频进行知识点的解说，有效推进口语学习进程。使用慕课进行教学时，教师可在视频播放前提出引导性问题，鼓励学生在观看时寻找答案。例如，在处理"今日新职业"主题时，教师可以选择以网络主播、快递员等职业为例，借助多媒体和网络资源整合丰富的图像及视频资料。观看过程中，学生被要求识别快递员的日常职责并探讨新兴与传统快递员角色的差异。随后，通过分组讨论和模拟实践活动，进一步强化学生的口语技能。考虑到慕课强调教师与学生间的互动交流，教学中应增强这种互动性，以便教师能实时把握学生学习状况，主动答疑解惑，并根据实际情况调整教学策略。利用慕课平台的资源和学生常用的社交媒体平台，如微信、微博等，教师可及时发送电子学习资料和教案。此外，教师可以设置一个在线"互动墙"，类似于实时评论功能，鼓励学生用手机或其他智能设备发表问题或见解，由教师或同学回应，这样的即时反馈和互动促进了更高效的学习体验。整体来看，慕课作为一种现代化的教学工具，为大学英语口语教学提供了丰富的资源和平台，使得教学更加多元化和互动化，有效提升了学生的口语能力和学习积极性。

六、构建信息化口语学习追踪体系

在信息化时代背景下，利用信息化技术完善口语学习监督体系和优化口语教学成为一项重要的教育创新。这种方法结合了多种技术手段，包括慕课平台、英语学习应用软件（APP）等，为学生提供了一个灵活、高效的学习环境，同时也为教师提供了有效的教学和监督工具。首先，通过使用英语学习应用软件或慕课平台，教师可以有效管理学生的学习进度。这些平台提供了个性化的学习路径，允许学生根据自己的兴趣和需求安排学习时间和内容。例如，学生可以在应用软件中选择特定的课程，如大学英语四级或六级，然后完成相应的学习任务，如跟读、模仿发音等。这些应用软件通常具备评分和反馈功能，能自动根据学生的发音和表达给出评分和建议，从而帮助学生及时了解自己的学习情况。这种自我调节和即时反馈的机制，不仅提高了学习的灵活性，还增加了学生的参与感和动力。其次，建立学生的学习成长档案也是一个重要步骤。教师可以利用这些技术工具跟踪和记录学生的学习频率、进步情况等，从而建立起一个全面的学习档案。这些档案可以帮助教师更好地了解每位学生的学习状况，为他们提供更加个性化和针对性的指导和支持。例如，学生在完成口语练习后，可以通过应用软件记录自己的学习活动和成绩，然后将这些信息分享给教师。

这样，教师可以根据学生的实际表现调整教学计划，使教学内容更加符合学生的实际需求和学习能力。最后，师生、生生之间的共同监督也是提高学习效率的关键。在这种模式下，教师不仅是知识的传授者，还是学习过程的引导者和监督者。教师可以利用慕课或英语应用软件的语音交流功能，引导学生建立学习小组，共同完成学习任务。这种小组学习模式鼓励学生相互监督和支持，共同参与口语练习，增强了学习的互动性和合作性。此外，学生可以在平台上匿名发言，分享学习心得和问题，教师和其他学生可以及时给予反馈和帮助，从而形成一个积极、互助的学习氛围。

七、构建信息化口语学习评价测试体系

在信息技术日益发达的背景下，构建英语口语教学的评价和测试体系显得尤为重要。借助信息技术，可以使口语教学的评价和测试变得更加及时、准确和客观。第一，实施在线及时评价是一种有效的方法。在这一过程中，教师可以运用慕课等在线教学平台的学分制评价模式，对学生的口语能力进行评估。例如，教师可以设置一系列的口语任务，如商务谈判模拟，学生需要进入在线交流室完成相应的任务。教师根据学生的实际表现和对话内容进行综合评价，如果学生顺利通过考核，便可获得相应的学分。这种评价方式既能及时反馈学生的学习成效，又能鼓励学生在学习过程中积极主动。第二，运用人机口语测试也是构建信息化口语教学评价体系的有效手段。利用英语学习应用软件，教师可以设定多种口语测试，如即兴口语练习、情景模拟等。学生可以通过软件完成不同的口语任务，如根据图片描述场景，软件将自动根据学生的发音、语调进行打分。此外，教师还可以利用专业音频软件采集和分析学生的语音数据，从而更加客观地评估学生的口语能力，包括语速、停顿时长、发音准确性等。这种人机结合的测试方式，不仅减少了评价的主观性，还使口语测试更加全面和科学。通过这些创新的评价和测试方法，教师能够更加全面和准确地了解学生的口语水平，同时也为学生提供了更多样化的学习和练习机会。这种方法不仅提高了口语教学的有效性，还增强了学生的学习动力和参与度，有助于提升整体的教学质量。

第三节　信息化赋能英语阅读教学优化

一、影响英语阅读教学的因素分析

影响英语阅读教学的因素可以分为学生因素和教师因素，具体如下（表6-2）。本节具体分析学生因素的影响。

表6-2　影响英语阅读教学的因素

学生因素	词汇量因素
	语法知识因素
	文化知识因素
	个人认知因素
	母语迁移因素
	个人阅读环境因素
	阅读兴趣及动机因素
	阅读技能因素
教师因素	教材使用因素
	教学模式因素
	文本理解因素
	英汉差异因素
	阅读技巧教授因素

（一）词汇量因素

词汇量对于英语阅读的影响是显而易见的。作为英语学习的基石，它不仅是阅读的基本要求，还是提升阅读能力的关键。学生掌握的英语词汇量大小直接影响着他们对文章内容的理解程度。英语教师需要更多地关注词汇教学，采用有效的教学策略和方法来提升学生的词汇量，以此增强他们的阅读理解能力。这不仅需要改变教学重点，还要采用更加多样化和实

信息化赋能：英语教学模式及教学优化策略探索

用的词汇学习方法，例如通过阅读、讨论和应用来巩固和扩展词汇，而不仅仅是通过机械记忆。通过这些方式，学生能更好地理解和吸收英语阅读材料，从而提升他们的整体英语水平。

（二）语法知识因素

语法知识对于英语阅读理解的影响是深远且复杂的。语法作为语言的骨架，不仅规定了词汇的组合方式，还决定了信息的表达和理解方式。在英语学习中，掌握语法知识对于提高阅读理解能力至关重要。第一，语法知识是理解句子结构的关键。每个句子都是按照特定的语法规则构建的，包括主谓结构、时态、语态、词序等。理解这些语法规则有助于学生正确解读句子的含义。例如，不同的时态可以表示不同的时间状态，语态的变化则能反映行为的主动性或被动性。如果学生不能正确理解这些语法特点，他们就可能误解句子的真正含义。第二，语法知识对于理解段落和文章结构同样重要。文章的组织结构，如因果、对比、顺序等，往往通过特定的语法结构来表达。例如，连词和短语可以表示思想之间的联系，如因果关系、转折关系等。学生如果不能理解这些语法结构，就可能无法把握文章的逻辑和流程。第三，语法知识是理解复杂句型和文章深层意义的基础。英语中的复合句和复杂句型在表达复杂思想和概念时很常见。没有扎实的语法基础，学生很难理解这些复杂的句子结构，从而影响对文章整体内容的理解。尤其是在学术阅读中，作者经常使用复杂的句子结构来表达精确和深入的观点，这就要求读者具备良好的语法知识来准确理解。

（三）文化知识因素

文化因素是英语阅读教学中的一个重要影响因素。语言与文化密切相关，文化本身是一个涵盖知识、信念、价值观、习俗等多方面的复杂社会现象，具有鲜明的民族和地域特色。任何语言都不仅仅是一种沟通工具，还是一种文化的表现，承载着深刻的文化内涵。因此，理解语言也就意味着理解其背后的文化。在英语阅读教学中，学生常常会遇到文化因素的挑战。尽管学生能够识别文中的单词，但有时候却难以准确理解文章的深层含义。这主要是因为文本中蕴含的文化元素，如习俗、价值观等，对阅读理解构成了障碍。文化差异较大的阅读材料往往对学生理解构成更大挑战，反之则相对容易理解。由于文化背景的不同，学生在阅读时难以用目标语言的文化视角来解读文章，这导致了理解上的偏差和障碍。文化差异对英语阅读的影响主要体现在词汇和习语两个方面。词汇是语言的基础，不仅承载着语言的直接意义，还反映了特定社会和文化背景下的深层含义。由于不同文化背景下的价值观念和生活方式的差异，同一个词在不同语境中可能具有不同的文化内涵。例如，英文中的"red"在西方文化中常用来象征愤怒或犯罪（如短语"red-handed"表示正在犯罪），而在中国文化中，红色往往代表喜庆和吉祥（如红色的喜字和春联）。这种文化上的差异使得理解英语词汇时必须考虑其文化背景。习语的理解也深受文化差异的影响。习语通常蕴含着丰富的历史和文化信息，其真正含义往往与特定文化背景紧密相关。例如，"龙"在中国文化中是吉祥和尊贵的象征，与之相关的成语多含褒义（如"望子成龙"表示希望孩子有出息），而在西方文化中，"dragon"常被描绘为可怕和邪恶的生物，象征着罪恶和破坏。这些文化差异导致学习英语习语时必须深入了解和理解其所属文化的传统、历史和风俗。因此，要有效理解英语阅读材料，学习者需要对英语所代表的文化背景有深入的了解和认识，这对于掌握地道的语言和正确理解语言含义至关重要。

（四）个人认知因素

个人认知因素对于阅读的影响是多方面的，主要表现在读者的知识结构和经验上。阅读不仅是识别文字的过程，更是一个与读者已有知识和经验互动的过程。这一互动决定了读者对阅读材料的理解程度和深度。读者的知识结构是阅读理解的基础。这包括他们所积累的所有知识和体验，以及在这个过程中形成的感知、情感、技能等。这些知识和体验可能来源于家庭、社会和学校等多种环境，涉及人生、社会和自然等多个方面。当读者在阅读时遇到相关的概念或情境时，他们能够根据自己的知识结构进行理解和解释，这直接影响了阅读理解的效果。知识结构的丰富性对阅读理解的深度和广度有显著影响。一个具有丰富知识结构的读者在阅读时能够更快地理解复杂的概念和背景，更容易把握文章的深层含义。相反，如果读者的知识结构有限，他们在理解新概念和复杂情境时则更容易遇到困难。此外，个人的认知因素也会导致阅读理解上的个体差异。每个人的知识背景、经历和体验都是独特的，这导致了他们对相同阅读材料的理解可能存在差异。这种差异不仅体现在理解的深度上,还可能影响对材料的情感和价值判断。学习者对阅读材料的满意程度取决于材料是否符合他们的个人标准和需求,这些标准通常由学习者的学习目标、期望、语言水平、知识面和兴趣范围等因素决定。① 当阅读材料在这些方面与学生的实际情况相符时,学生往往会感到满意和愉悦,这有助于激发他们的阅读兴趣。相反,如果材料与学生的需要不相符,不仅不能激发学生的兴趣,甚至可能引起学生的厌倦和反感,从而影响学习效果。因此,在英语阅读教学中,教师需要认识到学生个体认知因素的重要性,并尽可能地提供多样化的阅读材料和教学方法,以满足不同学生的需求。通过激发学生的知识结构,帮助他们建立更加丰富和多元的知识体系,可以有效提升他们的阅读理解能力。同时,教师还应鼓励学生在阅读中积极探索和运用自己的知识和经验,以便更好地理解和吸收阅读材料。

(五)母语迁移因素

母语对英语阅读理解的影响在语言习得过程中表现为一种负迁移现象。根据行为主义语言习得理论,语言学习被视为习惯的培养过程。在这个过程中,学习者的母语知识往往会对学习目标语言产生影响,特别是在母语和目标语存在显著差异的情况下。负迁移现象发生在母语与目标语的结构、语法、词汇等方面存在不同的地方。例如,中文和英文在句法结构和表达方式上有很大差异,这些差异可能导致中国学生在阅读英语材料时遇到困难。由于习惯中文的语法和句式结构,他们在理解英文句子和段落时可能会遇到障碍,尤其是在处理复杂的句子结构和隐含意义时。母语的负迁移不仅体现在语法和句式上,还可能在词汇理解方面造成误导。由于中英文词汇的用法和意义存在差异,中国学生在理解某些英文单词和短语时可能会受到中文词汇习惯的影响,从而导致理解错误或偏差。因此,对于中国学生来说,母语的负迁移是提高英语阅读理解水平的一个主要障碍。在英语教学中,教师需要意识到这种负迁移现象的存在,并采取相应的教学策略来减少其负面影响。

---

① 杨朝丹.非英语专业本科生阅读动机及影响因素研究[J].考试与评价(大学英语教研版),2011(6):60-64.

（六）个人阅读环境因素

阅读环境和语言环境是影响阅读理解能力的两个关键因素。它们在很大程度上决定了英语学习者对阅读材料的理解和吸收程度。对于中国的英语学习者来说，由于缺乏第二语言学习者所处的自然语言环境，他们很难被包围在一个以英语为母语的社区中。与那些生活在以英语为官方语言国家的学习者相比，中国学生接触英语的机会相对有限。在自然语言环境中，第二语言学习者可以通过与本族语使用者的日常交流中，或从新闻媒介、官方文件等渠道获取丰富的语言输入，这对于语言技能的提升至关重要。

（七）阅读兴趣及动机因素

外语学习动机在外语阅读中起着至关重要的作用。作为推动外语学习的内在驱动力，学习动机体现为对外语知识的渴望和求知欲。这种内部动因是外语学习者在学习活动中展现出的自觉能动性和积极性的心理状态。具有高度学习动机的学生在外语学习，尤其是阅读方面，往往能取得更好的学习成效。相反，缺乏学习动机的学生可能将外语学习视为负担，因而学习效果较差。教师在组织英语课外阅读活动时，首要任务是激发学生的阅读兴趣，并培养其良好的阅读习惯。在中学阶段，学生通常对阅读并不陌生。然而，学生的阅读材料通常集中在短篇文章上，且阅读过程往往受到测试问题的限制，导致学生阅读的目的可能变成了仅为了找到文章后面问题的答案。这种阅读方式可能使学生对阅读的真正意义产生误解，从而影响他们对阅读的兴趣和动机。

（八）阅读技能因素

阅读技能对英语阅读理解的影响是显著的。阅读理解不仅涉及理解文字的含义，还包括理解的速度。阅读过程是一种视觉和认知的活动，其中眼睛捕捉文字信息，大脑利用已有知识结构处理这些信息，以实现识别和理解。阅读速度受眼睛获取信息速度和大脑处理信息方式的影响。因此，提高眼睛的反应速度和掌握有效的阅读方法对快速阅读至关重要。目前，一些学生在英语阅读中表现出阅读速度慢和理解能力弱的问题，其中一个主要原因是缺乏基本的阅读技巧。一些学生在中学阶段形成的阅读习惯，如逐字逐句地阅读和使用中文逻辑来理解英文篇章，这些习惯不利于英文阅读的理解和速度。这种阅读方式导致学生在概括文章中心思想时缺乏针对性，或者无法区分现象与本质，从而偏离文章主线。此外，一些学生在需要逻辑推理时，往往依赖想象而非事实，忽视了基于事实的推理。造成这种情况的原因包括对阅读材料中的词汇或表达方式不熟悉、对句法结构的理解不足或文体语言的难度较大、缺乏快速阅读的训练以及不善于利用篇章知识来把握作者的写作思路。快速读者能够有效利用篇章结构，迅速理解文章的主次关系和核心意义，而慢速读者则往往无法追踪作者的思路，难以理解文章的整体框架。除此之外，影响阅读技能的因素还包括注意力和认知思维方式。集中注意力是实现快速、高效阅读理解的重要前提。高度集中的注意力有助于深入理解阅读材料，追踪作者的思路，清晰把握文章脉络。因此，提高阅读技能和消除阅读障碍需要英语阅读者进行科学的英语阅读训练，并养成良好的阅读习惯。通过这种训练，学生可以提高阅读效率，更好地理解和吸收英语阅读材料。

二、信息化赋能英语阅读教学优化的途径

随着时代进步和科技革新，传统的教学模式逐渐变得不适应新兴的教学需求，促使人们探索更为现代化的教学方法和工具。近年来，以计算机网络和多媒体技术为核心的数字化教学方式开始广泛应用于英语教学。网络上的很多主要信息资源会使用英语，这为英语学习者提供了一个实时、丰富的语言学习资源库。英语阅读，作为一种理解文本、获取和处理信息的技能，传统上多依赖于课堂教学。在一个典型的90分钟的课堂中，学生可能只有50%～60%的时间用于实际阅读，其余时间则用于教师讲解阅读技巧和分析案例。这种模式常使教师感到效率低下，而学生则可能感到缺乏兴趣，导致教学成效不佳。① 相比之下，网络多媒体辅助教学能够将课程的特色与以学生为中心的自主学习环境相结合，打破时间和空间的限制，使教学内容更加生动有趣，从而激发学生提高英语综合能力，并推动英语教学的不断革新。在网络环境下进行的英语阅读教学，并不是简单地让学生在网上随意浏览，而是需要教师进行课前周密的准备、教学过程中的指导和教学后的评估。只有这样，学生才能通过网络真正提高他们的英语阅

---

① 张妍.网络多媒体技术在大学英语教学中的应用研究[J].学理论，2008（8）：65-66.

读兴趣和能力。因此，在网络多媒体教学中，更新教学观念，发挥网络优势、激发学生阅读兴趣，科学合理地选择阅读材料，提高文化意识，进行拓展性阅读，培养阅读技巧等途径，是提高英语阅读教学效果的关键。

（一）更新教学观念

随着技术的发展，信息化教学已成为现代教育的重要组成部分。教师在信息化教学中的角色正经历着深刻的转变，这要求他们更新自己的教学观念，认识到信息化教学的必要性、重要性和优势，并主动学习和使用相关技术。具体而言，教师需要认识到，利用信息技术可以在很大程度上丰富教学资源，提高教学效率，激发学生的学习兴趣。信息化教学不仅提供了更多样化的教学方法，还为学生提供了更加灵活、互动的学习环境。教师应积极学习和掌握新兴的信息技术，如学习管理系统、云端协作工具、多媒体制作软件等。了解这些工具的基本操作和应用方式，可以帮助教师更有效地将这些技术整合到日常教学中。传统的教学模式多以教师为中心，但在信息化教学环境中，教师应更多地鼓励学生主动探究、协作学习，并利用技术工具支持这些活动。教师需要定期反思和评价自己的阅读教学方法，确保教学策略能够有效地促进学生的阅读理解，而非仅仅是翻译。信息化技术还可以帮助教师设计更加多样化和个性化的阅读教学活动。例如，利用数据分析工具，教师可以根据学生的学习水平和兴趣，为他们提供定制化的阅读材料和学习任务。通过在线测试和评估，教师可以更加准确地了解学生的阅读理解水平，从而提供针对性的指导和辅导。在信息化教学中，教师应持续反思自己的教学方法，确保它们能满足学生的学习需求。这可能涉及调整课程内容、教学方法或评估方式，以确保教学活动既高效又有吸引力。教师应参与各类专业发展活动，如研讨会、工作坊和在线课程，不断更新自己的教学理念和技能。通过与同行交流，教师可以获得新的灵感和策略，以更好地适应信息化教学的发展。

（二）发挥网络互动优势，激发学生阅读兴趣

在当代教育环境中，信息技术的应用已成为教学改革的重要部分，尤其在优化阅读教学方面，网络多媒体辅助教学发挥着关键作用。这种教学方式通过提供丰富的互动空间，鼓励学生主动参与，从而激发他们的阅读

兴趣。网络平台不仅是学习资源的存储库,更是师生交流与共享知识的空间。教师可以建立一个在线阅读资源库,其中包含课本中的重点和难点,同时补充大量课外阅读内容,以帮助学生更深入地理解教材。为了增加趣味性,教师可以在这些材料中加入相关的图片、漫画、动画和电影片段。在内容的呈现上,教师应考虑到学生的喜好,如字体大小、颜色和排版,以吸引学生的注意力。此外,教师还可以利用网络资源库进行即时的阅读材料选择,这样可以增加课堂上的挑战性和新鲜感。在课堂上,教师可以安排时间让学生进行强化阅读训练,比如通过查找特定信息、寻找关键点和快速浏览等方法来训练学生的阅读技巧。通过这种方式,学生可以在不同的学习阶段进行网上自测或试卷测试,以检验他们的阅读速度和理解的准确性,进而培养快速阅读的能力。教师还可以利用网络平台开展一些创新的教学活动,如在线阅读讨论会、网络研讨课等,这些活动可以增强学生之间的互动和交流,提高他们的分析和批判性思维能力。通过这些多样化的阅读材料和互动方式,网络辅助教学不仅增加了教学的趣味性,还能够提升学生的阅读兴趣和参与度。可以看到,网络多媒体辅助教学通过充分发挥其互动优势,可以为学生提供一个更加丰富、多元和互动的学习环境。这种教学方式不仅培养学生的阅读技巧,还激发了他们对英语学习的兴趣和热情,为英语教学的改革和发展开辟了新的道路。

(三)利用信息技术,科学合理地选择阅读材料

英语阅读作为一门技巧性很强的学科,要求学生通过大量的阅读实践来掌握关键的阅读技巧。在这个过程中,科学和合理地选择阅读材料成为教学的重要环节。教师在挑选材料时,应确保所选内容与课堂教学紧密相连,使之成为教学的有机组成部分。在开始新的课程前,教师可以指导学生利用网络资源,搜索与即将学习的内容相关的资料。这不仅能够培养学生的信息检索能力,还能够加深他们对即将学习内容的预先理解。例如,如果即将教授一篇关于环境保护的文章,教师可以推荐学生浏览一些权威网站上关于当前环保趋势和挑战的文章,以此为背景知识。另外,教师可以在每堂课前精选一些适合学生阅读的网络资源,如有价值的网站、在线杂志或新闻平台,并将这些资源的链接分享给学生。教师可以要求学生在小组内以英语报告的形式分享他们从这些资源中获取的信息,从而促进学

生之间的交流和讨论。每个单元结束时，可以选择几名学生在课堂上做报告，分享他们从网络资源中学到的知识。报告后，教师可以对学生的表现给出口头评价，或者组织学生互评，这样不仅能够激发学生的学习兴趣，还能够提高他们的批判性思维和公开演讲的能力。通过这种方式，网络多媒体资源不仅能作为阅读材料的补充，还能够成为促进学生主动学习、提高英语实际应用能力的有效工具。学生不仅学习到了阅读技巧，还能够更好地理解和利用网络这一强大的信息来源，为他们未来的学习和工作打下坚实的基础。

（四）增强文化意识，注重文化教学

在信息化时代背景下，增强文化意识并注重文化教学是外语教学中一个至关重要的方面。信息化技术提供了一系列工具和资源，可以有效地促进这一过程。例如，教师可以通过互联网接触到大量的文化资源，包括电影、音乐、文学作品、新闻报道以及各种社交媒体内容。例如，通过观看目标语言国家的电影，教师可以了解到该国的日常生活、社会习俗和历史背景。这些资源可以帮助教师构建一个全面的文化意识，再将这些知识整合到教学计划中，帮助学生更好地理解语言背后的文化含义。教师还可以利用网络论坛、社交媒体平台或视频会议软件组织国际交流活动。例如，与目标语言国家的学校建立伙伴关系，让学生通过视频会议与外国学生交流，了解他们的日常生活和文化背景。这种直接的文化交流可以增强学生的文化意识和语言实际应用能力。教师可以创建在线社区，如博客、论坛或社交媒体群组，鼓励学生分享他们对目标文化的观察和理解。这种社区可以成为学生探索和讨论文化差异的平台，通过发表文章、评论和在线讨论，学生可以加深对目标文化的理解并增强自己的文化意识。通过使用多媒体资源，如图片、音频和视频，教师可以在课堂上直观地展示文化元素。例如，展示节日庆典的视频、风土人情的照片或特定文化活动的纪录片，这些都能生动地帮助学生感受到目标文化的魅力。教师可以建立一个包含各种文化资源的在线数据库，如电子书籍、论文、文章和研究报告。这个资源库不仅为教师提供教学材料，也为学生提供了一个自主学习的平台。利用虚拟现实技术，教师可以为学生创造沉浸式的文化体验。例如，通过虚拟现实技术，学生可以"访问"目标语言国家的名胜古迹，体验不同的

信息化赋能：英语教学模式及教学优化策略探索

文化活动，从而更深入地理解和感受目标文化。教师可以组织或参与网络研讨会和文化讲座，邀请来自目标语言国家的专家、学者分享他们的文化知识和经验。这种活动不仅增加了教师的文化知识，还为学生提供了学习目标文化的宝贵机会。

可以看到，利用信息化技术不仅能增强教师的文化意识，还能帮助他们将这种意识有效地传递给学生。这种文化教学的深度和广度，远远超越了传统教学方法，为学生提供了一个全面、多元和互动的文化学习环境。

（五）课后进行拓展性阅读

在现代信息化技术的支持下，课后拓展阅读成为英语教学中不可或缺的一环。这不仅要求学生在课堂上进行专注的阅读，还要求他们将阅读与书写练习紧密结合。信息化技术的优势在于它为学生提供了一个更加广阔和多元的阅读环境，从而扩展了他们的学习视野。教师可以利用网络资源，鼓励学生在课后进行主题性的拓展阅读。例如，根据课本内容的不同单元，教师可以设计一系列与单元主题相关的网络阅读任务。学生可以在网络上搜索与选定主题相关的英文资料，进行深入的阅读和研究。这种方法不仅帮助学生扩大了阅读量，还提高了他们对特定主题的理解和分析能力。除此之外，教师还可以鼓励学生整理他们的阅读笔记和心得，形成书面报告。这不仅是对所阅读材料的再加工和深化理解，还是一种有效的写作训练。书面报告完成后，可以组织学生进行演讲比赛，使学生有机会在公众面前表达自己的观点和理解。这样的活动不仅提高了学生对教材内容的掌握程度，还锻炼了他们综合运用语言的能力，包括归纳、分析和公共演讲技巧。在信息化时代，教师还可以利用各种在线工具和平台来支持和促进学生的课后拓展阅读。例如，通过建立在线论坛或学习小组，教师和学生可以共享阅读材料、讨论问题和分享心得体会。此外，教师还可以通过电子邮件或在线问答系统，为学生提供个性化的辅导和反馈。通过这些方式，课后拓展阅读既可以成为学生巩固和提高英语阅读能力的有效途径，也可以成为他们培养独立学习习惯、批判性思维和创造性表达能力的重要平台。在信息技术的帮助下，教师可以为学生提供一个更加丰富和具有互动性的学习环境，从而有效地提高阅读教学的质量和效果。

（六）培养学生的阅读技能

培养阅读技能是外语学习过程中的一个关键环节，尤其在信息化时代，结合技术手段来提高阅读技能显得尤为重要。预测技能是阅读前的重要步骤。教师可以利用网络资源，如文章、新闻或视频，作为预读材料，鼓励学生提出预测性的问题。例如，根据视频的标题和简介，学生可以预测视频内容或讨论可能出现的主题和词汇。这种活动可以激发学生的好奇心和参与感，为接下来的阅读活动做好准备。扫读技能（Scanning）对于快速获取特定信息非常重要。在实际教学中，教师可以使用在线文章或电子书籍，设置特定的信息查找任务。例如，要求学生在有限的时间内找出文章中的特定事实或数据。这种活动有助于提高学生的阅读速度和信息处理能力。对于略读技能（Skimming），教师可以通过在线资源提供的大量阅读材料，鼓励学生快速浏览文本以获取大致印象。例如，通过阅读在线新闻摘要或博客文章，学生可以练习如何迅速理解文章的主旨和关键点。推测作者态度和倾向性的技能则要求学生分析和解读文本中的隐含意义。教师可以提供含有丰富观点和论点的在线文章或论坛讨论，引导学生识别并讨论这些材料中的观点和态度。根据上下文推测词义的技能也是阅读理解的重要组成部分。教师可以利用在线词典和语料库工具，帮助学生学习如何根据上下文推断生词的含义。此外，教师还可以设计一些填空或选择题，其中包含生词，要求学生根据上下文推测这些词的意思。教师应引导学生恰当地调整阅读速度，把注意力集中在关键词句和段落上。为此，教师可以利用在线平台进行定时阅读练习，设置不同的阅读任务，如寻找特定信息、概述文章主旨或解释特定段落的含义。在教学实践中，引导学生带着问题阅读是非常有效的。教师可以在网络平台上发布阅读材料，并附上一系列的问题，引导学生在阅读时思考这些问题。这不仅能提高学生的阅读理解能力，还能激发他们的批判性思维。引导阅读法或"三读法"可以很好地结合信息化技术。在预先阅读（Pre-reading）阶段，教师可以通过网络分享背景材料，如相关视频或背景文章，帮助学生建立对即将阅读材料的背景理解；在阅读中（While-reading）阶段，可以利用在线工具，如注释软件或互动式阅读应用，来辅助学生的阅读理解；在阅读后（Post-reading）阶

信息化赋能：英语教学模式及教学优化策略探索

段，教师可以设置在线讨论区，让学生分享他们的理解和观点，进行交流和讨论。

第四节 信息化赋能英语写作教学优化

一、影响写作教学的因素分析

（一）教学实施因素

在高校英语写作教学中，教学实施过程的有效管理和协调对于提升学生的写作能力至关重要。这一过程不仅涉及教学内容的传递，还包括时间和环境的管理，以及对学生个体差异的考虑、任务布置、写作构思、写作指导、结果反馈等。第一，教学信息管理是确保信息有效传达的关键。教师需要清晰地界定教学目标，并明确地向学生传达这些目标。这涉及教学内容的选择、教学方法的运用，以及教学资源的分配。例如，教师需要为不同水平的学生提供不同难度的写作任务，确保每个学生都能在自己的水平上得到挑战和成长。这样的差异化教学要求教师能够准确评估学生的能力，并提供适当的指导和反馈。第二，教学信息管理还包括如何提供反馈和评估。有效的反馈不仅要及时，还要具有建设性，帮助学生理解自己的优势和需要改进的地方。这种反馈可以是口头的，也可以是书面的，关键在于它能够促进学生的写作技能的发展。第三，教学时间管理涉及如何高效利用课堂时间和鼓励学生在课外进行自主学习。在课堂上，教师需要平衡不同活动的时间分配，比如讲授、讨论、写作练习和个别指导。有效的时间管理可以确保每个环节都能得到足够的关注，同时保持课堂节奏和学生的兴趣。在课外，教师应鼓励学生参与额外的写作实践和阅读活动。其中包括推荐相关的阅读材料、提供写作任务，甚至是组织写作工作坊或研讨会。通过在课外时间进行大量阅读和写作，学生可以扩展他们的语言知识库，并在实践中应用所学的写作技巧。第四，教学环境管理包括创造一个有利于学生学习的物理环境和心理氛围。物理环境应当舒适和灵活，可以适应不同类型的教学活动。例如，教室应配备必要的教学设施，如多媒体设备和可移动座椅,以便于小组讨论和协作学习。在心理层面,教师需要营造一个积极、包容的学习氛围。这意味着教师应鼓励学生表达自己的观点,尊重不同意见,并提供一个安全的环境,使学生能够在犯错和尝试中成长。此外,教师应强化学习纪律,确保所有学生都能在一个有序和专注的环境中学习。第五,任务布置过程。在英语写作教学中,写作任务的布置是一个关键环节,它直接影响学生的写作学习效果。传统的写作任务布置主要集中在两个方面:一是对题材的具体要求,如指定"经济有关的题材"等;二是对作文质量的标准,强调"思想表达准确、意义连贯、无重大语法错误",这种结果导向的写作任务布置方式有其局限性。然而,在实际教学过程中,写作任务的布置可以更加全面和深入。除了对题材和作文质量的要求外,教师还可以在任务布置中涵盖写作的整个过程,包括审题、构思、制定提纲、选词、查词以及提交形式等方面。[①] 例如,教师在布置写作任务时,可以首先要求学生对给定题目进行深入理解,然后指导他们如何制定一个简明的提纲,这不仅帮助学生明确写作的主线,还可以指导他们在选词和查词时注意词汇的准确性和适用性。此外,教师还可以明确规定写作的提交形式,如要求学生在课堂上或课后完成写作任务。这样全面的写作任务布置方式能更好地引导学生从多个角度思考和实践写作,而不仅仅是依赖于结果导向的标准。这种方法有助于提升学生的写作技巧和思维能力,使他们能够在写作过程中进行更深层次的思考和创新。通过这种方式,教师不仅传授了写作技巧,还培养了学生的批判性思维和创造性表达能力,从而更全面地提升了学生的写作能力和语言运用水平。第六,写作构思过程。写作构思主要分为两种情形:一种是针对考试题目的构思,另一种是日常写作中的构思。对于考试题目的构思,通常是基于考试中提供的写作提纲进行的。尽管这种构思方式看似简化了学生的工作,实际上却并非如此简单。在实际教学中,许多学生并没有真正理解和遵循给定的提纲,导致结果偏离了题目要求的核心。然而,如果学生能够严格按照提纲的内容进行构思,并在此基础上进行适当扩展,他们的写作就能很好地符合题目要求。这种在构思上的不一致,部分原因在于出题者和考生思维方式的差异。英语考试的出题者通常是语言教学和测试领域的专家,他们

---

① 肖潇.大学英语写作教学的有效性研究[D].重庆:西南大学,2010.

的思维方式已经习惯于英语逻辑。而相比之下，大多数考生尚未形成稳定的英语思维方式，仍然采用汉语的思维逻辑来思考问题。这两种不同的思维方式在侧重点上存在差异，导致学生的作品与题目要求出现偏差。第七，写作指导过程。在英语写作教学中，过程指导是一个关键环节，但在实际教学中面临着诸多挑战。在写作教学过程中，学生经常遇到各种困难，如思路的选择、观点的表达、词汇和结构的调整等。这对教师的语言水平和教学技能提出了较高要求。教师需要具备开放的思维方式和灵活应变的能力，以便根据学生的具体需求提供个性化的指导。第八，英语写作教学中，结果反馈是一个关键环节，但在实施过程中存在一些问题和挑战。结果反馈通常分为两种类型：实时反馈和事后反馈，每种方式都有其优势和局限性。实时反馈通常发生在课堂上，教师在学生完成写作后立即对其进行阅读和评价。这种即时的反馈方式使学生能够立刻了解到自己写作中的问题和错误，从而有助于他们及时改正。例如，教师要求学生在课堂上用有限的时间完成一段写作，然后逐一检查并与学生讨论。这种方法虽然效果显著，但相对耗时，且在大班课堂教学中难以实施。事后反馈则发生在课后，学生提交的写作作品由教师进行批改并提供书面反馈。然而，由于时间延迟，学生可能已经忘记了写作时的具体思路和细节，对教师的批改和建议可能缺乏深入理解和充分利用。教师可以采取一些补救措施，如要求学生重新抄写批改后的作文并纠正错误，这种方法虽然能让学生认识并改正错误，但在提高学生写作能力方面的效果有限。实际上，无论是实时反馈还是事后反馈，都应当关注学生对错误原因的认识，这是反馈发挥作用的关键。

（二）学生因素

影响英语写作教学的学生因素主要包括学生已有的认知水平、个体性格、学习动机和学习焦虑等。第一，学生已有的认知水平对英语写作教学的有效性起着至关重要的作用。由于不同学生的听、说、读、写、译能力各不相同，教师在教学中需要针对不同水平的学生采取不同的教学策略。例如，一些学生可能在阅读方面表现出色，而在写作方面则表现平平。教师需要充分了解每个学生的认知水平，从而提供个性化的教学指导。然而，由于学生认知水平的多样性，教师在评估和满足每个学生的需求时面临着挑战。因此，教学效果的提升不仅取决于教师的教学能力，还取决于对学生认知水平的准确理解和有效应对。第二，学生的个体性格会对他们的语言学习产生显著影响。例如，外向的学生可能在课堂上更加活跃，更愿意参与讨论和练习，而内向的学生则可能更喜欢观察和静默学习。这种性格差异导致学生在写作过程中展现出不同的行为模式和学习习惯。教师在设计课堂活动和写作任务时，需要考虑到这些个体差异，确保所有学生都能在他们舒适的学习环境中取得进步。然而，满足不同性格学生的需求是一项挑战，尤其是在人数较多的班级中。第三，学生的学习动机也是影响英语写作教学效果的重要因素。不同学生学习英语的动机各异，有的可能是为了应对考试，有的可能是出于对英语学习的兴趣。这种不同的学习动机影响学生的学习态度和努力程度。教师在教学中需要识别和激发学生的学习动机，以提高他们的学习热情和参与度。然而，鉴于学生动机的多样性，教师在调动每个学生的学习动机方面面临着不小的挑战。第四，学生的学习焦虑对英语写作能力的提升也有显著影响。焦虑可能源于对成绩的担忧、与同伴的比较或对自我能力的怀疑。这种焦虑可能抑制学生的学习潜力，影响他们在写作中的表现。教师需要识别并减轻学生的学习焦虑，以创造一个支持和鼓励的学习环境。然而，鉴于学习焦虑的复杂性和个体差异，教师在处理学生焦虑问题时面临着诸多挑战。整体来看，学生方面的因素对英语写作的教学效果产生着重大影响。教师在教学中需要综合考虑这些因素，以提高教学效果，但同时也面临着不少挑战和难题。

（三）环境因素

影响高校英语写作教学的环境因素主要包括语言文化环境和学校教学环境。第一，语言文化环境的影响。语言是在特定的文化环境中习得的，而语言和文化之间存在着密切的联系。这种联系表现在语言不仅是表达思想的工具，还是文化的载体。语言学习和文化背景的关系尤为重要，特别是在非英语母语国家进行英语学习的情况下。例如，中国学生学习英语时，不仅要掌握语言本身，还要理解和适应英美等英语国家的文化背景。学生的生活经历和文化接触面的不同，导致他们对中国文化和英美文化的了解程度不同，这种差异影响学生的语言习得方式和写作风格。此外，中西方文本结构的差异也会影响学生的写作方式。因此，在教学过程中，教师需

信息化赋能：英语教学模式及教学优化策略探索

要充分考虑学生的文化背景和语言环境，帮助他们在写作中更好地融合语言和文化。第二，学校教学环境的影响。学校的教学环境对英语写作教学的有效性有一定影响。课堂教学环境包括班级规模、课堂气氛、教学设施和教学空间，都对学生的学习体验和学习效果有一定影响。班级规模对英语教学尤为重要，因为它直接影响学生的参与度和教师的关注度。小班教学可以增加学生参与讨论的机会，增强师生互动，从而提高学习效果。相反，大班教学可能限制了学生的参与机会和个别指导的可能性。课堂气氛也是一个重要因素，积极、民主和放松的课堂氛围有利于激发学生的学习兴趣和积极性，而严肃、紧张的课堂气氛可能抑制学生的创造性思维和表达。此外，教学设施和教学空间的设计也对学生的学习体验和学习效果有一定影响。可以看到，语言文化环境和学校教学环境是影响高校英语写作教学的重要环境因素。这些因素在不同程度上影响学生的学习动机、学习方式和学习效果。教师在教学过程中需要充分考虑这些因素，以创造一个有利于学生学习和发展的教学环境。

二、信息化赋能英语写作教学优化的途径

（一）加强词汇和语法训练

在信息化时代背景下，英语写作教学的关键在于加强词汇和语法训练，这两个方面对于提高写作水平至关重要。信息化技术的应用，为优化写作教学提供了新的途径和工具。第一，词汇是写作的基础。丰富的词汇量可以帮助学生更准确地表达自己的想法。信息化技术在此方面的应用主要体现在利用数字化资源和工具来辅助词汇学习。例如，通过在线词汇学习平台和应用程序，学生可以接触到大量的单词和短语，并通过各种互动式练习加深记忆。这些平台通常包括词汇游戏、记忆挑战和语境模拟等多种形式，不仅能够提高学习的趣味性，还能提高学生的记忆效率。第二，语法是构建句子和段落的框架，对于清晰和有逻辑地表达思想至关重要。信息化技术在语法教学中的应用可以通过交互式语法教学软件和在线课程来体现。这些工具和资源能提供广泛的语法练习，从基础语法规则到复杂句型构造，帮助学生逐步掌握英语语法。此外，许多语法学习软件还包含即时反馈和错误分析功能，这对于学生理解和纠正自己的错误特别有效。信息

化技术还能够促进学生在真实语境中应用词汇和语法知识。通过在线写作平台和博客，学生可以将学到的词汇和语法知识运用到实际写作中。这些平台通常允许同伴评价和教师反馈，为学生提供了一个互动和实践的环境，从而提高他们的写作能力。通过在线交流平台和社交媒体，学生可以与其他学习者或母语者进行互动交流，这不仅有助于提升语法和词汇能力，还能提高学生的语言实际应用能力，为写作提供更多的语言素材和灵感。人工智能技术也为英语写作教学带来了新的可能性。人工智能写作助手可以为学生在写作时提供语法建议、词汇选择和风格改进等方面的帮助。这些工具不仅能够即时纠正学生的错误，还能提供个性化的学习建议，进一步提升他们的写作技能。

（二）关注和满足学生个性化写作辅导需求

信息化背景下，关注学生个体差异和个性化学习需求是提高英语写作教学效果的关键。信息化技术为实现个性化写作教学提供了丰富的工具和资源，有助于满足不同学生的需求，提高他们的写作水平。学生因素在教学中具有重要作用，每位学生都具有独特的学习方式、兴趣需求、学习背景、语言水平和学习动机，了解学生的个体差异至关重要，信息化技术可以帮助教师更好地了解学生。通过在线调查、学生档案和学习数据分析，教师可以获得有关每位学生的信息，如他们的学习历史、优势领域、弱点和学习风格。这些数据可以作为个性化教学的基础，帮助教师量身定制教学计划。个性化写作教学需要根据学生的需求和水平制定不同的教学策略。信息化技术可以为教师提供丰富的教学资源和工具，以满足学生的不同需求。例如，对于那些需要加强词汇记忆的学生，可以利用在线词汇学习应用程序，提供个性化的词汇练习和记忆技巧；对于写作能力较弱的学生，可以选择合适难度的写作材料，并提供即时反馈；对于写作能力较强的学生，可以额外提供挑战性的写作任务，以促进其进一步发展。信息化技术还可以支持学生自主学习和自主反馈。在线学习平台和写作工具可以让学生随时随地进行学习，根据自己的节奏和兴趣选择学习内容。学生可以通过自主练习和在线写作工具进行写作实践，并及时获得自动化反馈。这种个性化的学习体验有助于激发学生的学习兴趣和自我管理能力。信息化技术还支持学生之间的协作和互助学习，学生可以在虚拟学习社区中分享写作经验、互相评价和提供建议。这种协作学习环境有助于学生从多个角度理解写作，提高他们的写作技能。个性化写作教学需要教师的指导和反馈。教师可以利用信息化技术来跟踪学生的学习进展，及时发现问题并提供个性化的建议。通过在线会议和讨论板，教师可以与学生进行互动，解答他们的疑问，激发他们的学习动力。

（三）促进写作教学的语言输入

在信息化时代，英语写作教学的有效性可以通过充分利用信息技术得到显著提升。教学过程中，应注重听、说、读、写技能之间的内在联系，尤其是强调大量的语言输入在提高写作水平上的重要性。正确的英语写作技能，必须建立在充分且高质量的语言输入基础之上。首先，阅读是语言输入的重要组成部分。教师可以引导学生通过在线阅读平台浏览各类英文资料，如经典文学作品、时事新闻、学术论文等。这些材料的多样性不仅能够丰富学生的词汇量，还能够提升他们对不同文体和语言结构的理解，从而间接促进写作能力的提高。此外，通过信息技术手段，教师可以为学生提供个性化的阅读推荐，帮助他们根据自身水平和兴趣选择合适的阅读材料。其次，听力也是写作能力提升的关键。利用英语听力应用和在线教育平台，学生可以接触到不同口音和语速的英语材料，如播客、讲座、电影对话等。这种多元化的听力练习不仅有助于提高学生的听力理解能力，还能增强他们对语言节奏和语调的感知，这对写作中的语言表达尤为重要。再次，信息技术的应用还包括利用多媒体和交互式工具来增强学习体验。例如，教师可以结合视频内容和互动式练习，使学生在观看视频的同时，进行相关的写作练习。这种方法不仅能够增加学习的趣味性，还能促进学生将所学知识应用于实际写作中。最后，信息技术还提供了一个平台，让学生可以发布自己的写作作品并获得反馈。学生可以在博客、社交媒体或在线论坛上分享自己的写作，接收来自同学、教师乃至全球观众的反馈。这种互动不仅提高了学生的写作动力，还有助于他们从不同的视角和意见中学习和成长。以上可以看到，信息技术通过提供丰富的语言输入资源和互动平台，可以帮助学生提升语言能力和培养写作技巧。

（四）缩小英汉写作思维差距

英语和汉语这两种语言在写作思维的表达方式、文化背景和逻辑结构上存在根本不同。这些差异不仅影响着语言的表面结构，还深刻地影响着思维方式和写作风格。信息技术的应用为这种探索提供了丰富的资源和工具，使得这一过程更加深入和直观。英语和汉语在句式结构上有显著差异。英语倾向于使用主谓宾结构，强调清晰和直接的逻辑顺序，语法结构比较严格。例如，在英语写作中，一个典型的句子结构可能是 "He had already eaten that egg." 这个句子直接明了，遵循了严格的主谓宾语法规则。相比之下，汉语的句子结构更灵活，语法更加多样，往往更注重内在的意境和情感表达。在写作逻辑上，英语写作强调线性逻辑，即按照时间或逻辑顺序排列事实和论点。例如，在一篇论述文中，作者可能先提出一个论点，然后按顺序列出支持这个论点的证据或论据。而汉语写作则更注重融合和综合，可能在一个段落中同时展现多个相关的观点或信息，更加注重整体性和层次感。此外，英汉两种语言在文化背景和表达习惯上也存在差异。英语写作倾向于直接表达观点，而汉语写作则更倾向于含蓄和迂回。这种差异源于各自文化的沟通习惯，英语文化更倾向于直接和实用，而汉语文化则重视含蓄和礼貌。信息技术的应用可以帮助学生更好地理解和适应这些差异。通过使用在线教学平台、互动式教学软件和数字化语料库，教师可以为学生提供大量的英汉对比材料，如双语文本、视频讲座和互动练习。这些资源能帮助学生直观地感受到英汉语言在表达方式和逻辑结构上的不同，从而更好地适应英语写作的要求。例如，教师可以通过在线平台展示同一主题的英汉两篇文章，让学生分析和讨论这两篇文章在结构、表达方式和文化背景上的差异。通过这种比较分析，既能让学生直观地理解英汉写作的差异，又能培养他们的跨文化交流能力和写作技巧。总之，通过信息技术的应用，可以更深入地探索和理解英汉写作思维上的差异。这种理解不仅对于学习英语写作至关重要，还有助于学生培养全球视野和跨文化交流能力。在这个信息化时代，掌握这些技能对于学生的学术和职业发展都是十分重要的。

信息化赋能：英语教学模式及教学优化策略探索

（五）提高教师写作教学能力

在当今的信息化时代，教师的写作教学能力可以通过有效利用信息技术得到显著提高。信息技术不仅为教师提供了更多样化的教学资源，还开拓了新的教学方法和策略，从而提高了教师在写作教学中的效率和创新性。第一，信息技术为教师提供了丰富的在线教学资源和工具。例如，教师可以通过访问在线数据库、电子图书馆和学术期刊来获取大量的写作教学材料和案例。这些资源不仅包括各种文体的写作样本，还有关于写作策略和方法的研究文章。利用这些材料，教师能更全面地了解当前的写作教学趋势和技巧，同时为学生提供更加多元和丰富的学习内容。第二，信息技术使得教师能够采用更具有互动性的教学方法。利用在线讨论板、博客和社交媒体，教师可以鼓励学生分享自己的写作作品，并在网络环境中进行同伴评审和讨论。这种方法不仅提高了学生的参与度，还鼓励他们在写作过程中进行自我反思和批判性思考。同时，数字技术也为写作教学提供了新的视角。利用多媒体工具，如视频编辑软件和交互式白板，教师可以创造更加生动和直观的教学内容。例如，教师可以制作关于写作技巧或文体分析的视频教程，帮助学生更加直观地理解写作的各个方面。第三，信息技术还使得教师能够更有效地进行学生写作作品的评估和反馈。利用在线评分系统和写作分析软件，教师不仅能够节省批改作业的时间，还能提供更加客观和一致的评价。同时，这些工具还可以帮助教师追踪学生的进步和发展，从而更有针对性地提供个性化的指导和支持。第四，信息技术还为教师提供了持续的专业发展机会。通过参与在线研讨会、网络课程和教师社区，教师可以不断更新自己的教学方法和理论知识。这些在线学习平台不仅提供了与全球同行交流和学习的机会，还使得教师能够根据自己的时间和兴趣进行灵活的学习。以上可以看到，信息技术在提升教师写作教学能力方面发挥了关键作用。通过利用这些技术，教师不仅能够提高教学的效率和质量，还能够更好地满足学生的学习需求和适应教育的发展趋势。在这个信息化的时代，教师应积极运用技术的力量，不断提高自己的教学能力。

（六）优化作文批改和写作反馈机制

信息技术的快速发展为优化作文批改和写作反馈机制提供了新的可能性。通过运用现代信息技术工具，教师可以更高效、更深入地进行作文批改，同时为学生提供更有价值的反馈，从而促进学生写作能力的提升。第一，信息技术可以帮助教师提高作文批改的效率。传统的手工批改方式耗时且效率低下，而利用信息技术，如在线批改系统和自然语言处理工具，教师可以快速地识别出学生作文中的常见错误，如语法错误、拼写错误和标点符号错误。这些工具通常还能提供详细的错误分析和改进建议，帮助学生理解并纠正自己的错误。第二，信息技术可以使作文批改和反馈更加个性化。通过数据分析和学习分析系统，教师可以了解每个学生的写作水平、常犯错误类型和进步情况。基于这些数据，教师可以为每个学生提供针对性的反馈和指导，从而更有效地帮助学生提升写作技能。第三，信息技术还可以增强作文批改和反馈的互动性。例如，教师可以使用在线评论工具和交互式写作平台，不仅在学生的作文上提供书面反馈，还能与学生进行实时讨论和互动。这种互动方式能够更好地激发学生的学习兴趣，同时帮助他们更深入地理解和吸收反馈内容。信息技术的应用还包括利用视频和音频工具进行反馈。通过录制视频或音频反馈，教师可以更生动和详细地解释作文中的问题和改进方法。这种方式既直观又能增加反馈的个性化和情感性，从而更有效地促进学生的学习和改进。第四，信息技术还支持同伴评审和社区学习。利用在线平台，学生可以相互评价对方的作文，并提供建议。这种同伴互动不仅能够增加学生对写作的认识和了解，还能培养他们的批判性思维和沟通能力。第五，信息技术还为长期追踪学生写作进步提供了可能。通过电子化的作文提交和存储系统，教师可以轻松地追踪每个学生的写作历史和进步情况。这种长期追踪有助于教师更准确地评估教学方法的有效性，并根据学生的进步情况调整教学策略。整体来看，信息技术在作文批改和写作反馈机制中的应用大幅提高了教学的效率和质量。通过这些技术，教师不仅能够为学生提供更快速、更个性化的反馈，还能促进学生更深入、更有效地学习写作。在未来，随着信息技术的不断发展，它们在写作教学中的作用将会变得越来越重要。

信息化赋能：英语教学模式及教学优化策略探索

第五节 信息化赋能英语翻译教学优化

一、激发学生的翻译兴趣

在信息化背景下，翻译教学优化的策略主要集中在利用多媒体和网络技术来激发学生的学习兴趣。这一策略涉及多个方面，包括创建互动的学习环境、采用多媒体教学工具和利用网络的强大检索功能。第一，网络教学手段创造了一种更为轻松的师生互动学习环境。通过将部分课堂内容放置于校园网上，教师可以实现对学生自主学习的有效引导。此外，通过网络平台，教师能够根据学生的学习能力和基础水平有计划地增加学习难度，并加强对英美文化和跨文化交际的理解。学生可以通过网络资源自主阅读、翻译并模仿英文文章，逐步提升自己的翻译能力。第二，多媒体教学光盘和自制课件的使用对于翻译教学至关重要。由于各高校的资源和条件不同，教师制作的多媒体课件应基于教学目标、教学过程、学生的知识水平及媒体特性来设计，确保学生的翻译能力得到全面的训练和提升。多媒体课件应该集成图片、声音、动画、视频等元素，将抽象的翻译理论内容形象化、生动化，同时整合中国文化和西方文化的相关知识，帮助学生系统地掌握翻译的基础知识。第三，网络的强大检索功能为学生提供了广泛的翻译素材库，使得学生可以根据自己的专业背景和兴趣选择相应的翻译材料进行练习。这种方法不仅使学生成为学习的中心，还有利于提高他们的自主学习能力。网络的交互性功能还为教师和学生提供了一个开放的互动对话环境，这有助于改善传统的英语课堂氛围，创造一个更为生动和实际的英语学习环境。

二、翻译教学模式优化与多元化

在信息化背景下，英语翻译教学模式正经历着由传统向多媒体和网络资源利用的转型。这种转型不仅改变了教学内容的呈现方式，还优化了教学方法和策略。第一，引入多媒体与网络技术后，教学模式由教师主导的传统讲授方式转变为更加注重学生参与和实践的模式。在这种新型教学模式中，教师的教学重点在于对翻译理论和技巧的精细讲解，同时为学生提供一个统一的理论框架。此外，教师可以根据学生的特点和学校的具体情况，设计多样化的翻译练习，既包括题材和体裁的多样性，也包括难度层次的梯度设计。第二，在课程建设方面，教师需要及时更新和补充翻译素材库。考虑到翻译本质上是一种跨文化的交流活动，具有强烈的实践性，因此素材库应该反映当代社会的多样性，同时体现不同难度层次。教师可以鼓励学生根据自己的兴趣和专业背景收集翻译素材，这样既能保持教学内容的统一性，又能为教师提供个性化教学的空间。第三，教学手段的优化是提高学生英语学习水平的关键。传统的翻译教学中，教师讲解占据了主导地位，学生的实践机会较少。在新的教学模式中，教师应该结合课堂讲解与实践练习，激发学生的学习兴趣，引导他们主动参与和探索。课外辅导也是不可忽视的部分，教师应给予学生及时的技术指导和个人经验分享，帮助学生解决学习中的难题，同时监控练习过程，确保学生翻译练习的质量。此外，教师还应根据学生的练习情况，及时调整和更新课件内容，确保教学内容的时效性和有效性。

在信息化时代的背景下，翻译教学的优化策略还应注重多元化的教学模式，并着重于发挥学生的主体作用。这要求教师转变传统的教学观念，从过去的以教师为中心的教学模式，转向更加注重学生主动参与和个性化学习的方法。为了实现这一目标，教师应在教学设计上更加灵活和创新。例如，在教授商务英语翻译时，教师可以在课前利用多媒体资源展示相关的视频资料或图文信息，激发学生对商务英语学习的兴趣和热情。这种方法可以帮助学生在轻松愉快的氛围中学习，增加他们的学习动力。此外，教师还可以通过播放与商务英语相关的电影或视频，帮助学生在实际情境中学习语言和翻译技巧。这种方法不仅能够让学生更好地理解语言和文化背景，还能提高他们的翻译实践能力。为了进一步提升教学效果，教师应跳出传统教学框架，按照学生的具体能力和需求组织小组活动，让学生深入以教材为基础的实际操作训练中。在此过程中，根据学生的表现和能力水平，教师应提供公平和客观的反馈。面对训练过程中遇到的诸多翻译挑战，教师应明确指示问题所在，并引导学生理解和掌握正确的翻译策略。通过这种互动式和实践性的教学方式，学生不仅能够提高自己的翻译技能，还能够更好地理解翻译的实际应用。

信息化赋能：英语教学模式及教学优化策略探索

三、翻译教学中融入文化因素

翻译作为跨文化交流的重要桥梁，文化因素在其中扮演着至关重要的角色。正确理解和传达源语言和目标语言文化中的细微差异，对于实现有效的翻译至关重要。在信息化技术的帮助下，翻译文化教学可以更加深入和高效。第一，文化因素在翻译中的重要性不言而喻。翻译不仅仅是语言文字的转换，更涉及文化背景、社会习俗、历史传统等方面的理解和表达。任何语言都是其文化的载体，因此在进行翻译时，如果忽视文化因素就会导致信息的误解或失真。例如，同一词汇或短语在不同文化背景下可能具有完全不同的含义和情感色彩。因此，翻译时必须考虑这些文化差异，以实现真正意义上的"忠实"翻译。第二，信息化技术为翻译文化教学提供了强大的支持。通过网络资源、多媒体工具和在线交互平台，教师可以有效地将文化因素融入翻译教学中。例如，教师可以利用网络资源展示不同国家的历史、文化、社会习俗等内容，让学生在实际语境中学习和体验，从而更好地理解源语言和目标语言的文化差异。此外，多媒体工具如视频、音频和动画可以使抽象的文化概念形象化，增加学习的趣味性和互动性。又如，网络平台和社交媒体为学生提供了与母语者直接交流的机会。通过参与在线讨论、博客写作或社交网络互动，学生可以直接接触到目标语言文化，实现更深入的文化理解和交流。这种实践性学习不仅有助于提高学生的语言水平，还能够增强他们对文化差异的敏感性和理解能力。信息化技术还支持教师和学生对翻译素材进行实时更新和共享。在翻译教学中，使用最新的新闻报道、流行文化内容和社会热点事件作为教学素材，可以帮助学生理解并适应不断变化的文化语境。同时，教师可以利用在线评估和反馈工具，及时了解学生的学习情况，有针对性地指导学生如何在翻译中处理文化因素。

四、构建专业化的英语翻译教学团队

在英语翻译教学中，构建一支专业化的教师团队对于提高教学水平至关重要。对于个别教师而言，作为英语翻译的授课者，应具备持续学习和自我提升的意识，不断提高自己的翻译技能和教学方法，以更有效地进行教学和促进学生的学习进步。同时，学校应吸引和汇聚具有高水平翻译能

力和丰富实践经验的人才,通过集结各种优秀资源,共同构建一支既专业又具备强大综合素养的英语翻译教师团队。为此,学校应在政策支持、资金投入等方面加大对英语翻译课程的重视。① 进入信息化时代,信息技术为英语教学改革提供了新的机遇。当前,英语教师面临的挑战在于如何摒弃过时的教学方式,采用更创新的教学策略来进行英语翻译教学。在这种背景下,许多英语教师开始研究多媒体辅助的英语翻译教学方法,以寻找更加科学和有效的教学策略。这种趋势不仅促进了教学方法的创新,还为提高翻译教学效果提供了新的思路。

---

① 高磊.大学商务英语翻译教学中存在的主要问题与应对对策[J].陕西教育(高教),2017(5):28-29.

第七章　信息化赋能英语教学评价体系优化

第一节　英语教学评价优化的基本原则

英语教学评价优化需要遵循以下几项原则（图7-1）：

图7-1　英语教学评价优化的基本原则

一、整体与局部并重原则

在优化英语教学评价的原则中，整体与局部评价结合的原则显得尤为重要。这个原则旨在通过综合各个方面的评价来提高评价的有效性和可信度。具体来说，局部评价指的是针对教师工作的特定方面，如课外活动、师生关系，或者是针对特定时间段的工作表现，例如一节课或一次班会的评价。局部评价对于整体评价来说至关重要，因为它可以帮助避免整体评价出现表面化或过度简化的倾向。整体评价是采取一种更为全面和长远的视角，系统、持续、长期地反复评价教师工作的各个环节。由于教育和教学活动的长期性和复杂性，依据少量的局部评价或数据统计是不足以全面反映教师工作情况的。因此，整体评价必须建立在多个局部评价的基础之上，通过综合这些局部评价的结果来形成对教师工作的全面理解。实际上，将局部评价与整体评价相结合的过程，就是将静态评价与动态评价相结合的过程。这意味着不是仅考虑单个时间点或特定方面的表现，而是关注教师在不同时间段和不同方面的表现如何随着时间的推移而发展和变化。同时，这也是专题性评价（针对特定方面或活动的评价）与概括性评价（对教师整体工作的评价）相结合的过程，以及形成性评价（在教学过程中进行的持续性评价）与终结性评价（在一段时间后对教师工作的总结性评价）相结合的过程。

二、定量与定性评价结合原则

在英语教学评价中实施定量与定性评价结合的原则，是优化评价体系的重要方面。现代评价理论强调，任何客观存在的现象都具有其数量和质量两个方面。因此，在教师评价过程中，结合定量和定性的评价方法是必要的。定量评价侧重于将教师的工作量化，如课时数量、课外活动次数等，这有助于确保评价的准确性和进行量化比较。而定性评价则关注教师工作的质量，如教学方法的创新性、与学生的互动质量、教育研究的深度等。教师的工作本质上是复杂和多元的，这种复杂性体现在几个方面：第一是教师承担的多样化教学任务；第二是教学过程的复杂多变性；第三是教师之间的协作关系以及灵活多样的教学手段；第四是教师工作的成效往往需要长期努力才能显现；第五是教师作为榜样的影响力。由于教师的工作特性，仅关注其工作量或仅关注其工作质量都是不够的。单纯的定量评价可能导致教师过分重视教学时长和活动数量，而忽视了教学质量的提升和教育研究的深入。相反，只关注定性评价可能会导致教师单方面追求研究成果的数量和公开课的质量，而忽略了作为教师应履行的其他工作职责。因此，只有将定量分析和定性分析有效结合，才能全面反映教师工作的特点，并做出科学、全面的评价。结合定量与定性评价的原则，不仅可以更全面地评估教师的工作表现，还能促进教师在教学和研究方面的均衡发展。这种综合评价方式有助于识别教师在不同方面的优势和不足，从而为教师提供更有针对性的支持和发展建议。

三、多元主体参与原则

教学评价的多元参与原则是一个重要的教学评价体系优化原则，它强调评价过程中各方主体的参与和贡献，以确保教学评价的全面性和客观性。这个原则的实施不仅有助于收集更多元的反馈，还能提高评价的有效性和可信度。第一，教学评价不应只是学校管理层或教务部门的事务，而应该涉及教师、学生、家长、同行甚至社会各界。每一方都有其独特的视角和价值观，能够为教学评价提供不同的见解和建议。例如，学生可以从学习者的角度评价教学内容的相关性和教学方法的有效性；家长可以从孩子的学习成效和行为变化来评价教学影响；同行评价则可以提供更专业的意见。第二，多元参与原则鼓励开放的沟通和持续的反馈。通过定期的调查问卷、讨论会和一对一会谈等方式，各参与方可以分享他们的观点和建议。这种交流不仅提供了教学改进的具体方向，还有助于建立互相尊重和理解的学习社区。第三，在多元参与的基础上，教学评价应收集多维度的数据。这包括定性数据（如教师的教学风格、学生的参与度）和定量数据（如考试成绩、出勤率）。多维度数据的收集有助于全面评价教学质量，而不是仅依赖单一的评价标准。第四，当评价过程中包含了来自不同背景和视角的意见时，评价结果将更加全面和客观。这有助于减少单一评价主体可能产生的偏见，从而提升评价的准确性。第五，多元参与的评价体系不仅是对过去教学的反思，更是对未来改进的指导。通过不断的反馈和建议，教师能够及时调整教学策略，满足学生多样化的学习需求。第六，在多元文化的教育环境中，教学评价应考虑不同文化和价值观对教学和学习的影响。这种融合有助于培养学生的全球视野，同时尊重和包容多样性。现代技术，如在线调查和数据分析工具，能够有效地支持多元参与的评价体系。它们不仅提高了数据收集的效率，还允许实时分析和分享反馈。为了保证评价的连续性和时效性，定期进行教学评价并持续监测教学过程是至关重要的。这有助于教师及时发现问题并采取相应的改进措施。

学校应努力培养一种积极的参与文化，鼓励所有相关主体主动参与到教学评价中。这种文化的建立可以通过定期的培训、研讨会和激励机制来实现。多元参与的评价体系鼓励教师尝试新的教学方法和工具，从而推动教学创新。通过反馈和评价，可以识别哪些创新方法有效，哪些需要改进。可以看到，教学评价的多元参与原则是确保教学质量和促进教学改进的关键。它不仅增加了评价的全面性和深度，还为教师和学生创造了一个更加开放、创新的学习环境。通过实施这一原则，可以提高教学的整体效果，同时促进教育公平和包容性。

第二节 基于信息化背景的英语教学评价体系构建

一、应用大数据技术构建教学评价体系

在英语教育领域中，随着信息化时代的深入发展，特别是在大数据技术日益成熟的背景下，有效结合信息技术及信息化专业人才在英语教学评价中的作用变得尤为重要。这不仅关乎评价方法的现代化，还关系到评价体系的全面性和准确性。信息技术的应用在英语教学评价中扮演着关键角色。使用先进的数据分析软件和教育技术工具，能够提升数据处理的效率，同时揭示教学活动中的深层模式和趋势。这些技术的应用不仅局限于数据的收集和分析，更在于如何通过这些数据来洞察教学效果，指导教学方法的改进和优化。同时，教育机构需要重视培养和引进那些精通大数据分析的教育技术专家。这些专家通过对大量教学数据的分析，能够提供更深入、更全面的教学评价结果，从而更精确地指出教学过程中的优势和不足，为教育决策提供有力的数据支持。在教学评价指标的设计方面，应当打破传统的以定量评价为主导的框架，引入定性评价，使之与定量数据相结合。这样的结合不仅使评价体系更加全面，还能更好地反映教学的各个方面，包括学生的参与度、教学互动的质量以及教学内容的吸引力等。此外，英语教育评价中的数据来源也需要多样化。除了传统的学术成绩等定量数据，还应注重收集关于学生反馈的定性信息，如学生的参与态度、心态变化和互动频率等。这些信息可以通过多种途径收集，如一对一访谈或问卷调查。最终，这些新型评价方法和技术的应用应该被系统地整合到英语教学评价体系中。这样的系统化不仅增强了评价的多元性和综合性，还确保了教学反馈和申诉机制在基于大数据的评价体系中得到充分体现。通过这种综合的评价方法，可以更准确地评估和引导教学活动，从而在英语教育领域实现质量的持续提升。

信息化赋能：英语教学模式及教学优化策略探索

二、全面采集数据，丰富评价内容

在构建以大数据为支撑的英语教学评价体系时，关键在于实现对真实课堂数据的全面收集和分析，从而丰富和优化评价方法。这种方法的核心在于运用大数据技术，从多个维度收集关于课堂的信息，进而提供更为客观和全面的评价结果。第一，真实课堂数据的全方位采集。通过在教室安装摄像头等设备，可以实时记录课堂上的各种活动，包括教师的讲课方式、学生的反应和互动情况等。这些数据的收集不仅有助于分析师生互动的质量，还可以观察学生的注意力集中情况和知识掌握程度。第二，基于数据的英语教学行为分析。对收集到的数据进行深入分析，可以揭示教师教学行为对学生的吸引程度，并据此评估教学质量。这种分析能够基于教师和学生的面部表情、语言表达和行为姿态等多维度数据，提炼出有价值的信息，以实现对教学质量的智能化评价。第三，对学生学习状况进行全面评估。大数据可以进行数据挖掘与分析，对课堂活动数据与学生行为数据进行综合统计和分析。此外，借助智能教学平台收集的学习数据，可以实现对学生在线学习活动的深入了解，并提供全方位、可信的数据支持，以评估学生的学习成果。第四，超越时间和空间的限制，丰富评价手段。同样可以利用大数据进行评价，这种方式可以克服传统评价模式的时间和空间约束。并且评价团队可以不必直接参与现场，只通过课堂视频记录和大数据技术就能完成对教学效果的评估。这种方式不但客观、真实，而且能够有效丰富现有的评价模式。

通过全方位采集真实课堂数据并结合大数据技术进行分析，可以显著提升英语教学评价的客观性和真实性。这种方法不仅为教师和学生提供了更有价值的反馈，还为教育决策者提供了更为准确的数据支持，从而促进英语教学质量的持续提升。

三、全面利用人工智能反馈，提升评价效率

在构建和应用基于大数据的英语教学评价体系时，充分利用人工智能技术，可以提升评价反馈的频率和效率。人工智能技术可以通过对英语课堂收集的图像与声音资料进行分析，利用面部识别、语音识别和肢体语言

分析技术实现自动化的处理与评估过程。这样的技术应用使得英语教学过程中的问题能被迅速识别，并能即时向教师和学生提供反馈。[①] 例如，通过运用人工智能技术分析真实课堂数据，可以深入了解师生的情感转变。在对教师的教学行为进行评价时，不仅要考虑其传授知识的效果，还应分析教师在教学过程中的情感表达，如神情、语言和肢体动作等，以此评估教师如何通过积极的情感状态和愉悦的教学氛围提高学生的学习效果。同样，学生在英语学习过程中的情感态度也是评价的重要组成部分。通过分析学生在课堂上的表情、互动情况和肢体动作，可以评估其学习态度和思维状态，了解学生的情感转变。积极的情感态度有利于学生更好地投入学习中，从而获得更好的学习效果。将情感信息分析纳入英语教学评价体系中，有助于实现更全面的育人目标，促进师生的协同发展。这种评价方式不仅关注知识传授的效果，还重视情感交流对教学质量的影响，从而促进教学环境的优化和学生学习效果的提升。这一方法不仅有助于教师全面了解教学情况和学生的学习状况，促进教学反思和教学设计的优化，还能引导学生保持积极的学习态度，并帮助他们调整自己的学习状态。此外，教师还可以分析教学问题的根本原因，以便优化和调整自己的教学方法。这种基于大数据的高校英语教学评价体系，依托信息化工具，不仅提高了教学评价结果的客观准确性，还显著增强了评价结果的反馈作用。它实际发挥了教学评价在提高教师的教学质量和学生的学习质量方面的重要作用。在构建基于大数据的英语教学评价体系时，融入师生情感信息的分析对于丰富评价内容至关重要。这既是大数据技术应用的重要基础，也是实现教学多元化目标和促进师生全面发展的关键环节。英语教学不仅要注重提升学生的语言能力，还应关注教师与学生情感方面的发展，从而促进学生的综合素质提升和教师教学能力的增强。

[①] 魏春燕.基于大数据的高校英语教学评价体系建设与应用研究[J].校园英语，2023（23）：43-45.

第八章 信息化赋能学生英语自主学习能力提升

第一节 自主学习的意义

自主学习是一个多维概念，在不同的理论框架和研究方法下，不同的教育理论家持有不同观点。2001年，庞维国对不同学者的观点进行了整理和总结，根据庞先生书稿[1]，对于自主学习的定义有如下几种代表性观点：以维果斯基为首的维列鲁学派将自主学习视作一种言语驱动的自我导向过程。在这个观点中，学习者通过内部言语来调节和指导自己的学习活动。而代表操作主义学派的斯金纳则认为，自主学习本质上是一种基于奖惩机制的操作行为，即学习者通过奖励或惩罚做出反应的过程。社会学习理论的代表人物班杜拉则强调了预期、计划与行为现实之间的对比与评价在自主学习中的作用，强调学习者在学习过程中进行调整和控制的重要性。认知建构主义的代表弗拉维尔，则认为自主学习是元认知监控的过程，即学生根据自己的学习能力和任务要求，主动调整学习策略。自主学习的概念在不同的教育理论中呈现出多元化的视角。庞维国提出，自主学习可以从横向和纵向两个维度来界定。[2] 横向维度关注学生在学习的各个方面的自主性，包括动机、内容、策略、时间安排、环境营造及学习结果的自我评价。如果学生在这些方面能够自主做出选择和控制，其学习可视为充分自主。纵向维度则着重于学习过程的整体，从设定学习目标、制订计划、进行自我监控、反馈和调节，到学习后的自我检查和总结等方面来衡量自主学习。

---

[1] 庞维国.自主学习：学与教的原理和策略[M].上海：华东师范大学出版社，2003：25.
[2] 庞维国.自主学习：学与教的原理和策略[M].上海：华东师范大学出版社，2003：3.

从以上观点可以看出，在狭义上，自主学习是指学生在教师的指导下，自觉、能动地参与创造性学习，以实现自我发展。这种学习方式强调学生作为学习的主体，在教师的引导和有效的师生互动中，自主地参与学习活动，目的是培养学生的自主性。从广义上讲，自主学习不仅是对技能和知识的掌握，更重要的是促进学生对自身的内在理解和改进，包括自我认知、内部动机的激发和元认知的发展。[①] 教师的角色不仅限于在知识和技能上引导学生，还应培养学生的自主学习态度、习惯和能力，并指导学生进行实践和探索。这种学习方式着眼于学生的终身学习，使学生在积极主动学习的过程中实现自我认识、自我教育、自我管理和自我完善。[②]

自主学习具有以下几点意义（图 8-1）：

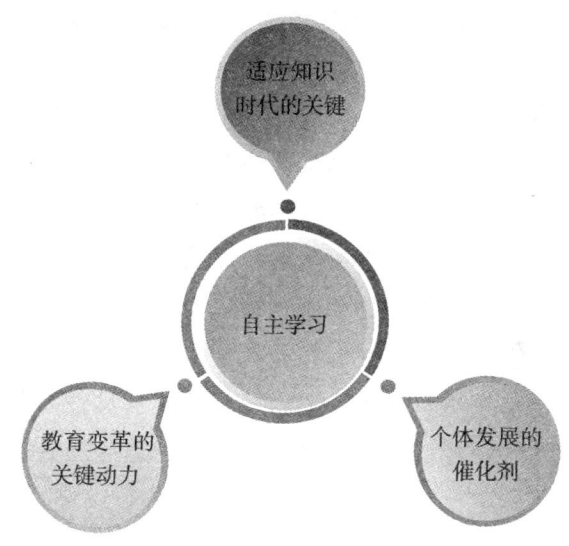

图 8-1 自主学习的意义

一、自主学习是适应知识时代的关键

在当今快速发展的科技时代，知识的增长和更新速度前所未有，这给社会各行各业带来了巨大的挑战。这种知识更新的速度意味着个体必须不

[①] 翟睿.自主学习的理论与实施策略研究[D].长春：东北师范大学，2006.
[②] 胡霞.高校自主学习理论与实施策略研究[J].中国成人教育，2014（11）：129-130.

信息化赋能：英语教学模式及教学优化策略探索

断进行自主学习，以适应社会的发展需要。自主学习的时代价值和意义在于它是个人适应这种迅速变化的知识环境的关键。自20世纪60年代中期提出"终身教育"理念以来，学习者的自我进取和终身学习成为时代的要求。终身教育体系突破了传统的教育与工作分离的模式，倡导教育应成为伴随个体终身的持续活动。这种教育理念的核心在于个体必须具备持续学习和自主学习的能力。

随着现代社会的发展，尤其是受到智能化生产过程和新科技革命的影响，社会迫切需要具有创新能力的人才。这种人才不仅需要掌握相应的知识技能，更需要具备创新意识、竞争和合作精神，以及敏锐的观察力和丰富的想象力。自主学习的教育理念和教学方式，正是培养这种创新型人才的有效途径，只会死记硬背以及缺乏自主学习能力的人必将被社会淘汰。自主学习有助于培养学习者的独立人格和良好的心理品质，激发他们的主动求学和积极探索精神，培养他们的竞争、冒险和合作品质，以及勤于实践的习惯和能力。自主学习不仅是个人适应知识经济时代的需要，还是社会发展的基石。通过自主学习，个人不断更新知识，提高技能，从而为社会的持续发展注入新的活力。自主学习培养的不仅仅是知识和技能，更是一种终身学习的态度和能力，是个体在快速变化的世界中保持竞争力和创新力的关键。自主学习在当前社会尤显重要，它不仅满足了个人职业生涯中对知识和技能的持续更新需求，还为社会培养了具备创新能力和终身学习精神的人才。在知识经济时代，自主学习成为适应社会发展和进步的必要条件。

二、自主学习是教育变革的关键动力

在当今教育领域，自主学习已成为学校教育的必然要求和教育变革的关键动力。随着终身教育体系的确立，中小学基础教育的角色和任务正在经历深刻的变革。这种变革的核心在于，教育不再仅仅是将所有知识灌输给学生，而是更多地注重培养学生的自主学习能力，为他们未来的持续学习打下坚实基础。在这一教育观念的指导下，学校教育在教学手段和模式上也正在发生深刻变化。随着网络和多媒体技术的广泛应用，计算机辅助教学等新型教学方式越来越多地被引入课堂。这些新型教学手段正在逐步取代传统的以教师传授知识为主的教学模式。特别是在西方，越来越多地采用旨在培养学生自主学习能力的"自学、交流、评价、完善、总结"等五步教学法，这种教学方式有助于激发学生的主动学习意识和能力。然而，当前学校教育中仍面临着许多亟待解决的问题。虽然在课程改革的推动下，一些课堂教学已经开始向有利于学生自主学习的方向转变，但传统的讲授式教学仍然十分流行，尤其在高中和大学的教学中尤为明显。传统讲授式教学以教师为中心，主要通过教师讲解和媒体来传授知识，学生往往扮演被动接受者的角色。这种教学模式虽有其合理之处，但也存在明显的局限性。为了应对这些挑战，学校教育应将培养学生的自主学习能力作为一项重要任务。这需要改变教学内容和方法，更需要改变教师和学生的角色。教师应从传统的知识传授者转变为学生学习的指导者和促进者，而学生则应从被动的知识接受者转变为主动的知识探索者。通过这种转变，可以有效提高学生的学习动机和能力，培养他们的创新思维和解决问题的能力。从整体上来看，自主学习作为教育变革的关键动力，对于学校教育的现代化和学生个人能力的提升具有不可估量的意义。在这一变革中，教师、学生以及教育体系都需要做出适应和调整，以确保学生能在快速变化的世界中获得必要的知识和技能，成为终身学习者和创新者。

三、自主学习是个体发展的催化剂

自主学习作为一种教育理念和实践方法，在个人发展中扮演着至关重要的角色。它不仅仅是一种学习方式，更是一种促进学生全面发展的重要途径。第一，自主学习促进了学生主体性的发展。在传统的教育模式中，知识的积累往往被放在首位，而忽视了学生主体性的培养。而自主学习则强调在知识和能力发展的过程中，学生如何主动和积极地习得这些知识与技能。通过自主学习，学生不仅能吸收科学文化知识，还能够了解自己的学习特点，根据自身的能力去选择合适的认知策略。在这一过程中，学生的主体性得到显著的提升，使他们能够在改造环境和变革社会的过程中实现自我发展。第二，自主学习在提升学生的主动性方面起到了关键作用。主动性的发展涵盖了适应性、选择性、竞争性、合作性和参与性等多个方面。自主学习通过鼓励学生在有目的、有计划的实践活动中进行探索和尝试，培养了他们的主动意识和精神。这种主动性是培养创新精神的基础，使学生能够更好地适应社会的需求，更积极地参与到社会的各项活动中去。第三，自主学习对学生自觉性的发展也具有显著影响。自觉性体现在学生对学习的浓厚兴趣、掌握有效的学习方法，以及坚持不懈地学习态度。在自主学习过程中，学生是在自己的兴趣驱动下积极学习的，他们学会了运用多种学习技巧和方法。同时，学生学会了对自己进行正确和客观的评价，对自己的行为进行激励和调节，从而形成健康的心理品质。第四，自主学习在提高学生的学习质量方面发挥了重要作用。具有高自主学习能力的学生更能认识到自己的学习目标与学习活动的价值，他们能够更好地自我约束，并运用有效的学习策略与自我调节策略。这不仅提高了他们的学习成效，还使他们在学术和职业生涯中更具竞争力。可以看到，自主学习不仅是一种学习方式，更是个体发展的催化剂。它通过促进学生的主体性、主动性和自觉性，以及提高学习质量，为学生的全面发展提供了强有力的支持。在知识经济时代，自主学习的价值不仅体现在学术成就上，更在于它培养了具备自主思考和终身学习能力的现代公民。

第二节 信息化赋能英语自主学习的途径

基于信息技术的自主学习能力培养途径有以下几点（图8-2）：

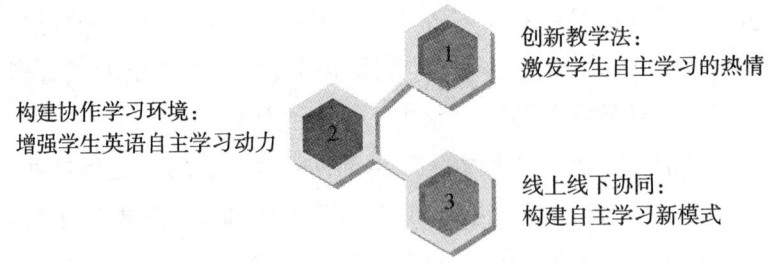

图8-2 基于信息技术的自主学习能力培养途径

一、创新教学法：激发学生自主学习的热情

在信息化时代背景下，英语教学的多样化方法对于激发学生的自主学

习兴趣具有重要作用。通过运用现代信息技术，教师可以为学生提供更加生动、直观的学习体验，并增强学习资源的针对性和有效性。教师在选择学习材料时，需要考虑学生的语言水平和所学知识点，以确保学习材料的适宜性。第一，主题讨论。主题讨论的实现得益于QQ、微信等网络通信技术的普及。在设置讨论主题时，教师可以依据单元教学内容提出相关问题，并将学生分为小组进行讨论。这种讨论方式鼓励学生超越传统的教学内容限制，自由表达观点，不必过分担心语法正确与否。这样自由和开放的讨论环境能够最大限度地激发学生的学习兴趣和提高思维发散能力，同时帮助他们养成使用英语进行表达的习惯。课后，教师应指导学生复习和学习相关的语法和词汇，以加强语言知识的掌握和记忆。第二，人机交互的利用。利用英语学习平台进行口语和听力训练是另一种有效的教学方法。学生可以通过边听边复述的方式，练习句子中的连读、弱读和重读等发音技巧。这种方法不仅可以提高学生的听读能力，还有助于提升他们的口语表达能力和对话技巧。通过这种互动和参与的学习方式，学生的学习热情得以激发，从而更加积极地投入英语的自主学习中。第三，课堂情境的创设。在现代化的英语教学中，传统的教学模式和备课方式已发生显著变化。教师在备课时，不再仅仅依赖于纸质材料，而是通过现代信息技术工具将问题和讨论点整合到课堂教学中。在课前的导入环节，教师可以使用多媒体播放与教学内容相关的歌曲或视频，以激发学生的兴趣和学习欲望。在教学过程中，教师可以组织小组讨论、抢答、PPT制作和展示、歌剧表演等多样化的活动，也可以让学生自主选择表达方式，从而在轻松愉快的氛围中进行英语学习。这种多元化的教学方式不仅让学生在自主学习中充分展示自我，还提高了他们的语言实际应用能力。通过上述多样化的教学方法，英语教学能够更好地适应信息化时代的要求，同时也为学生提供了丰富的学习体验，增强了他们的学习动力和自主学习的兴趣。这种教学模式既能提升学生的语言技能，又能帮助他们培养批判性思维、创新能力和团队协作精神，为他们的全面发展打下坚实基础。

二、构建协作学习环境：增强学生英语自主学习动力

在当代信息化的英语教学环境中，培养学生的自主学习动机和合作意

识是至关重要的。尽管信息技术为英语学习提供了便利，但也存在着诸如缺乏面对面交流而导致学习焦虑等问题。为此，教师需要采取一系列措施，以减轻学生的焦虑情绪，增强他们的自主学习动机。第一，线上交流平台的使用在缓解学生焦虑方面发挥着重要作用。教师可以通过网络通信软件与学生进行在线交流和讨论，例如利用QQ或微信进行实时咨询和问题解答。在这样的线上环境中，学生可以在较为轻松的氛围下表达自己的观点和疑问，进而增强学习动机。此外，教师还可以通过在线平台发布学习任务，鼓励学生在讨论和辩论中积极参与，从而提高他们的语言实践能力。第二，在线合作学习是另一种有效的教学方法。在这种模式下，教师可根据教学内容设定特定的任务，鼓励学生独立或与同伴合作完成。合作学习不仅能促进学生之间的交流与互助，还能够提升学生的团队协作能力。此外，通过在线平台共享学习成果，使优秀的作品可以在更广泛的范围内分享，进一步激发学生的学习热情。第三，课堂合作学习也是提升学生自主学习能力的有效手段。通过将课堂主导权交给学生，教师可以创造一个更加活跃、参与度高的学习环境。例如，教师可以运用小组讨论、角色扮演等多样化的教学方式，让学生在实际的语言使用中学习和练习。这种教学方式不仅能够活跃课堂气氛，还能够加深学生对英语知识的理解，并提高他们的沟通和表达能力。此外，教师还应该充分利用现代信息技术和多媒体工具来营造一个轻松、有趣的学习环境。例如，教师可以使用多媒体演示、互动式教学软件等工具，提高课堂的趣味性和互动性。这种教学环境不仅可以增强学生的学习动机，还能够帮助他们更好地理解和掌握英语知识。综合来看，信息技术环境下的英语教学应注重培养学生的自主学习能力和合作意识。通过线上交流、在线合作学习和课堂合作学习等多样化的教学方法，教师可以有效激发学生的学习兴趣，同时帮助他们克服学习过程中的焦虑情绪。这些教学策略既促进了学生的英语学习，也为他们的全面发展和未来职业生涯的成功奠定了坚实的基础。

三、线上线下协同：构建自主学习新模式

在当今信息化时代，英语教学的方式正在经历一场由信息技术推动的变革。这一变革的核心在于线上和线下教学模式的有机结合，目的是更好

地帮助学生掌握英语学习的方向，提高学习效率和质量。线上教学主要通过网络平台和多媒体技术为学生提供丰富的学习资源和灵活的学习环境。在这种教学模式下，教师不仅可以通过电子邮件、在线论坛或学习管理系统等发布课前预习材料、学习指导意见和作业任务，还可以利用视频教程、互动式模拟和在线测试等多样化的教学工具来增强学生的学习体验。这种在线学习方式的优势在于它既可以使学生根据自己的学习节奏和兴趣点进行个性化学习，也为他们提供了随时随地访问学习材料的便利。然而，线上学习的有效性在很大程度上依赖线下教学的补充和支持。线下教学，特别是课堂上的面对面交流，对于学生掌握英语学习方向至关重要。在课堂上，教师可以通过直接反馈和指导来解决学生在线上学习过程中遇到的具体问题，帮助他们掌握概念和理解难点。此外，课堂上的群体讨论、角色扮演和口语练习等互动活动能够提供真实的语言使用环境，这对于学生的语言技能提升和实际应用能力的增强尤为重要。在这种线上线下结合的教学模式中，教师的角色也发生了变化。在线上，教师更多地扮演信息提供者和学习引导者的角色，他们通过网络平台提供教学内容和资源，鼓励学生进行自主探索。而在课堂上，教师则转变为互动的参与者和学习过程的促进者，他们通过直接的教学和互动来增强学生的理解和应用能力。这种角色的转变有助于激发学生的学习动力，提高他们的学习效率。此外，这种教学模式对于学生的自主学习能力的培养也是至关重要的。线上学习为学生提供了自主探索和学习的机会，他们可以根据自己的兴趣和需求选择学习材料，安排学习时间，从而培养了自我管理和自我驱动的能力。而线下教学则通过教师的即时反馈和同伴之间的互动，帮助学生巩固学习成果，提高学习的深度和广度。在这种线上和线下结合的教学模式中，评价和反馈机制也起着至关重要的作用。在线上，学生可以通过参加在线测验和提交电子作业来及时了解自己的学习进展。而在课堂上，教师的即时反馈和同伴评价则可以为学生提供更加具体和个性化的学习指导。这种双向的评价机制不仅帮助学生认识到自己的优点和不足，还激发了他们改进学习方法和提高学习效率的动力。这种教学模式对于提高学生的跨文化交际能力具有重要意义。通过线上学习，学生可以接触到来自不同文化背景的英语材料和资源，这不仅扩大了他们的视野，还增强了他们对不同文化的理解和尊重。而在课堂上，教师可以组织多元文化背景下的讨论和活动，帮助学生建立跨文化交际能力。从上述可以看到，线上和线下结合的教学模式对于学生掌握英语学习方向具有重要的影响。通过这种模式，学生不仅能够提高语言技能和学习效率，还能够培养自主学习能力和跨文化交际能力，为他们的未来学术和职业生涯打下坚实的基础。

参考文献

[1] 汤海丽.高校英语信息化教学改革与微课教学模式探究[M].北京：冶金工业出版社，2018.

[2] 刘长江.信息化语境下大学英语课堂生态研究[M].北京：世界图书北京出版公司，2014.

[3] 张冰，蒯莉萍，成敏."互联网+"时代大学英语信息化教学研究[M].西安：世界图书出版西安有限公司，2018.

[4] 莫英.信息化背景下大学英语教学改革与创新思维[M].成都：四川大学出版社，2018.

[5] 邢至晖.基于信息化构建区域课堂观察平台的实践研究[M].上海：上海交通大学出版社，2019.

[6] 丁睿.大学英语教学发展研究[M].长春：吉林人民出版社，2019.

[7] 高红梅，管艳郡，朱荣萍.高校英语教学创新性研究[M].长春：吉林人民出版社，2021.

[8] 高琳，吴勤，王琪睿.英语教育教学管理与阅读兴趣培养[M].长春：吉林人民出版社，2021.

[9] 刘广宇，王运华.英语课程体系构建与教学改革研究[M].长春：吉林人民出版社，2020.

[10] 资灿.高职英语教学的发展与创新研究[M].成都：西南交通大学出版社，2020.

[11] 王九程.信息化时代高职英语教学研究[M].长春：吉林人民出版社，2020.

[12] 毛佳玳.信息化背景下高校英语教学创新研究[M].杭州：浙江工商大学出版社，2022.

[13] 康燕茹.教育信息化与中小学英语教学创新研究[M].长春：吉林人民出版社，2020.

[14] 侯志荣.信息化时代大学英语混合式教学研究[M].长春：吉林人民出版社，2021.

[15] 魏琴.信息化背景下大学英语教学研究[M].长春：吉林人民出版社，2020.

[16] 曾大立.信息化教育与英语教学[M].北京：九州出版社，2018.

[17] 刘红，刘英，潘幸.英语核心素养与英语教学[M].长春：吉林人民出版社，2021.

[18] 唐君.高校英语信息化教学研究[M].北京：中国国际广播出版社，2018.

[19] 吴文亮.信息化时代高校英语教学理论的解构与重塑[M].长春：吉林大学出版社，2019.

[20] 吕文丽，庞志芬，赵欣敏.信息化时代下的大学英语教学改革探索[M].长春：吉林大学出版社，2019.

[21] 武琳.信息化教学中英语翻转课堂教学模式的建构与教学实践[M].北京：九州出版社，2018.

[22] 尹新，杨平展.融合与创新：高校教育信息化探索与实践[M].长沙：湖南科学技术出版社，2018.

[23] 丽娜.大数据驱动下的大学英语教学革新与探索[M].长春：吉林人民出版社，2021.

[24] 杨海霞，田志雄，王慧.现代高职英语教学研究与实践探索[M].长春：吉林人民出版社，2019.

[25] 杨洋，倪兆学，徐岩.英语课堂设计与微课教学模式[M].长春：吉林人民出版社，2019.

[26] 杨雪静.高校英语教学模式创新研究[M].长春：吉林人民出版社，2019.

[27] 黄华.大数据背景下高职英语教育教学创新研究[M].长春：吉林人民出版社，2021.

[28] 赵长林，王桂清，李友雨. 大学课程与教学研究 [M]. 北京：北京理工大学出版社，2020.

[29] 王晓裴. 信息化时代高校英语教学研究 [M]. 北京：经济管理出版社，2018.

[30] 唐昀. 智慧时代下的专门用途英语教学研究 [M]. 长春：吉林人民出版社，2020.

[31] 颜莲洁. 职前英语教师信息化教学能力调查研究 [D]. 桂林：广西师范大学，2023.

[32] 陈俊杰. ASSURE 模式在初中英语阅读信息化教学中的应用研究 [D]. 长春：吉林农业大学，2023.

[33] 胡颖芊. TPACK 知识框架下高中英语教师信息化教学设计能力现状研究 [D]. 上海：华东师范大学，2023.

[34] 卿树成. 后疫情时代高中英语教师信息技术与教学深度融合的问题与对策研究 [D]. 重庆：西南大学，2022.

[35] 刘欢. 民办高校大学英语在线教学实施情况的调查研究 [D]. 南昌：南昌大学，2022.

[36] 吴子敏. 教育信息化 2.0 时代乡村小学英语教师信息素养评价指标体系的构建与应用 [D]. 广州：广东技术师范大学，2022.

[37] 陈欣悦. 英语专业师范生信息技术应用能力现状及提升策略研究 [D]. 西安：西安外国语大学，2022.

[38] 高杉杉. TPACK 视阈下的初中英语教师信息化教学能力研究 [D]. 沈阳：沈阳师范大学，2022.

[39] 华佳. 农村英语教师信息技术应用能力现状研究 [D]. 沈阳：沈阳师范大学，2022.

[40] 黄卓群. 信息化教学背景下高中英语课程资源利用 [D]. 上海：华东师范大学，2022.

[41] 陈清华. 面向思维品质培养的小学英语绘本信息化教学设计研究 [D]. 曲阜：曲阜师范大学，2021.

[42] 文丽娜. 信息化背景下翻转课堂在初中英语语法教学的实践研究 [D]. 上海：华中师范大学，2021.

[43] 安晓丽. 后疫情时代初中英语教师信息化教学能力提升策略研究 [D]. 汉中：陕西理工大学，2021.

[44] 汤慧敏. 基于游戏理念初中一年级英语听说信息化教学模式研究 [D]. 秦皇岛：河北科技师范学院，2021.

[45] 姜振葳. ASSURE 模式在高中英语阅读信息化教学中的应用研究 [D]. 哈尔滨：哈尔滨师范大学，2021.

[46] 陈明珠. 教育信息化背景下乡村中学英语教师的角色定位研究 [D]. 桂林：广西师范大学，2021.

[47] 徐文佳. 教育信息化 2.0 下初中英语信息化教学发展现状及策略研究 [D]. 广州：广东技术师范大学，2021.

[48] 芦婧. 职前英语教师的信息化教学能力调查研究 [D]. 上海：华东师范大学，2021.

[49] 李萌萌. 信息技术与初中英语课程整合的调查研究 [D]. 太原：山西师范大学，2020.

[50] 李洁. 信息化教学在高中英语教学中的应用调查研究 [D]. 南昌：江西科技师范大学，2020.

[51] 丁旭. 混合学习环境下基于产出导向法的高中英语写作教学研究 [D]. 长春：东北师范大学，2023.

[52] 农李巧. 提升小学生英语学习能力的人机共生机制研究 [D]. 重庆：西南大学，2022.

[53] 苏秋军. 高校英语教师知识可视化信念特征与实践探究 [D]. 上海：上海外国语大学，2021.

[54] 魏志慧. 高校教师 TPACK 发展研究 [D]. 上海：华东师范大学，2020.

[55] 张琳. 师范生信息化教学能力培养研究 [D]. 上海：华东师范大学，2019.

[56] 付荣文. 公众参与视角下的外语教育政策规划研究 [D]. 上海：上海外国语大学，2019.

[57] 贾振霞. 大学英语混合式教学中的有效教学行为研究 [D]. 上海：上海外国语大学，2019.

[58] 向宗平. 职前英语教师整合技术的学科教学知识研究 [D]. 上海：华中师范大学，2018.

[59] 李胜利. 应用型本科英语类专业教学转型研究 [D]. 厦门：厦门大学，2018.

[60] 王静. 我国高校外语教育信息化政策发展研究 [D]. 上海：上海外国语大学，2018.

[61] 马琴. 大学英语个性化教学研究 [D]. 重庆：西南大学，2017.

[62] 赵轶洁. 农科研究生公共英语教学资源建设与教学模式研究 [D]. 北京：中国农业科学院，2017.

[63] 朱莎. 基于移动终端的教学：教师采纳意向模型及对学生学习动机和策略的影响 [D]. 上海：华中师范大学，2016.

[64] 石玲. 网络多媒体形态下大学英语词汇教与学的实证研究 [D]. 南京：东南大学，2016.

[65] 刘长江. 信息化语境下大学英语课堂生态的失衡与重构 [D]. 上海：上海外国语大学，2013.

[66] 隋晓冰. 网络环境下大学英语课堂教学优化研究 [D]. 上海：上海外国语大学，2013.

[67] 孙先洪. 信息技术与大学英语课程整合中的教师计算机自我效能研究 [D]. 上海：上海外国语大学，2013.

[68] 胡加圣. 基于范式转换的外语教育技术学学科构建研究 [D]. 上海：上海外国语大学，2012.

[69] 陈坚林. 计算机网络与外语教学整合研究 [D]. 上海：上海外国语大学，2011.

[70] 乔爱玲. 基于会话材料与扩展听读资源的交际型英语教学模式研究 [D]. 长春：东北师范大学，2007.

[71] 李平. 职业教育信息化进程中纺织外贸商务英语教学实践 [J]. 棉纺织技术，2024，52（1）：109.

[72] 瞿小燕. 信息化融合在职业学校英语教学中的应用研究 [J]. 海外英语，2023（24）：119-121.

[73] 宋玉琴. 信息化背景下高校英语教学的创新发展：评《信息化背景下高校英语教学创新研究》[J]. 科技管理研究，2023，43（24）：237.

[74] 李平. 职业教育信息化进程中纺织外贸商务英语教学实践 [J]. 棉纺织技术, 2023, 51 (12): 109.

[75] 许伟. 信息化时代的英语翻转课堂教学实践: 评《当代英语教学变革与生态翻译理论探究》[J]. 应用化工, 2023, 52 (12): 3480.

[76] 端木冰冰. "课程思政"背景下加强高校中外合作英语教学信息化改革的研究与实践 [J]. 中国新通信, 2023, 25 (23): 218-220.

[77] 范丽娟. 信息化背景下任务驱动型英语阅读教学研究 [J]. 黑龙江科学, 2023, 14 (21): 104-106.

[78] 李艳娥. 信息化视域下高职英语智慧课堂教学策略探讨 [J]. 佳木斯职业学院学报, 2023, 39 (11): 212-214.

[79] 袁敏敏. 信息化背景下大学英语教学模式创新研究: 以《英语视听说》为例 [J]. 海外英语, 2023, (22): 156-159.

[80] 张硕. 教育信息化背景下高职院校英语教学信息技术应用探讨 [J]. 中国新通信, 2023, 25 (22): 218-220.

[81] 周佩珩, 李凯平. 诊断性测试对信息化环境下高校大学英语教学的反拨效应研究 [J]. 海外英语, 2023 (21): 83-86.

[82] 王爱飞. 人工智能时代大学英语教师信息化教学能力提升研究 [J]. 海外英语, 2023 (21): 167-169.

[83] 张杨. 大学英语信息化教学存在的问题及解决措施分析 [J]. 海外英语, 2023 (21): 173-175.

[84] 范俊玲. 信息化时代高职英语教学中传统文化元素的融入路径 [J]. 信息系统工程, 2023 (11): 173-176.

[85] 全淑连. 基于ESP的"大学英语口语1"信息化教学研究: 以吉首大学张家界学院英语护理专业为例 [J]. 湖南科技学院学报, 2023, 44 (5): 114-116.

[86] 张俊. 网络环境视域下职业院校英语课堂教学的创新路径: 评《信息化教育与英语教学》[J]. 科技管理研究, 2023, 43 (20): 253-254.

[87] 李林林. 现代化技术赋能高校英语教学实践: 评《教育信息化与慕课发展战略研究》[J]. 科技管理研究, 2023, 43 (20): 260.